新时期乡村振兴与乡村治理研究

李 霖 ◎著

中国华侨出版社
·北京·

图书在版编目（CIP）数据

新时期乡村振兴与乡村治理研究 / 李霖著. -- 北京：中国华侨出版社，2023.1
　　ISBN 978-7-5113-8755-4

Ⅰ．①新… Ⅱ．①李… Ⅲ．①农村－群众自治－研究－中国 Ⅳ．①D638

中国版本图书馆CIP数据核字(2022)第003180号

新时期乡村振兴与乡村治理研究

著　　者 / 李　霖
责任编辑 / 张　玉
封面设计 / 北京万瑞铭图文化传媒有限公司
经　　销 / 新华书店
开　　本 / 787毫米×1092毫米　1/16　　印张 / 11.5　　字数 / 255千字
印　　刷 / 北京天正元印务有限公司
版　　次 / 2023年1月第1版
印　　次 / 2023年1月第1次印刷
书　　号 / ISBN 978-7-5113-8755-4
定　　价 / 58.00元

中国华侨出版社　北京市朝阳区西坝河东里77号楼底商5号　邮编：100028
发行部：(010)69363410　　　传　真：(010)69363410
网　址：www.oveaschin.com　　E-mail：oveaschin@sina.com

如发现印装质量问题，影响阅读，请与印刷厂联系调换。

前　言

农村发展是我国经济社会发展面临的最大问题，也是保持我国经济社会全面、协调、可持续和实现科学发展的重中之重。当前我国全面建设小康社会的重点和难点仍然在农村，农村的发展与治理仍然面临紧迫性和复杂性。当然，农村发展中存在的问题不是中国特有的，任何工业化国家都有过类似的经历，但农村发展问题在中国长期存在与中国客观实际相吻合。一方面，中国农村人口多、基数大，解决起来规模巨大；另一方面，农村发展问题积攒的时间长，不仅仅是中华人民共和国成立后才出现的问题，再加上改革开放以来中国的工业化进程飞速发展，农村发展并没有得到明显的改善。当前我国农村发展呈现出的新矛盾、面临的新挑战更加复杂，农村发展治理的滞后性仍然是转变经济发展方式的重点难点。目前城乡经济社会发展差距仍然很大，乡村治理机制亦不完善。所有这些城乡二元社会中城市与农村发展不同步、结构不协调的发展问题，都亟须提升农村的发展与治理水平，实现城乡平衡发展。

重农固本，是安民之基。21世纪以来，党和国家将农村发展问题提到历史的高度，放在中国经济社会发展的首要位置，极大地激发了专家学者们的研究热情，有关中国农村发展与治理的研究不断引起社会各界广泛关注。为了更全面地反映中国农村在改革开放四十余年里所发生的一系列社会变迁，纪念中国农村四十余年的改革发展历程，本书以"中国农村发展与治理"为研究主题，旨在对改革开放以来中国农村的社会变迁进行全景式的回顾，分析改革开放以来中国农村取得的成就、发展面临的问题以及未来发展的方向，探求农村发展治理路径。

目录

第一章 乡村振兴的战略背景与基础理论 1
  第一节 乡村振兴的战略背景 1
  第二节 乡村振兴的基础理论 4

第二章 乡村治理的目标与创新理念 9
  第一节 乡村治理的基本目标 9
  第二节 乡村治理的创新理念 10

第三章 乡村治理理论体系与模式 17
  第一节 乡村治理的主体结构 17
  第二节 乡村治理的基本原则 21
  第三节 乡村治理的要求关键 29
  第四节 乡村治理的理念保障 32

第四章 新时期乡村产业振兴治理 38
  第一节 新时期乡村振兴战略的规划 38
  第二节 乡村产业振兴的发展潜力与重点任务 51
  第三节 乡村产业振兴的支持政策及完善举措 53
  第四节 "一村一品"模式的探索与实践 59

第五章 新时期乡村生态振兴治理 63
  第一节 农业绿色发展理念 63
  第二节 乡村人居环境建设 69
  第三节 乡村生态环境保护 79

第六章 新时期新型农民队伍的建设战略 86
  第一节 新时期新型农民队伍特点和作用 86
  第二节 新时期新型农民队伍的素质要求 88
  第三节 新时期新型农民队伍建设与管理 95

第七章 乡村振兴战略下"智慧农业"的发展路径 ... 102
第一节 乡村振兴战略与"智慧农业"发展 ... 102
第二节 乡村"智慧农业"的发展路径选择 ... 110

第八章 新时期乡村振兴与城乡融合的发展 ... 136
第一节 城乡二元体制的生成和演化 ... 136
第二节 城乡发展一体化挑战与对策 ... 139
第三节 新时期城乡融合促进乡村振兴发展的目标路径 ... 145

第九章 新时期乡村田园综合体的发展与创建 ... 151
第一节 新时期乡村田园综合体的理论基础 ... 151
第二节 新时期乡村田园综合体的发展路径 ... 162

参考文献 ... 172

第一章 乡村振兴的战略背景与基础理论

第一节 乡村振兴的战略背景

一、乡村振兴战略提出的背景

乡村是广大农村居民生产、生活的重要承载空间,也是国民经济和社会发展的重要组成部分。经过改革开放40多年的建设,我国农村基础设施建设、生态环境和经济发展取得重大进展。但与此同时,在工业化、城镇化的快速推进过程中,乡村衰落、城乡发展不平衡等问题已成为不争的事实。在我国社会主要矛盾发生变化的背景下,加快推动农村地区发展,实现乡村振兴的基本条件已经具备。

(一)乡村衰落的现实不容忽视

1.农村人口结构失衡

改革开放以来,随着我国工业化和城镇化进程的不断加快,农村剩余劳动力大量转移至城市,为城市产业发展、经济繁荣、居民生活改善作出了巨大贡献。我国农村劳动力加速转移和经济快速发展促进了流动人口大量增加,随之而来的则是广大农村地区居住人口多为劳动能力缺乏或较低的老人和儿童。老龄化、空心化的农村人口结构,导致农村地区空巢村、老人村、留守儿童村和贫困村大量出现,土地撂荒、农业衰退等现象并不鲜见。

2.农村生态环境退化

我国工业化、城镇化快速推进,农村经济取得飞跃发展的同时,农村污染和生态环境问题逐渐成为制约农村地区持续快速发展的重要问题之一。随着乡镇企业的快速发展,以及工业园区在农村地区的规模化布局,带来了严重的环境污染,而农村地区的环境保护设施建设严重滞后,国家环保制度体系尚不健全,农民生态建设、环境保护意识薄弱,农村环境问题处于管理的模糊地带,这也使得大量企业得不到法律的有效监管,工业废水废物肆意排放,大量的工业垃圾在农村聚集,农村环境问题日益严峻。同时,种植业、养殖业等过量使用化肥、农药、除草剂等化学药品,导致农村地区水体和土壤中有毒药物和重金属含量超标。

3. 农村传统文化衰落

农村传统齐化是我国农耕文明的产物，是中华民族文化的根源，也是现代文化的灵魂，广袤的农村地区是我国传统文化的缘起、传承和生息之地，传统文化不仅体现在文化的附着体——文物、建筑、农耕器具上，更为重要的是体现在人的精神追求、审美趣味、乡愁记忆上。但是，随着我国城镇化进程的加快推进，农村中有文化、有劳动能力和技能的青壮年劳动力大量涌入城市，导致农村出现凋敝、衰败现象，传统文化的传承失去附着物，有的就此失传，有的则是在市场大潮冲击下失去了之前的发展活力，致使中华民族的传统文化基因在农村流失趋向较为明显。尤其是在新农村建设过程中，农村地区过度追求生活的便捷、村容村貌整洁，对传统文化遗存和传统文化形态传承保护力度不够，具有时代特征和文化记忆的牌坊、戏楼、古建筑等被人为拆除和遗弃，一些婚丧礼俗仪式、节庆礼仪、传统工艺等因无人继承渐渐消失，乡村文化记忆逐渐模糊。

（二）城乡发展不平衡愈加突出

1. 农村产业发展质量亟待提高

多数农村地区产业结构严重不合理，主要表现在农业生产效率偏低，农产品加工业技术含量不高，服务业发展严重滞后。主导产业不明确，规模偏小，缺乏具有市场竞争力的农业品牌，农产品阶段性、地区性供过于求与整体供给质量不高并存，农业供给侧结构性改革亟须加快推进和深化。与此同时，广大农民适应先进生产力发展和现代市场竞争的能力不足，政策引导不够，导致农村地区产业发展现代化技术和资金投入不足，产业缺技术、缺资金、缺人才，农村产业发展质量不高。

2. 农村基础设施和民生领域欠账多

长期以来的工业化和城镇化进程，使得城镇区域基础设施和公共服务设施建设取得重大进展。与此同时，在大量农村剩余劳动力转移进城的基础上，广大农村地区供水、排水、道路、电力、信息网络等建设严重滞后于城市，出行难、安全饮水难、网络慢、教育资源缺乏、医疗条件差等问题尚未得到有效解决。

（三）新时代我国社会主要矛盾发生变化

新时代新征程，必须把发展重点放在解决"不平衡不充分的发展"这个新的矛盾的主要方面上。我国现在最突出的问题还是发展的不平衡和不充分，而这种不平衡和不充分最突出的体现是在农村。通过乡村振兴，实现"产业兴旺、生态宜居、乡风文明、治理有效、生活富裕"，就是要坚持质量兴农、绿色兴农、品牌强农，加快和深入推进农业供给侧结构性改革，不断提升现代农业的综合竞争力，加速推进城乡产业融合、设施互联互通、公共服务共享、生态环保共建、文化传承互促、体制机制一体等进程，大力弘扬和践行社会主义核心价值观，不断提高乡村社会文明程度，进而提升乡村地区的发展质量，增强农村地区基础设施和公共服务设施保障能力，有效强化农村民生保障和乡村治理体系及治理能力。

二、乡村振兴战略的重大意义

（一）是解决新时代我国社会主要矛盾的重要路径

马克思主义唯物辩证法认为，矛盾是事物运动发展的源泉和动力。准确把握社会主要矛盾和次要矛盾的特殊性，及时处理和辨析二者的关联性，是辩证唯物主义和历史唯物主义的基本要求。人民的需求和区域的协调，对经济社会发展提出了更高的要求。改革开放40多年来取得巨大发展成就的同时，城乡发展水平出现分化趋势，与城市快速发展相对应的是，广大农村地区发展严重滞后。农村地区基础设施建设速度和质量远远落后于城市，教育科技、医疗卫生、文化传承、体育休闲等公共服务设施短板较多，农业仍然以原始农业和小农经济为主，城乡居民收入差距依然较大，现代城市文明对农村地区的辐射和带动能力极为有限。进入新时代，加快推动乡村振兴战略，就是要按照党中央的总要求，夯实农村发展产业基础、推动设施建设与城市同步、促进农民增收致富、改善农村生态环境，实现城乡融合发展。因此，在我国发展进入新时代的背景下，实施乡村振兴战略，既是解决新时代我国社会主要矛盾的重要路径，也是实现城乡融合发展重要举措。

（二）是补齐全面建成小康社会短板的战略选择

解决好"三农"问题，推动全面建成小康社会，依然面临着农产品阶段性供过于求与供给不足并存、农村民生领域欠账多、基础设施建设滞后、农村生态环境问题日益突出、科技引领农业发展能力还不强等问题。这些问题归结起来就是农业、农村、农民问题，是关系国计民生的根本性问题，是贯穿中国现代化过程的基本问题，也是全面建成小康社会所必须解决的问题。乡村振兴战略的提出，与我国发展的阶段性特征和中国特色社会主义进入新时代的历史方位要求相契合，旨在建立健全城乡融合发展体制机制和政策体系，统筹推进农村经济建设、政治建设、文化建设、社会建设、生态文明建设和党的建设，加快推进乡村治理体系和治理能力现代化，加快推进农业农村现代化，走中国特色社会主义乡村振兴道路，让农业成为有奔头的产业，让农民成为有吸引力的职业，让农村成为安居乐业的美丽家园，不断增强乡村居民的幸福感和获得感。这些重大举措的相继实施和深化，为补齐农业农村农民发展短板，全面建成小康社会提供了重要保障。

（三）是全面建设社会主义现代化强国的重要保障

党的十九大在科学审视国内外形势，尤其是国内经济社会发展状况的基础上，提出在21世纪中叶建成社会主义现代化强国的战略部署。社会主义现代化强国建设是整体性建设，是在全面协调推进经济建设、政治建设、文化建设、社会建设、生态文明建设和党的建设中，不断地促进物质文明、政治文明、精神文明、社会文明和生态文明协调发展的社会整体文明进步的过程，也是促进城市与乡村融合发展的过程。实现农业和农村现代化、农民增收致富，是建设社会主义现代化强国的重要内容，在社会主体现代化强国建设中具有至关重要的作用。我国广大农村地区人口众多、发展基础薄弱、振兴难度较大。可以说，社会主义现代化能否整体实现，农业农村现代化、农民实现增收致富是其首要指标，也是全面建成小康社会的首要指标。实施乡村振兴战略是新时代做好"三农"工作的总抓手,事关整个社会主义现代化建设大局。实施乡村振兴战略,推动广大乡村地区快速发展,实现产业兴旺、生态宜居、乡风文明、治理有效、生活富裕,不仅能够为农业农村现代化的顺利实现提供坚实的物质基础,而且能够为全面建设社会主义现代化国家提供保障。

第二节 乡村振兴的基础理论

乡村振兴战略既涉及农村"五位一体"建设,还关系到城乡关系重构和我国经济社会发展全局,所涵盖内容颇为宏大和丰富。本章拟从区域发展、产业经济、组织制度、生态环境、基层治理、社会文化六大视角,梳理与农业农村发展相关的基础理论和思想,为乡村振兴的政策制定乃至实践探索提供理论借鉴和支撑。

一、区域发展视角

(一)城乡二元经济结构理论

二元经济结构理论是发展经济学的奠基性理论之一。"二元经济"的概念最早由荷兰经济学家伯克提出。此后以刘易斯、拉尼斯、费景汉、乔根森和托达罗等为代表的发展经济学家持续深化二元理论、丰富发展模式研究,使二元经济结构理论成为许多发展中国家和地区处理城乡关系、推动经济社会发展的重要实践指导理论。

该理论认为,世界不发达国家和地区普遍存在两种经济结构,即以小农生产为主、劳动生产率较低的农业部门和以社会化大生产为主、劳动生产率较高的工业部门,二元性是发展中必然存在的现象。两个部门不同的劳动生产率和工资率以及无限劳动供给,使农村劳动力、农业剩余不断地补贴工业化,从而产生二元结构。同时,城乡二元经济结构也存在转换的内在机制。随着工业化和城镇化进程加快,生产力逐步提高,农村剩余劳动力持续向城市转移,城乡劳动生产率、工资率等差异逐步缩小,人口流动速度放慢,"二元经济"会逐步趋向"一元经济"。

城乡二元结构理论开辟了经济发展研究的一个新视角和新思路。这一理论把区域经济增长与工业化进程、劳动力转移、资本积累、技术进步等紧密结合在一起分析,认为它们都处于同一系统框架和历史进程中,并且指出尽管工业部门和农业部门生产率增速在不同时期会有差异,但必须保证两者平衡增长。该理论是我国新型城镇化战略、乡村振兴战略的重要理论基础之一。

(二)区域经济理论

区域经济理论为优化城乡生产力布局、促进城乡平衡发展提供了理论基础。基于土地资源不可移动、不可增加的特点,乡村振兴战略下的乡村发展规划需要跳出"三农"看"三农",不仅要考虑农业自身的特性和需求,更要将农业和第二、第三产业以及城市和乡村、核心和边缘纳入一盘棋统筹考虑。根据不同区位条件,科学划分乡村类型,合理布局生产力,以促进城乡缩差共富、协调发展。

(三）经济增长理论

经济增长是区域发展的核心内容，经济增长理论也是经济学的核心理论之一，重在研究经济增长的一般规律和影响因素。经济增长理论丰富而系统，学界通常将其分成三类：一是古典经济学的经济增长理论；二是新古典经济增长理论；三是新经济增长理论。

促进乡村经济增长同样是乡村振兴的核心内容。尽管传统农业不能够对经济增长做出重要贡献，但是我国正在加快发展现代农业，努力促进农村第一、第二、第三产业融合，使乡村经济体系日渐丰富完善。因此，借鉴经济增长理论，增加资本、劳动、技术等生产要素投入，提升乡村人力资本水平，完善农业农村组织制度，激发下乡返乡群体的企业家精神，有利于实现乡村经济可持续、包容性增长。

二、产业经济视角

（一）农业多功能性理论

农业多功能性理论重点探讨了不同发展阶段下农业的定位和功能价值，为农业支持保护政策、农村发展政策、农产品贸易政策等的制定提供了理论支撑。当前，我国农业综合生产力迈上了新的台阶，国内经济已从高速增长步入高质量发展阶段，在农业基础性地位不变的大前提下，为满足人民对高品质生活的需求，促进农民持续增收、农村繁荣发展，我国农业功能逐步向生态、文化、旅游等领域拓展，农业也开始从产品经济向服务经济转变。因此，更需要进一步丰富农业多功能性理论，并从理论中挖掘功能拓展方向、发挥路径、制度保障等方面的有益启示。

（二）六次产业理论

三次产业分类法依据物质生产中加工对象的差异性，把社会再生产过程划分为三类，该方法最早由新西兰经济学家费歇尔提出，至今仍是各国普遍采用的经济统计核算方法。随着信息技术发展，社会再生产活动更加丰富。20世纪90年代，日本学者今村奈良臣基于当时日本农业农村发展困境，提出了六次产业理论。21世纪以来，日本政府以此为基础，自上而下成立了"六次产业化"战略推进机构，相继制定出台了一系列促进"六次产业化"的法律法规和纲要文件，有效地优化了农村产业结构，提升了农民生活质量，实现了农业农村可持续发展。六次产业理论是依据劳动对象和产业任务的不同，将国民经济划分为六次产业，即生产并获取自然资源的第一产业，加工自然资源以及对产成品进行再加工的第二产业，为其他产业及社会生活提供服务的第三产业，对信息知识进行生产加工和服务的第四产业，获取并利用文化资源开展创意经济活动的第五产业，传统农业向第二、第三产业延伸形成的第六产业。

三次产业划分向六次产业划分的转变，其实是技术进步背后思想观念的突破，也是创新经济学对传统主流经济学的突破。六次产业理论的思想本质是第一、第二、第三产业融合，以农业为基础，打破产业的边界藩篱，综合运用科技、管理、创新等生产要素，充分开发农业的多重功能和价值，以提升产业附加值和经济效益。六次产业理论为解决当前我国农业农村发展问题提供了一个新的视角和方法，具有较强的实践指导意义。

三、组织制度视角

（一）合作经济理论

一般认为，西方合作经济组织理论发展大致分成四个阶段：第一阶段是20世纪40年代，以空想社会主义为主的早期经济合作思想。第二阶段是20世纪40-80年代，运用新古典经济学的均衡分析方法和边际分析方法，重点研究农业合作社的发展模式、内部资源配置以及产权控制问题。第三阶段是20世纪80-90年代，运用博弈论、企业行为理论、交易成本理论等新的经济理论方法，重点研究合作社的发展动因、发展战略、制度变迁等问题。第四阶段是20世纪90年代以来，引入产权安排、代理成本、契约理论等新制度经济学的理论方法，着力于合作经济组织的生产消费、组织联盟、治理结构、可持续发展等问题研究。

（二）产权制度理论

产权制度理论是20世纪30年代以来，以科斯为代表的西方经济学者在对正统微观经济学和标准福利经济学的根本缺陷进行思考和批判的过程中形成的。交易费用理论、科斯定理是现代西方产权理论的基础。科斯指出，市场交易需要花费大量成本，在交易成本为正的情况下，不同的产权界定会带来不同的资源配置的效率。作为产权理论创始人的科斯没有明确定义过产权，后来学者做出了相应补充。德姆塞茨认为，产权包括一个人或其他人受益受损的权利，产权是界定人们如何受益及如何受损，因而谁必须向谁提供补偿，以修正人们所采取的行动。阿尔钦指出，产权是一个社会所强制实施的选择一种经济品的适用的权利。同时，阿尔钦在推广和深化科斯理论的基础上，提出了产权界定成本和产权排他性、分割性、外部性。现代产权理论认为外部性的产生是由于私人成本与社会成本的不相等，即社会成本大于私人成本，从而导致了社会福利的损失或低效。因此通过界定、安排产权结构，降低或消除市场机制运行的社会费用，可以提高社会运行效率，促进经济增长。

农业生产以农地为核心资源，农村集体经济以农地为核心资产。农地产权制度安排不仅关系到农村经济效率，还关系到生态环境保护，更关系到城乡居民生计和国家安全。改革开放40多年来，我国农村经济结构和社会结构发生了深刻变化，以农地为核心的农村集体资产产权的归属不清、权责不明、保护不力等问题日益突出，农村集体产权制度改革如箭在弦上不得不发。但此项改革牵一发而动全身，如何兼顾经济发展效率和集体成员权益，兼顾经济社会发展和生态环境保护，充分完善以承包地、宅基地、农房设施为主的各项农村集体产权权能，有赖于吸收和发展产权制度理论，进一步加快实践探索。

（三）交易费用理论

交易费用在农业生产发展的各个方面都扮演着守门员的角色。近年来，越来越多的学者开始关注交易费用对农业生产经营的影响，并寻求最优的组织制度安排。有学者认为小农户与大市场衔接的主要矛盾在于高昂的交易费用，并将农户经营市场的交易费用分为策划市场、执行市场和监督市场三类。也有学者对三类新型农业经营主体——家庭农场、合作社、龙头企业的交易费用进行了详细比较，得出的结论是：家庭农场相较于传统小农户，外生交易费用较低；相较于合作社和龙头企业，内生交易费用（管理成本）较低；由于组织结构简单、开展规模化经营、剩余索取权明确，家庭农场综合交易费用相对最低，普遍适合我国当前国情的较优的农业组织制度安排。

四、生态环境视角

（一）可持续发展理论

按照可持续发展理论，农业可持续发展内涵则至少包括，人类对农业生产的投入和从中获取的产出能够相平衡，农事活动中对自然资源和生态环境的开发利用不影响后代生存需求；人类对本区域自然资源和生态环境的利用不影响其他区域的相关利益。简言之，农业可持续发展要做到"三不"——不破坏自然生态，不祸及子孙后代，不影响周边利益。在此要求下，则要努力确保农业农村污染在生态系统的自然消纳程度以内，自然资源数量和质量与可预见的人口、技术、制度等相适应，且能够抵抗意外风险。

（二）循环经济理论

就农业生产而言，传统的"三高"模式加速了资源消耗和环境污染，促使农业循环经济应运而生。农业循环经济基于自然作用和人类作用而频繁进行物质能量交换，运用物质循环再生原理和多层次利用技术，能够减少外部有害物质投入和农业废弃物产生，提高自然资源利用效率和农产品安全水平。当前，发展农业循环经济已经得到普遍认可和广泛实践，但仍需深化理论研究和广泛开展试点，进一步探索不同产业领域、不同空间尺度、不同地形条件的循环农业类型、运营模式、技术支撑以及制度保障等。

五、社会文化视角

（一）乡土文化理论

以地缘和血缘为纽带的差序格局和礼治秩序一般而言，乡土文化是指在特定乡村区域由特定人群共同生产生活并以某种方式留存下来的乡土风貌等物质特征和人情世故、风俗习惯、伦理道德等精神特质。但乡土文化中传统礼俗、道德秩序等产生的影响早已超越了时空和人群的限制。

不过，伴随着工业化和城镇化的快速推进，工业文明的理念逐步渗透到乡村，利益导向替代了血缘姻亲，成为基本行动逻辑，乡村礼治、乡贤权威也逐步被法治观念和村镇干部所取代，乡村社会的传统生活方式陷入了衰变式微困境，人们对乡土文化甚至传统文化的认同感在逐步下降。

（二）农耕文化理论

所谓农耕文化，是指以种植经济为基础的农业社会文化，内容囊括了与耕作相关的农业思想、农业科技、农业制度法规、农事习俗以及价值取向和思维方式等。学界也称其为"小农文化"，具有封闭性、家族性、保守性、均等性、乡土性等特点，与现代开放的工业文明/商业文明相悖的，农耕文化对于中华文明的重要性不言自明。

中华文明源远流长，因长期以种植农业为主要生计，决定了中华民族的生产方式和生活方式，农耕文化得以成为中华文明的基石，"耕读传家"的家庭模式在中华传统文化里备受推崇。从"刀耕火种"到"精耕细作"，我国耕作技术在历史上很长一段时间里都位于世界前列；从《吕氏春秋》到《齐民要术》，我国古代耕作制度也随着社会生产力的发展而优化变迁，还孕育传承了应时、取值、守则、和谐等先进理念。

在现代商业社会里，农耕文化的部分特征开始显得"不合时宜"。近年来，学界开始深入研究农耕文化对我国经济社会发展的影响，对"农耕文化"展开剖析、反思和检视，去其糟粕、取其精华，以促进文化创新和融合，推动农耕文化在理论和实践中与时代同步"更新"。同时，在当前乡村振兴战略实施的大背景下，应该关注农村经济产业结构的变化、生产方式的改变、新技术新业态的发展对"新农耕文化"带来的影响，以及文化响应机制和路径。

（三）社会质量理论

改革开放40多年来，我国总体社会质量显著提升，但对比城市和乡村，无论从社会质量评价的哪个维度来看，后者都还存在较大落差，例如生产效率、就业空间、人居环境、社会保障等。因此，如何提升乡村社会质量，弥补我国社会发展全局短板成为当务之急。社会质量理论作为评价社会发展的一个新视角、一种新标准，为世界各国的社会政策实施和效果评价提供了新工具。近年来，国内学者运用该理论在精准扶贫、乡村治理、城乡融合等细分领域展开了大量研究，为乡村振兴战略提供了较强的理论支持。

第二章 乡村治理的目标与创新理念

第一节 乡村治理的基本目标

目前，我国全面建成小康社会已到了深水区、决胜阶段，乡村治理目标的成功是我国全面建成小康社会的关键，在国际形势复杂多变的情况下，我们必须坚定不移地进行乡村大治理，以实现全面建成小康社会。农业农村部部长韩长赋认为，中国"十三五"农业乡村发展可概括为"六期同至"，即全面建成乡村小康社会的决胜期、巩固农业乡村好形势的关键期、农业发展方式的转型期、提升农业竞争力的爬坡期、全面深化乡村改革的攻坚期、推进城乡一体化的深化期。全面建成小康社会，不仅仅是解决人们的温饱问题，更多地侧重于在物质条件优渥的情况下，追求精神层面的富足和幸福指数的提高，而乡村治理中的贫困人口脱贫是整个任务的短板。全面建成小康社会为乡村社会治理新理念的形成奠定了重要的现实目标基础。

一、全面建成小康社会是"四个全面"战略布局的核心目标

全面建成小康社会、全面深化改革、全面依法治国、全面从严治党的"四个全面"战略布局，是以习近平同志为核心的党中央从坚持和发展中国特色社会主义全局出发，展现了党中央治国理政的全新布局。

二、"三农"问题是全面建成小康社会的主要难点

中国是世界上城乡差距最大的国家之一，城乡发展严重不平衡。乡村小康社会的建设是全面建成小康社会的主体部分。全面建成小康社会的重点和难点在农村，而解决农村问题最艰巨、最繁重的任务是解决好"三农"问题。在加快实现小康目标下，党和政府通过各种方式与途径提高农民收入、打造美丽新农村、发展特色农业、精准扶贫等使得近年来城乡居民收入差距是在不断缩小的。但要保持好这个势头和成果，持续缩小平衡差距压力巨大。一是农产品价格下跌，农民在农业上的增收降低。二是农民工资性收入的下滑。

家庭经营收入和工资性收入是农民收入的最基本来源，占80%，而这两块现在都面临着很大的压力。

在社会转型与城镇化的双重背景下，乡村全面建成小康社会任务艰巨。从经济上看，当前的

乡村经济萎缩，传统农业效率低下，乡村青壮年劳动力不愿留在乡村，与城市居民相比，城乡居民收入绝对差仍在持续扩大，这使得乡村经济的发展面临巨大的挑战。促进乡村经济与农业产业发展是实现"全面小康"整体性经济目标的重要途径，必须夯实乡村社会的经济基础。从社会建设上看，当前乡村的教育、医疗等保障种类已经广泛覆盖到乡村，乡村社会保障体系建设亟待进一步完善，从而提升农民的安全感和幸福感。从利益诉求表达上看，乡村成为实现"全面小康"的重大阻力在于乡村社会矛盾焦点多，尤其是征地、房屋拆迁矛盾，必须健全社会机制、完善法律法规、保障农民人身财产安全和创新乡村社会的利益，让农民的利益诉求和利益冲突能够通过公平的公共渠道合理地解决，化解经济社会发展过程中的风险，从而维护乡村社会的稳定。

三、乡村是全面建成小康社会的短板

近年来，虽然乡村全面建成小康社会的总体实现程度逐年提高，但总体经济水平仍与城镇差距大且各方面指标的实现程度相差悬殊。人民生活指标进程较快，实现全面脱贫的任务较艰巨；社会发展指标的进程差距较大，乡村教育是薄弱环节；政治民主指标仍需继续完善和提高；乡村环境指标水平偏低，改善乡村生态环境的任务艰巨。

区域地区各方面发展差距大。乡村是全面建成小康社会的短板还体现在区域发展差异过大方面。西部全面建成乡村小康社会最突出的问题是农民收入低，家庭工资性收入比例大，增收压力加大已经成为制约乡村小康建设的主要因素。可以看出，东部地区在资金配备、技术创新、财富资源、人才会聚、高附加值产业或产品方面比中西部地区更具优势，中部地区表现为流失或不足，西部地区多表现为流失或匮乏，加上西部地区农民在商品意识、竞争意识上都相对单薄，西部乡村更成了全面建成乡村小康社会中的难点，尤其青海、云南、甘肃、贵州和西藏，它们既是贫困地区集聚省份也是少数民族集聚省份，在全面建成小康社会过程中将遇到比东、中部乡村更多的困难。

乡村贫困人口减贫压力大。全面建成小康社会，最大的短板在乡村贫困人口。完成全面建成小康社会的目标任务只剩不到两年时间，时间紧迫需要建设、补足的短板多，要做到小康路上"一个不掉队""一个不能少"，任务特别艰巨，尤其是乡村贫困地区。我国乡村贫困人口主要集中在偏远地区、少数民族地区与老区，这些地区的贫困人口素质与受教育程度较低，通过自身摆脱贫困的机会和能力有限，需要国家和政府因地制宜、具体问题具体分析地进行精准扶贫，使每一次人力、物力、财力都发挥出最大作用。

第二节 乡村治理的创新理念

在中国走向工业化与城镇化的过程中，乡村发展遇到了前所未有的挑战，某些问题和部分领域仍然有待进一步解决，农业人口流失、乡村"空心化"、乡村养老困境、户口瓶颈、乡村子弟教育资源贫乏、乡村文化设施落后，这些问题个个棘手，每一个解决起来都十分不易，而传统的

"头痛医头、脚痛医脚"式对策"治疗"已难因应，需要从整体视角出发，构建解决"三农"问题的"一揽子"药方，"四个全面"战略布局正是应时代要求所出现的。习近平总书记提出的"四个全面"战略布局为加强乡村社会治理提供了方向和思路，而乡村社会治理本身也成为在实践中落实"四个全面"战略布局思想的重要场域。我们要深刻领会"四个全面"战略布局的重要性和指导意义，在"四个全面"战略布局中把握和推进广大乡村的社会治理创新。实现乡村社会治理空间和乡村社会治理主体的加速转型，促进乡村经济与社会、人与自然协调健康全面发展，权责分明、协调关系、整合资源，统筹协调乡村社会事业与国家治理能力体系和治理能力现代化建设的关系，为全面建成小康社会、构建社会主义和谐社会作出贡献。

一、全面建成小康社会：乡村社会治理的阶段性目标定位

（一）乡村社会治理的根本目的和宗旨

乡村社会治理的根本目的和宗旨是建设社会主义新乡村，加快推进全面建成小康社会的步伐。建设美丽乡村，是党中央深入推进社会主义新乡村建设的重大举措，是在乡村落实"四个全面"战略布局的总抓手。建设新乡村和乡村小康社会，不仅需要懂技术、能生产和善经营的乡村实务人才，也需要会管理的乡村社会治理人才。为了进一步巩固党在乡村基层执政的组织基础和群众基础，必须加强乡村基层领导班子建设，强化村级组织服务功能，推进乡村基层服务型党组织建设，提高乡村社会治理水平，进而才能实现加快乡村全面建成小康社会步伐。不仅如此，我们还必须着力培育新型职业农民，使其在乡村发展中具有破解"谁来种地""乡村病""乡村社会治理""乡村是全面建成小康社会短板""城乡发展二元化"等难题的作用。

乡村社会治理的好坏直接关系到全面小康社会能否完全建成。推进乡村治理要做到夯实基础，真正地了解基础、融入基础，使农民也能享受到社会主义发展带来的好处，共享政治、经济、文化成果。缩小贫富差距、城乡差距，最终建成一套系统集政治、文化、经济为一体的全面发展社会。

（二）全面建成小康社会的目标，促进乡村社会治理良性运行

2050年我国将达到中等发达国家水平，成为社会福利、保障制度高度完善的国家。从温饱到总体小康再到全面小康这一系列的变迁可以看到党中央根据国情的不同所做的反应，应对所调整民众生活政策。

基于国情和时代潮流，乡村社会治理政府行政命令减弱，逐渐让位于民，以人民的利益为主，优化社会治理结构。面对群众工作的新形势和新特点，推进乡村社会治理和全面小康社会建设，村级党组织必须切实做好村庄的群众工作，不断提高执政为民的服务能力。

习近平总书记曾指出，"全面建成小康社会，最艰巨最繁重的任务在农村、特别是在贫困地区。没有农村的小康，特别是没有贫困地区的小康，就没有全面建成小康社会"。健全乡村社会治理是全面建成小康社会的内在要求，处在经济发展由追求速度转变为追求创新和品牌，社会转型城镇化加剧的情况下，加强乡村社会治理显得尤为重要且更加注重制度机构的完善、人民的满

意度和幸福指数。全面建成小康社会对于建设治理乡村社会既是机遇也是挑战。随着城市化的发展，耕地和林地逐渐减少成为建筑用地，人地之间的矛盾日益尖锐，乡村社会治理的目的就是要从根本上防止拆迁中出现的各种矛盾，减少冲突，稳定社会。同时乡村社会治理肩负着重要的经济任务，要从政策、资金、人才、技术上全方位、多维度地夯实乡村经济和农业生产，全面地建成乡村小康社会，建立健全社会保障制度，提升农民的安全感和幸福感。目前我国乡村人口流失严重，原有的整合纽带松动、整合功能降低，乡村社会失序的风险正在增大。当下乡村社会业已分化的特征，挖掘地域社会认同与整合的新纽带，重建村庄的共同体，使村庄成为农民的精神归宿，同时提升村庄社会内部自我化解社会矛盾的能力。

二、全面深化改革：乡村社会治理的动力保障

"国家治理"和"国家治理现代化"也很快成为中国理论界、学术界高度关注和广泛讨论的热词。国家治理体系和治理能力现代化作为改革目标，反映了执政党对国家发展和进步的新认识，是马克思主义国家理论的重大创新，突出了我们党对多元主体共同治理国家的科学认知与主动担当，在中国特色社会主义制度平台基础上，为推进国家治理现代化奠定了强大的民意基础。全面深化改革总目标之一是国家治理体系与治理能力现代化，那这一改革目标就为乡村社会治理提供了动力保障。

（一）乡村社会治理必须以改革为动力推进制度化建设

习近平总书记在其系列讲话中曾指出，"决胜全面建成小康社会不是新一轮大干快上，不能靠粗放型发展方式、靠强力刺激抬高速度实现'两个翻番'，否则势必走到老路上去，带来新的矛盾和问题"。为此，在乡村社会治理中必须以改革创新为动力，全面健全落实制度化的建设，具体问题具体分析，结合乡情民意，如：改变传统粗放的种植模式，根据土质的不同采取不同的灌溉方式，沙土采用滴灌方式，放牧地区则实行轮转或人工培育草场。

城市快速的发展，巨大的商机使许多农村人口涌入城市，导致城市的交通拥堵、住房环境差。由于户籍制度的原因导致外来务工人员在医疗、住房和孩子教育上得不到保障，也加剧了社会不稳定因素和犯罪率。经济迅速的崛起导致社会阶层的分化，人口红利得不到公平地共享，拉大了贫富差距。乡村社会较之城市有过之而无不及，商业的发展使农民在土地上得到的好处越来越少，进城务工则荒废了大量的耕地，使得粮食产量减少，过分依赖国外进口，受国际市场冲击严重，要想减少国际市场的冲击，就必须要大力发展自身的农业。但是我国农业产业发展制度需要改革完善，在坚持和完善稻谷、小麦等作物最低收购价政策的基础上，要进一步深化粮食等重要农产品价格形成机制和收储制度改革，实现农户利益与国家利益的统筹；要深入推进农业补贴制度改革，完善粮食生产区的利益补偿机制；以农地确权为抓手，进一步落实乡村土地集体所有权、农户承包权和农地经营权的"三权分置"工作，深化乡村集体产权制度的改革，以此来促进乡村经济发展，活化乡村社会。近年来随着全球气候的变暖，生态环境逐渐恶劣，党中央决定放缓经济增长速度，"既要金山银山，又要绿水青山"，目前我国CDP增长保持在6%左右，更加注重

产品的质量和科技含量，变"中国制造"为"中国智造"，"经济增速放缓、经济结构转型"在"新常态"之下，要进一步探索、创新和完善乡村劳动力转移就业及返乡创业的服务体系。

改革开放以来实行社会主义市场经济，以市场导向为主，在拉大人民收入差距的同时，也体现了经济的不确定性和脆弱性。巨大的收入差距导致了一些社会问题，也成为引发诸多社会问题的深层原因，如贪污腐败、收受贿赂。个人收入的差距、城乡平均收入差距逐步成为影响社会稳定的因素，如何调整收入分配结构，建立公平合理的收入分配秩序则成为维护社会和谐稳定需要解决的深层问题。

（二）乡村社会治理必须将改革信念和创新思维贯穿于治理服务的全过程

乡村基层社会治理是国家治理的重要部分和基础，党的十八届三中全会将"完善和发展中国特色社会主义制度，推进国家治理体系和治理能力现代化"确立为全面深化改革的总目标，为统筹谋划各领域改革提供了根本依据。因此，我们必须自觉地将改革信念和创新思维贯穿于推进乡村基层社会治理服务的全过程，冲破思想观念的束缚，突破利益固化的藩篱，在更大范围更广领域，增强群众自治能力，扩大公众参与，激发社会活力，发挥社会协同作用，从根本上解决长期以来重政府、轻社会，重行政、轻自治，重管控、轻服务，重事后处置、轻源头治理的问题。在这种理念的推动下，我们很容易在乡村社会治理创新中找到全面深化改革过程中存在的一些具体问题，也很容易在乡村社会治理具体实践中认识乡村社会治理创新中的特殊问题和把握全面深化改革的一般问题。

贯穿改革信念和创新思维于治理服务的全过程，要改变重视生产轻视民生的观念。当社会经济发展到一定程度的时候，必然会出现各种问题，那种先发展经济后治理环境的观点从本质上未能清晰地认识到生态环境对人类、社会、经济的重要性，一些稀有资源和脆弱的生态圈一经破坏可能永远都无法恢复。生物链是一个封闭的循环的链条，中间哪个动物或植物彻底消失会影响到整个生物链乃至生物圈。像"蝴蝶效应"一样，某草原上的狼群被人类猎杀殆尽，鹿没有了天敌，吃光了所有的草，最后该地区完全沙漠化，暴雨的袭击威胁着人类的安全。所以生态平衡的破坏就像"多米诺骨牌"一样，牵一发而动全身。对此必须通过改革促进社会、政治、生态等子系统的协调发展，消弭经济发展所带来的系统失衡等负面影响。因此，加强乡村社会治理必须从认知层面进行改革，要认识到深化社会改革、既重视生产又重视民生对中国持续发展和社会良性运行的重要意义。

三、全面依法治国：乡村社会治理的制度保障

全面依法治国是"四个全面"战略布局的重大战略举措之一。处于转型时期的现代乡村社会必须推进法治化进程，党依法治国，政府依法执政，做到有法可依，乡村社会法制治理是依法治国方略的基层治理基础，法律文献为乡村法制建设提供了依据和制度保障。

（一）推进乡村社会治理法治化是全面依法治国的基础环节

在20世纪50年代开启的乡村集体化过程中，国家通过对乡村原有的社会结构进行变革与重

组,乡村旧有的宗族组织被互助组、贫农协会等新组织所取代。与这一特定的社会基础和组织基础变迁相对应,国家运用社会主义意识形态替代传统的礼俗与伦理道德,完成乡村社会的整合。20世纪80年代初的分田到户改革使得家庭重新成为乡村基本的生活生产单位,加之城市劳务市场的开放,使得乡村的社会流动增加,就业开始多样化,农民的异质性也因此大大增加,乡村社会内部的社会整合与治理呈现出规范真空的局面,即既有的社会规范正在失去其功效,而新的社会规范却又尚未完全建立起来。在这样的局面下极易产生越轨与社会不稳定,为此,要深入推进乡村的社会建设与治理,必须坚定不移地加强乡村社会的法治化建设,坚定不移地推动乡村普法教育,使法律成为地方政府、乡村社会组织及农民行为的基本规则。

在推进基层社会治理创新过程中,要充分尊重居民群众主体地位,尊重居民群众首创精神,引导居民群众自觉守法、遇事找法、解决问题靠法,激励广大居民群众做遵法守法的表率,切实增强全民法治观念,推动全社会树立法治意识,推进法治社会建设,为全面依法治国夯实基层基础。法治是乡村社会治理的重要抓手。推进乡村社会治理法治化是国家治理体系与治理能力现代化建设的重要组成部分。在乡村社会治理中推行法治,是依法治国方略在乡村社会的具体实践,是全面推进依法治国的重要组成部分,没有乡村治理的法治化就不可能实现整个国家治理的法治化。因此,在政府主导型法治建设模式下,将乡村法治融入国家治理体系现代化建设和"四个全面"战略布局中,纳入乡村经济社会发展总体规划,坚持政府主导与社会推动相结合,尊重实践创新,可望实现乡村基层治理的法治化。

(二)乡村社会治理要更加注重法治化引领

面对日益复杂艰巨的乡村社会治理任务,要善于用法治精神引领乡村社会治理、用法治思维谋划乡村社会治理、用法治方式破解乡村社会治理难题,有效实现依法推进乡村社会治理创新。要健全乡村社会治理法治体系,加快乡村社会治理领域的立法,依法厘清乡村社会治理各主体的角色定位与职责范围,逐步构建政府调控机制同社会协调机制互联、政府行政功能同社会自治功能互补、政府管理力量同社会调节力量互动的基层社会治理格局。要依法完善基层群众自治制度,完善乡村基层民主选举、民主决策、民主管理、民主监督制度,动员和组织群众依法有序参与乡村社会治理,使广大群众成为社会主义法治的忠实崇尚者、自觉遵守者和坚定捍卫者。

地方乡镇政府在进行乡村社会治理,落实"四个全面"战略布局,尤其是落实全面依法治国时,必须严格依照法律进行治理和行政,应严格遵循法律规范,依照法律的要求来推进工作和履行职责;加强法制宣传和法治教育,深化法治观念,使农民及乡村社会组织自觉以法律规范为基本准绳,严格自律,同时,引导村干部以法治思维和方式处理问题,将村级事务运行纳入法制化轨道,让一切按法律办事、一切按规矩办事、一切按制度办事。在法律的框架和职责范围内积极行政,绝不纵容违法乱纪的行为,充分利用自己的公权力坚决维护社会公平正义。在乡村社会治理过程中,树立文化道德模范,大力宣传和弘扬主旋律,双管齐下全面推进依法治国和道德规范,必须充分挖掘和利用"德治"资源,使法治和德治在乡村社会治理中相互协调,既要发挥好法律的规范作用,以法治体系和道德观念强化法律对道德建设的促进作用,又要发挥好道德的教化作用,以道德涵养法治精神,强化道德对法治化的支撑作用。正如习近平总书记所讲,国家的治理必须"要坚持依法治国和以德治国相结合"把法治建设和道德建设紧密结合起来,做到法治和德治相辅相成、相互促进村规民约在乡村社会的治理中发挥过并且正在发挥效用,那么,在依法治国和乡村社会治理法治化的大背景下,我们应该注重本土法治资源,重视村规民约,充分发掘村规民约在乡村社会治理法治化中的功效,以推进乡村社会法治化进程。因此,要推进乡村社会治理法治化,发挥村规民约在乡村社会治理法治化中的作用,就需要对传统的村规民约进行改善,将其纳入法治化轨道,使其更加契合乡村社会的发展变化,更加符合现代法治理念和国家法律的要求,使依法治国真正自下而上开展起来,以鼓励村民参与自治的热情,提高乡村社会治理的法治化水平。

四、全面从严治党:乡村社会治理的组织保障

全面从严治党是党的十八大以来党中央做出的重大战略部署,是"四个全面"战略布局的重要组成部分,也是全面建成小康社会、全面深化改革、全面依法治国顺利推进的根本保证,更是乡村社会治理的重要组织保障。

(一)全面从严治党是推进乡村社会治理创新的必然要求

基层党建是推进乡村基层社会治理创新的政治保证,基层党组织在推动社会发展、服务群众、凝聚人心、促进和谐中发挥着领导核心作用。在推进基层社会治理创新的过程中,要切实发挥基层党组织的战斗堡垒作用,密切党同群众的血肉联系,把党的路线方针政策贯彻好,把全面建成小康社会的目标实现好,把全面深化改革的各项任务落实好,把广大人民群众的根本利益维护好。

城镇化的快速发展,导致大量的农村人口流失,包括精英的流失,同时也给农村基层党组织的管理带来了难题,加强从严治党,治理好党组织,才更有利于推进乡村社会治理。

"四个全面"战略布局给乡村基层党建工作带来许多新考验。在落实"四个全面"战略布局的背景下,加强乡村基层党建工作,具有重大现实意义和深远历史意义。我们应不断适应新情况新形势,牢牢坚持基层党组织领导核心地位不动摇,全面提升乡村基层党建水平,为促进乡村改革发展、协调推进"四个全面"战略布局提供坚强的保证。比如,面对社会转型带来的新特点,中国共产党要完成乡村基层政权建设的使命,就要转变传统的基层党建模式,坚持走群众路线,广泛采用协商民主的形式,切实推进乡村社会治理和"四个全面"战略布局在乡村基层顺利实现。

(二)推进乡村社会治理创新必须加强乡村基层党组织的建设

加强乡村基层党组织建设是马克思主义党建理论的应有之义、是我们党的优良传统和政治优势、是实现中国梦的基石。乡村基层党组织建设的好坏,直接决定一个乡村的希望和未来,衡量着乡镇党委和村级党组织的执政能力,体现着一个地区社会管理水平,也在某种程度上反映着国家治理体系和治理能力现代化水平的高低。作为乡村社会治理领导核心的党组织如何统筹各方,与村民自治组织、乡村社会组织等乡村治理主体形成科学的多元治理体制,是事关乡村社会治理

有效性的关键问题。乡村社会治理是国家治理体系建设中的重要内容，实现乡村社会治理现代化的关键是乡村基层党组织自身治理功能的实现。

1. 壮大乡村基层党组织的队伍

目前，乡村基层党组织普遍呈现党员老化和出去打工的外流现象，甚至有的乡村支部还出现"虚设"景象，为此基层党委和党支部要积极加强党的组织队伍建设，培养和吸纳对党忠诚、为民服务、有能力的有志青壮年农民加入基层党组织之中，提升乡村基层党组织的战斗力。乡村基层党组织只有在"组织"二字上着力，才能增强现代农业发展的动力、乡村社会治理的活力以及新型农民的魅力，才能让党建工作成果与乡村发展成效挂起钩来，并真正经得起实践和群众检验。

2. 加强乡村基层党员的思想建设

市场经济的发展与多元价值观的传播，使基层党组织的思想建设面临新的挑战。全面从严治党就要严抓乡村基层党员的思想建设，坚持用马克思主义中国化最新成果武装头脑、凝心聚魂，用马克思主义立场观点方法理解现实、指导经验、时刻保持与党中央一致，用理想信念和党性教育固本培元，着力教育引导乡村基层党员坚定理想、坚定信念，补足乡村基层党员精神上的"钙"，增强政治意识、大局意识、核心意识、看齐意识，增强中国特色社会主义道路自信、理论自信、制度自信、文化自信。

3. 狠抓乡村基层党组织作风和反腐倡廉建设

乡村基层党组织是党在乡村的旗帜，它直接影响到老百姓对党的认同。抓好乡村基层党组织作风和反腐倡廉建设，意义重大。要严肃党的纪律，坚持把纪律挺在前面，严明党的政治纪律和政治规矩，坚持有令必行、有禁必止，坚决查处各种违反纪律的行为，使各项纪律规矩真正成为"带电的高压线"，要从落实八项规定和整治"四风"入手，锲而不舍、扭住不放，着力解决许多过去被认为解决不了的问题，推动乡村基层党组织党风政风不断好转，坚持以零容忍态度惩治乡村基层党组织腐败，着力扎紧制度的笼子，坚持坚决与政治上变质、经济上贪婪、道德堕落与生活腐化的现象做斗争，并对基层党组织的腐败、腐化现象严惩不贷，对腐败、腐化的党员严肃处理，让老百姓对基层党组织和党员拥有坚定的信心。

第三章 乡村治理理论体系与模式

近年来，乡村社会治理新理念的提出引起了全社会的广泛关注，乡村社会治理已经发展成为一个跨学科的研究领域，吸引了来自政治学、社会学等学科众多学者的关注。乡村社会治理呈现出来的理论问题不断增多，其现实应用价值不断拓展。笔者认为，乡村社会治理新理念有着十分丰富的内容体系，如乡村社会治理主体、原则、目标、要求、关键、理念、保障等问题都是值得我们深入研究的重要内容。

第一节 乡村治理的主体结构

在中国当前全面深化改革和全面建成小康社会战略目标的背景下，乡村社会治理已经成为我国"三农"问题绕不开的重要问题之一。近年来，随着乡村社会组织结构、群体结构、利益结构和思想观念结构的迅速分化，乡村社会组织较快发展，农民主体意识不断增强，越来越多的乡村社会力量参与到乡村社会公共事务中，乡村社会治理主体悄然发生变化。过去乡村的主体以党政为主，村里的事务都由干部一言堂说了算，随着改革的不断深入发展，乡村治理的主体逐渐变为人民群众，既是治理的主体也是被治理的对象，高度调动人民群众的积极性和自主性，充分尊重并满足其合理诉求，通过彼此之间相互博弈、相互调适、共同参与合作等互动关系，形成多样化的乡镇公共事务管理制度或组织模式。至此，乡镇治理主体不再限于政府自身，主体多元化成为乡村社会治理的必然趋势。因此，我们要认真分析乡村社会治理主体现状，推动乡村社会治理主体多元化格局的形成，以适应乡村社会结构的多元化变化，着力推进小康社会建设与乡村和谐稳定。

一、乡村社会治理主体现状

（一）乡村社会治理主体的能力有待提高

当前，乡村社会治理主体的能力不足已成为提升乡村社会治理成效的关键障碍。多元合作治理的关键是调动各个治理主体各司其职、各尽所长、相互支持、合作共治。随着乡村社会主体结构日益弱势化、乡村社会治理日渐衰退等复杂多变的乡村问题的增多，乡村基层党组织的工作方式、思想观念难以适应，致使乡村基层党组织的核心作用弱化，党员干部领导群众共同富裕的能力、观念意识缺乏。在培育新型社会治理主体方面，缺乏整体规划和具体有效的实施方案，难以调动其他各类社会治理主体在乡村社会治理过程中的积极作用。

（二）乡村社会治理主体的缺位与弱化

乡村的建设和发展，不仅需要充足的自治力量，更需要充满智慧的乡村社会治理主体和组织。通过长期的实地考察和调研，我们发现乡村人口空心化主要体现为乡村生产建设主体与乡村社会治理主体的缺失和弱化，大量乡村青壮年劳动力的多年持续流出直接导致了乡村人力资本的空心化，而究其根本成因在于乡村人力资本前期投资的不足和当期的严重流失。大规模打工潮和城镇化的出现，造成我国乡村人口净流出加剧，留守农民呈现出"386199"（妇女、儿童、老人）居多的特点，致使乡村社会治理主体、治理能力弱化。乡村社会治理主体的缺位或弱化必然导致所有的社会治理功能的弱化甚至停滞，也显示出乡村整体自治力量和管理组织的虚化，使得乡村各种事业的发展都遭遇了极大的挑战，不能维持乡村地区的正常运行和发展。

（三）农民的社会治理主体地位尚未彰显

民主政治的建立，乡村基层网络管理模式的完善，使人民更有意愿参与到乡村社会治理的公共事务中来，其主人翁意识和民主意识日益增长。然而，在乡村社会治理主体多元化发展的今天，仍然存在农民不是乡村社会治理的主人而是乡村社会治理的对象这一传统落后的理念，导致当前乡村社会治理未能将治理的主体切实地转移到农民身上来，这一主体往往被排除在外，得不到有序参与。尽管学者们都高度认同改革开放前一元化的乡村社会管理体制已经无法适应当前乡村社会发展的需要，社会治理的主体应该多元化，但作为乡村社会治理多元主体的重要组成部分，农民参与社会治理的主观意愿与客观行为却一直没有得到足够的重视。

（四）乡村社会组织的发展还有待增强

经过改革开放和市场经济的洗礼，中国的社会组织发展较快，但乡村社会组织数量还偏少，参与社会治理的能力也严重不足。现行乡村治理结构主体的"官方"色彩还比较明显，参与乡村社会活动的组织发育还不完善，无法适应乡村社会的需要。究其原因主要有：一是新发展的社会组织需要时间去成长，不断地完善体制内和机制的缺陷，我国的社会组织培育和发展时间不长，正处在与一个成长阶段，但是其发展是向上的、前进的，与时间相应的水平相符合；二是代表农民利益的乡村社会组织很难在短时间内得到规范发展，并作为正式主体参与到乡村社会治理的工作中来；三是乡村人口数量众多，而个体间能力水平参差不齐，在乡村社会组织中参与治理的传统几乎没有，难以发挥出相应的社会治理职能。

（五）乡镇乡村社会治理主体的信任基础缺失

随着社会的不断发展，总体事务趋向好的方向，但是总会存在一些不可避免的问题和矛盾。乡村城镇化最易出现的便是土地和房屋拆迁矛盾，数据显示，近年来在利益冲突日渐多发的背景下，乡镇乡村出现能够引导协商对话与合作的权威性人物越来越少，人民的利益往往受损，走法律程序，时间漫长，消耗大，因此，村民一般会选择忍气吞声。外出务工人员眼界的拓宽、知识的增长、民主意识的增强，要求维护自身的利益和权益，也加剧了乡村社会的干群冲突矛盾。乡村基层社会管理没有实权，无法切实为群众利益和根本上解决矛盾，这也不断地侵蚀着人民的信任，乡村危机事件大都是乡村社会治理主体的无为或越位造成的。

（六）乡村社会治理主体的多元参与机制仍然没有根本形成

目前，我国乡村治理主体较为单一，政府仍然是乡村社会治理的绝对主体，一些新兴社会组织还没有正式参与到社会治理中来。村民参与社会治理的意识薄弱，乡镇政府和村两委会缺乏多元主体参与乡村社会治理的理念。出于某种权力或利益上的考虑，他们往往把乐于参与社会治理的那些乡村民众视为"刁民"，或者把村民参与看作潜在的威胁，不太愿意放权让多元主体参与社会治理。乡镇政府也缺少综合来自辖区居民民意表达的机制，甚至强制干预村民自治，使村委会沦为一个常规的办事工具，"行政化"现象严重。

乡村社会治理面临治理主体结构模糊和失衡、社会治理主体间失调等种种困扰，源于乡村社会治理多元主体参与机制尚未形成。

总之，乡村社会治理主体结构弱势化、内部治理灰色化、法治建设落实难行，严重阻碍了乡村社会治理的进程，乡村社会现代治理主体结构的构建与运行任重道远。

二、乡村社会治理主体结构

（一）组织协调主体：乡村基层党组织

由前文的"四个方面"可知村党组织在乡村基层党组织的重要性，因此乡村经济社会发展的领导核心是乡村基层党组织，是整个基层组织的主体；在众多的乡村社会治理主体中，乡村基层党组织拥有政治优势、组织优势、人才优势和资源优势，因此应当在乡村社会治理中发挥总揽全局、协调各方的作用。在新的基层党组织领导下，社会形势中，乡村的各个阶层出现了不同的分化，包括以利益为主体、以物质基础为主体、以文化背景为主体的分化，利益的诉求不同导致矛盾焦点错综复杂，使乡村社会治理环境发生了深刻变化。

乡村社会治理以基层党组织为主体，在党的领导下对乡村社会治理主体多元化发展的趋势，能否更好地统筹协调乡村社会治理主体形成科学多元的治理体制，能否更好地在乡村社会治理理念、治理方式等方面做出适应性变化，及时调整自身角色，重新定位自身组织功能，不断加强自身建设，提升党员的素质和治理能力，能否更好地加强领导，强化引领机制，突出服务，进行利益整合，协调治理主体间的相互关系，带领并团结协作其他治理主体发挥各自积极作用，既考验乡村基层党组织的乡村社会治理能力，也关乎乡村社会治理的有效性、乡村社会的稳定与发展。因此，在面对各类社会治理主体之间不同的利益需求、利益冲突和纠纷时，乡村基层党组织应善于通过沟通、对话、民主协商的办法加以解决，及时协调党组织与村委会以及其他社会治理主体之间的关系，把协调各方关系的切入点放到维护农民群众的根本利益上来，从而增强其他社会治理主体对乡村基层党组织的认同感，提高党在乡村社会中的威信。

（二）主导责任主体：乡镇基层政府

乡镇基层政府是国家政权的最后一层，是传达和贯彻中央及省市县政策的重要一环，也是乡村社会建设的最直接引领者。乡镇基层政府起着沟通乡村社会与县级政府上传下达的桥梁和纽带作用，在乡村社会治理中发挥着主导作用。因此，乡镇基层政府是乡村社会治理的主导责任主体。乡镇一级政府在法律制度的范围内，根据善治的要求对自身运行体制和治理行为不断优化以适应现代乡镇社会发展规律和要求，并合理运用自身权力和职能，最大限度地合理优化配置乡镇社会资源，引导乡镇非政府组织、公民等治理主体共同参与乡镇社会事务管理，提供有效合理的乡镇公共服务和社会管理，最终促进乡镇社会的政治、经济、文化的现代化，建设社会主义新乡村。因此，乡镇政府作为乡村社会治理的重要主体，在宏观和微观上对乡村社会各个方面的发展起着引导作用。尽管治理强调多元主体的共同参与合作，但乡镇政权在乡村社会治理体系中明显扮演着基础性角色，这不仅因为乡镇政权仍掌握着较多的公共权力和经济资源，更是因为在社会组织发育不足、公民的自治能力有待提高的背景下，推进乡村社会治理体系建设有赖于乡镇政权构建一个多元主体平等参与的开放的社会治理平台。

（三）自治参与主体：农民群体

在乡村社会治理过程中，只有大力开展职业技能教育，培养新型职业农民，让农民有一技之长，才能更好地参与乡村社会治理和农业现代化建设；只有确保农民的生计安全，了解和尊重农民需求，才能有力地推进乡村社会治理体系的整合和治理能力现代化的提升；只有相信和依靠农民群众，尊重农民的主体地位，积极发挥参与乡村社会治理的主体作用，才能够推动乡村城镇化和农业现代化协调发展；只有根据不同乡村社区的实际状况，逐渐培育乡村社会力量和公共空间，才能使农民成长为乡村社会的治理主体和受益主体，实现乡村全面可持续发展。

（四）社会协同主体：乡村自治组织和社会组织

就目前而言，农民群众通过参加各种类型的乡村组织结成新的利益共同体，这些共同体与党的组织、政权组织等其他组织共同构成乡村社会的治理主体。如农民专业合作社作为乡村社会治理的主体之一，有利于形成乡村社会治理主体的多元化格局、推进乡村社会治理手段的市场化、完善乡村社会治理模式的民主化以及促进乡村社会治理制度的规范化。伴随着我国治理现代化进程的推进，乡村民间组织如乡贤理事会，把分散的弱者聚集起来，形成巨大的组织力量，并参与到乡村社会治理中来，不仅对促进乡村社会治理的主体多元化，改进社会治理方式，丰富治理手段，而且对增强乡村公共生活与公共事务的影响力，促进乡村权力结构民主化转型都具有十分重要的作用。

三、正确认识和发挥多元主体在乡村社会治理中的作用

乡村社会是整个社会的重要组成部分，由于乡村的组织问题、人民群众素质教育问题、利益冲突问题等，使本来治理就困难的乡村变得更加复杂，面对治理对象和环境的复杂性，推进多元主体的治理具有重大战略意义。改变原来的单一治理主体结构为包括基层党组织、政府、村民自

治组织、乡村社会组织和农民等各股力量进行多元治理，切实解决治理困境。社会治理是多元主体的共识驱动，其运行基于价值认同、沟通互动与协商合作的方式，乡村社会治理各参与主体要树立协同合作理念，明确相互的职责权利，建立协商共治工作机制，加强治理的民主化、法治化建设，做到自我管理、自我约束和自我发展，真正将农民的真实需求摆在工作的第一位。

乡村多元治理主体一直以来发挥着重要的作用。乡村基层组织的职能发挥直接关系着乡村社会的安全、稳定和繁荣。作为乡村社会治理关键性主体乡镇政府，起着贯彻落实国家各项制度安排和政策措施，组织提供基层公共服务，维护基层社会的公共秩序，吸纳和整合基层社会政治参与的作用。乡镇政府本职功能的发挥程度与行政目标的实施程度不仅事关乡村社会健康发展与否，更是乡镇政府合法性基础的重要来源。村级村民委员会要主动打破原有的格局和消除工作惯性的影响，积极引导和培育符合乡村发展和社会治理要求的社会组织，让广大村民参与到社会治理创新中来，形成社会广泛参与治理格局。乡村社会组织作为治理活动中的重要主体，在协调不同治理主体关系、实现村民利益有效表达、推动乡村社区民主意识形成等方面发挥着关键性作用。乡村社会组织充分发挥其社会功能，并与乡村党组织、村民自治组织、村民个体等治理主体相互合作协商是解决目前乡村社会治理困境的主要出路。要全面梳理各类乡村社会治理主体具体功能，依法明确治理主体、厘清工作职责、理顺相互关系、创新工作机制，赋权还能，明晰行政边界空间，建立健全规范化的乡村治理体系。乡村基层社会治理主体只有维护好基层社会公共秩序，才能真正实现对乡村社会的有效治理。

在当前经济社会发展新常态下，只有探索乡村多元主体在社会治理中的作用，才能实现乡村社会治理方式的全面转型，推进乡村社会的依法与有效治理。党的十八届五中全会提出构建全民共建共享的新型社会公共治理体系，不仅从客观上要求推动乡村社区治理主体的平等合作与多元共治，实现乡村社区治理成果的全民共享，更要求主观上发现当前我国乡村社区治理各主体存在的问题和改善的策略，形成一套科学、合理的乡村社区治理理念，逐步实现乡村社会的善治。

第二节 乡村治理的基本原则

加强和完善乡村社会治理，需要坚持四个原则，即法治原则、民主原则、权利原则和服务原则。坚持这些原则对加强和改进乡村基层社会治理有着不可替代的作用。

一、乡村社会治理的原则

（一）法治原则

法治是调节社会复杂多样矛盾间的有力依据和保障，推进乡村社会治理的原则，人民赖以遵循内在支撑，当公民人身财产安全受到威胁时的最有效的解决途径和保障。在乡村人口仍占主体，乡村的社会结构、利益格局、组织体系、生活方式、价值观念等各方面发生剧变的新形势下，乡村社会治理法治化不仅是乡村社会稳定的问题，更关乎党在乡村执政基础的巩固，在依法治国的大政方针下，推进依法治村，乡村社会治理法治化，遵循法治思维，坚持依法治理，把乡村社会治理纳入法治化轨道。

1. 推进乡村社会治理法治转型

坚持法治原则，推进我国乡村社会治理的法治转型。以农民权利为核心、尊重农民主体性与法律诉求的治理模式，排除社会结构性歧视、实现公民权利与社会资源对等配置的法律制度设置，是我国乡村社会治理法治转型的内在逻辑。就此而言，我国乡村社会治理的法治转型应首先以提升农民权利主体性为旨归，畅通农民权利诉求的表达渠道，保障其获得平等政治权利的机会，提高乡村社区组织化能力，使农民真正成为权利的价值主体、自我命运的掌控者。

2. 促进乡村社会治理现代化

法治是实现乡村社会治理现代化的必由之路。法治是一个国家社会文明的标志，推进乡村社会法治治理有利于推动国家现代化的发展，同时乡村社会法治化治理也是整个社会国家法治的重要组成部分。乡村社会治理如果不能弘扬法治，不能用法治思维、法律手段来处理问题、解决乡村社会发展中出现的矛盾，乡村社会治理的现代化就难以实现。要实现乡村社会治理法治化，就要在广大乡村党员群众中树立法治意识和法治思维，就要破除乡村传统熟人社会结构的束缚，建构现代乡村民主法治社会，就要将村规民约纳入法治化轨道。村规民约与乡村社会联系紧密，现代社会人民生活条件得到了极大的改善，但是人们的法治观念意识仍然很淡漠，要加强对村规民约的改善，使之与现代社会相符合，将法律与村规民约相结合，与国家法律更契合，发挥其在乡村社会治理社会中的作用，提高乡村社会治理的法治化水平。

3. 实现乡村社会治理法治化

乡村是中国社会的基础，乡村治理法治化是维护这个"基础"和谐稳定的保障。党和国家依法治国、依法治村，有序地推进实现乡村社会法治化。从宏观层面看，依法治村是发展乡村社会经济的需要，也是提高国家现代化治理的必然途径。重塑乡村社会关系，构建法治和礼治相结合的新型乡村社会秩序，让法治观念渗透到乡村基层，让法治原则成为基层民众日常生活中的行为准则，切实推进乡村基层治理法治化。从微观层面看，推进乡村基层治理法治化有利于化解当前乡村社会矛盾，维护社会的安全稳定。农民的法律意识淡薄和法律素养低下是乡村法治社会管理难以推进的重要原因，因此要加强对农民学法、知法、守法、用法的宣传教育，提高其法律水平，有效地化解乡村社会矛盾，推进基层行政单位和组织的发展，治理好社会。特别是一些乡村基层领导干部，因为他们自身缺乏法治治理思维以及相应的依法办事能力，所以在实际的工作中，依法律法规解决问题时，习惯于个人或少数人说了算，从而导致社会治理效能低下，要有效解决当前乡村治理面临的基层干部人治思维和官本位思想严重、农民整体法治观念淡薄、乡村社会治理机制滞后等问题，必须走乡村治理法治化道路。

（二）民主原则

1. 乡村社会治理民主原则的政策要求性

建立健全党组织领导乡村社会治理机制，通过实践探索乡村社会治理民主的形式，建立公共平台实行政务公开、信息公开。在有实际需要的地方，依托土地等集体资产所有权关系和乡村传统社会治理资源，开展以村民小组或自然村为基本单元的村民自治试点；在已经建立新型乡村社区的地方，开展以乡村社区为基本单元的村民自治试点。探索以村民会议、村民代表会议为载体，创新村民议事形式，完善议事决策主体和程序，落实群众知情权和决策权。建立务实管用的村务监督机制，落实群众监督权。积极探索村民议事会、村民理事会等协商形式，重视吸纳利益相关方、社会组织、驻村单位参加协商。研究明确村党组织、村民委员会、村务监督机构、乡村集体经济组织的职能定位及相互关系。在进行乡村集体产权制度改革、组建乡村股份合作经济组织的地区，探索剥离村"两委"对集体资产经营管理的职能，开展实行"政经分开"试验，完善乡村基层党组织领导的村民自治组织和集体经济组织运行机制。尽管村级党组织的政策定位仍然是乡村各种组织和各项工作的领导核心，但政策上的"核心"定位已经不再是那种"一元化"的定位，而且很难得到法律的支撑，村民自治法已经将村民委员会推向前台，民主选举、民主决策、民主管理、民主监督已经成为乡村社会治理的重要原则。民主选举是乡村社会基层治理的前提条件，《选举法》和《村民委员会组织法》已经对违法的主体、情形判断和责任认定都做了明确规定。这既适应了改革开放后乡村基层民主建设的要求，又体现了由管制到共治的社会治理发展趋势。

2. 乡村社会治理民主原则的主体需求性

在现代市场经济条件下，在新媒体的作用下，经济决策权的分散化和个体化，催生个人意识和权利意识，农民获得了丰富的现代民主权利知识，其权利意识在不断觉醒，民主诉求在不断增强，对民主参与的需求更加强烈，要求参与现有的乡村社会治理过程，表达自己的利益诉求，单向管理的治理过程已经不能满足乡村社会治理民主参与的需求。民主选举、民主决策、民主管理、民主监督成为乡村社会治理的主要内容。在多元的社会治理模式下，真正实现政府、乡村精英、普通村民之间平等的协商与合作，使多元主体通过协同方式实现对社区事务的合作管理，维护了农民的合法权益。

3. 乡村社会治理民主原则的社会实践性

伴随着新乡村建设各项工作的推进，以及党和国家对社会主义基层民主发展的重视程度的不断加深，我国乡村社会治理中的民主程度得到显著提高。乡村社会治理不断地获得自主权，从以往行政命令型的管理模式向民主参与方式推进，以人为本，人被提到核心定位，拥有更大的表达权、参与权、知情权，农民获得更多自由权。但是，当前乡村社会治理方式过于专制简单，民主选举、民主决策、民主管理、民主监督为主要内容的村民自治很难落实到位，乡村社会腐败问题禁而不止。从政治方面来看，村民自治的提出固然为乡村社会治理与民主政治创建了一个良好的发展平台。如何真正推进乡村社会治理民主原则的社会实践性呢？一是在提升乡村社会治理水平的实践中,加强社会主义协商民主。社会主义协商民主,有利于听群言、集民智、增共识、聚合力、促和谐,有利于增强乡村社会治理针对性和实效性。要使村民自治获得长久发展的稳定基础,就不能仍然停留在只是诉诸"民主"这种动员性的政策话语上,而是应该与乡村社会的治理环境和农民的生活规则相契合,并从自治的每个环节上具体落实民主的制度,以此让其成为农民的一种生益博弈和矛盾化解的过程,建立在协商民主的基础之上的民主议事与民主决策,可以较好地处理村级治理各主体间的相互关系,实现乡村社会各阶层的利益均衡,维护乡村政治稳定、促进乡村社会发展。二是推进和发展乡村基层政府管理体系与村民自治体系之间的协调互动治理。基层政府在乡村社会治理过程中要有意识地经常性地引导村民参与进来,只有让村民在参与治理的过程中不断增强自己的民主意识,逐步学习民主知识和民主程序,让村民牢记参与村庄治理是自身的权利,让村民自觉地行使权利,才能逐渐提高村民乡村社会治理参与能力。三是有机结合党内基层民主建设和乡村社会治理。许多乡村党组织探索这种形式,村党组织通过制度化、体系化、多元化的形式有效地管理乡村,同时村民也能更好地配合管理。因此,如何有机结合党内基层民建设和乡村社会治理就成为乡村基层党组织要解决的重要课题。

(三)权利原则

权利原则是乡村社会治理取得有效性的重要前提。在乡村社会治理过程中坚持权利原则,必须提高农民权利观念、建立权利体系、健全权利保护机制。

1. 提高农民权利观念

在新媒体的作用下,农民获得了丰富的现代民主权利知识,其权利意识在不断觉醒,这种意识蕴含着巨大的社会价值,是社会治理的有生力量。这种由新媒体引起的农民主体性的提升为实现现代治理机制的建构、实施和运行提供了现实的可能性,必须把协商、合作、多元、民主的治理理念引入乡村社会治理中去。农民民主权利的实现是乡村社会治理发展的核心。创新乡村社会管理必须以农民权利为宗旨,具体到中国乡村的社会治理实践,农民权利必然是社会治理逻辑生成的价值目标,并贯穿于治理过程之中;在乡村社会治理过程中,正是借助于参与和表达形式,农民的权利话语才可能进入法治程序,并进而促进各项权利转化为实然状态。在农民的权利救济方面,应当通过立法的改进、诉讼程序的简化、诉讼成本的降低、诉调机制的完善等多种措施进行相应的改革,使国家司法权能有效地渗透到乡村社会治理过程中,促进农民救济权利充分发展。

2. 建立权利体系

在"乡政村治"体制下的乡村社会治理中,存在乡镇政府代表国家行使的行政权和村民通过自治组织实施的自治权两种主要权利形态。在实施城乡统筹发展和城乡一体化大背景下,国家的"多予、少取、放活"以及将公共事业发展重点转移到乡村、"工业反哺农业、城市支持乡村"等政策,要求国家权力再次下放到乡村社会。虽然"乡政村治"体制比人民公社时期的"政社合一"体制更侧重乡村社会"自我"治理,并且村民拥有了更多自治权力,但在实际操作中,"乡政村治"体制或多或少地偏离了"国家文本"要求,国家行政权力在乡村社会中始终保持着强势。

农民的权利问题是乡村社会治理中的重要问题，自古以来中国的农民都是被压迫、被奴役的对象，他们的权利少之又少，长期的压迫使其忘记了反抗，认为这是常态，但是我们新型城镇化改革就必须要唤醒农民的主人翁意识，要农民自己主动地参与到民主政治当中去，接着是国家以制度性法律性保障农民主体的权益，建立完善的服务设施和保障体系，保障资源共享、分配机制合理、实现公平公正，唯有如此才能真正地实现农民的权利，才能实现良好的乡村社会治理目标。知易行难，正视农民作为权利主体在社会发展中的集体失语问题，肯定农民基本权利在社会结构中的正当性，平等地对待每一个农民的权利与人格，这些基本的权利理念是我国乡村社会法律治理的价值基础。

3. 健全权利保护机制

在现实社会，指导与被指导关系的党委与村委本是实现基层民主和保障村民权利的重要主体，但是，部分村两委却合谋窃取乡村集体利益，使村民与村两委的关系恶化甚至敌对，宗祠会议等非正式表达渠道被遗弃，村民的意见被排除在乡村社会治理之外。乡村社会治理的根本问题，是健全农民权益的保障机制，而这一"保障机制"的绝对指向应该是推动与实现农民权利，或者间接地说，农民权利是乡村社会治理的切入点与基准线。乡村基层治理中，执政党、权力机关、行政机关和司法机关既要努力排除社会结构性歧视、实现公民权利与社会资源对等配置，又要积极回应人民群众日益增长的多样化权利诉求，健全人权和权利保障制度，维护弱势群体的权利。同时，还要落实并完善宪法规定的农民与市民同等的公民权，更有效地推进社会主义新乡村建设和社会主义和谐社会构建。

（四）服务原则

乡村社会治理创新的根本目的在于提高社会公共服务的品质，满足民众多样性的服务需求，因此，乡村公共服务体系建设一直是乡村社会治理创新的核心领域。乡村公共服务状况直接关系到民众的生产生活水平的提升，是密切党群、政群关系的基本途径，也是检验乡村社会治理创新成效的标尺。建设中国特色现代农业，必须建立完善的农业社会化服务体系，即要坚持主体多元化、服务专业化、运行市场化的方向，充分发挥公共服务机构作用，加快构建公益性服务与经营性服务相结合、专项服务与综合服务相协调的新型农业社会化服务体系。这为乡村社会治理坚持服务原则提供了政策依据。

1. 增强乡村社会组织社会服务功能

在公共服务领域，我们要善于打破政府垄断、肯定市场价值，鼓励、引导和支持发展各种新型的乡村社会化服务组织，共同参与乡村的社会治理，增强社会自治功能。目前在一些地区，由政府组织、非政府组织和乡村各类经济社会服务组织等共同参与的乡村治理格局正逐步显现。乡村社会组织具有参与公共服务的自身优势，它是政府与社会互动的桥梁，能够有效整合社会资源，繁荣社会事业，参与社会治理与服务，满足乡村社区的多元化需求，保障乡村经济与社会的和谐稳定。支持农民合作社、专业服务公司、专业技术协会、农民用水合作组织、农民经纪人、涉农企业等为农业生产经营提供低成本、便利化、全方位的服务。采取政府订购、定向委托、奖励补助、招投标等方式，引导经营性服务组织参与公益性服务，大力开展病虫害统防统治、动物疫病防控、农田灌排、地膜覆盖和回收等生产性服务。推进科技特派员乡村科技创业行动。培育会计审计、资产评估、政策法律咨询等涉农中介服务组织。这些经营性服务组织的培育与建设在乡村社会治理中都可以充分发挥生力军作用。完善乡村公共服务体系、加快公共服务均等化建设，必须以农民公共需求为导向，以保障和改善民生为根本，缩小社会内部差距，促进公共服务主体多元合作，激发乡村社会活力，建立和完善乡村社会化服务体系，形成村民自我组织、自我管理、自我教育、自我约束、自我服务的有效治理机制；必须促进农民组织化，把乡村社会治理网络建起来。通过培育乡村经济合作组织、发展乡村社会文化组织、规范引导民间社会公益组织，增强农民致富及社会合作能力，提升乡村社会自我服务能力，促进乡村社会的公共行动能力，把"原子化"的农民组织起来，激活农民的自治活力，使乡村形成一个能够共同致富、自我合作、参与公共事务的乡村社区共同体。

2. 提高基层政府乡村社会公共服务水平

从当前的社会形势上看，我国政府的治理状况和建设服务型政府的宏伟目标相差较远，政府在乡村社区治理过程中，提供公共服务方面"重管理，轻服务"的现象比较普遍，而且在服务过程中的每一个环节都不同程度地存在一定问题，这些问题主要表现在为乡村社会治理提供公共服务的效率低下，公共服务的滞后性和非连续性。由于我国基层社会治理相关法律尚不健全，乡村社区的自治能力比较有限，社区民间组织发育尚不完善，基础设施还不到位，一些乡村地区的相关服务产业刚刚起步。

提高农业气象的检测和预报，降低自然灾害对农业的影响，继续实施基层农业的技术推广，在资金上、专利产权上大力支持科研，同时加强高等院校间和农业的合作关系，成立专门的为缘分来分管。向国外学习先进的农业技术，引进国外优秀的专业人才和先进机械设备。完善好乡村农业公益服务组织，加强预防自然灾害对农业的打击，建立系统的组织，从监管到应对措施都做到专业化、科学化、及时有效。全面落实城乡统一、重在乡村的义务教育经费保障机制，加强乡村教师队伍建设。继续提高城乡居民基本医疗保险筹资水平，加快推进城乡居民医保制度整合，推进基本医保全国联网和异地就医结算。加强乡村基层卫生人才培养。完善乡村低保对象认定办法，科学合理确定乡村低保标准。扎实推进乡村低保制度与扶贫开发政策有效衔接，做好乡村低保兜底工作。完善城乡居民养老保险筹资和保障机制。健全乡村留守儿童和妇女、老人、残疾人关爱服务体系。

3. 发挥乡村基层服务型党组织的服务功能

在乡村治理的新形势下，解决乡村社会治理过程中出现的各种问题和矛盾就离不开乡村基层服务型党组织发挥其服务功能，整合各阶层的利益，服务乡村社会多元化的利益诉求，保障和改善乡村民生，完善乡村社会保障机制和乡村治理机制，使农民能够享受到党组织提供的细致入微的服务。因此，这就需要乡村党组织发挥党在乡村的组织者和引导者作用，树立服务乡村群众的工作理念，提高服务群众的能力和水平，利用法治手段解决乡村各种矛盾和纠纷，争取把问题和矛盾在基层解决，从而进一步提高乡村社会治理水平，为促进基层治理法制化奠定基础。党组织在组织和引领乡村治理的同时，通过转变工作职能和履职方式，重点是发挥政治资源，能够为乡村经济、社会组织及村民自治组织的运行提供政策、法律、人才等服务，帮助解决困难、理顺关系、健全机制、营造环境广泛开展党员承诺活动，激发党员服务农民、参与乡村社会治理的内在动力。

4.不断创新服务方式和手段

在新型城镇化的发展战略下，公共服务与乡村治理都需要有新思路，而乡村社会工作正是重要的方法之一。乡村社会工作不仅是"回应人的需要"，更要"回应社区的需要"，乡村社会工作不仅要补充原有的公共服务供给机制，还要在乡村治理、社区建设方面发挥作用。乡村社会工作不仅要在公共资源配置、公共服务产品供给中发挥作用，还要促进乡村治理、社区自治。同时，我们还要将农业与科技相结合培育出高产、高质量的农作物，不仅要提高科学技术，还要加强区域综合化的合作鼓励搭建社会化服务综合平台，发展专家大院、院县共建、乡村科技服务超市、庄稼医院、"专业服务公司加合作社+农户涉农企业+专家+农户"等服务模式；发展农业信息服务，加快用信息化手段推进现代农业建设。

二、乡村社会治理的目标

（一）政治目标：实现乡村社会和谐发展

乡村社会治理的政治目标是实现乡村社会的和谐发展。乡村社会的和谐发展与乡村社会治理息息相关。创新乡村社会治理体制、维护乡村社会的和谐发展成为新时期乡村社会面临的主要问题之一。当前，乡村社会矛盾比较突出，特别是因为乡村土地争议引起的矛盾、干群关系激化引起的矛盾、乡村基层组织不健全引起的矛盾、乡村环境恶化引起的矛盾、乡村公共服务事业滞后引起的矛盾、乡村社会治安治理不到位引起的矛盾、农民社会保障不完善引起的矛盾等尤为突出。如果不解决好这些矛盾，势必会影响到乡村的和谐稳定与小康社会建设目标，进而影响到经济社会发展和国家的政局稳定。因此，化解这些突出的乡村社会矛盾对我国乡村社会治理实践提出了更高要求。创新乡村社会治理，避免由于利益分化和价值失范造成严重的乡村社会的分裂，重新建立乡村社会治理基础和组织基础，走向新的社区共同体；创新乡村社会治理，把社会工作介入乡村社会治理中，更有效率地协助村民分析当地所面临的问题，去引导、规范乡村的社会生活，在村民之间形成良好的人际关系，最大限度地增进公共利益，谋求乡村社会的长远发展；创新乡村社会治理，实现从根本上预防和打击乡村违法犯罪，维护乡村治安秩序，保障乡村社会稳定。

（二）价值目标：保障农民权利

从中国乡村的社会治理实践来看，农民权利必然是社会治理逻辑生成的价值目标。在新的历史阶段，乡村基础社会治理领域存在着乡镇政府的行政管理权与乡村社区的自治权两种基本权利形式。加强和创新乡村社会治理，就要拓展村民自治渠道，创新乡村社区治理体制，强化村民自治功能，扩大村民自治领域，引领村民自治向着自治组织更加健全、自治活动更加规范、自治范围更加扩大、自治程序更加完善、自治保证更加有力、自治成效更加明显的方向前进，切实保障农民群众享有更多更切实的民主权利。"创新乡村社会治理必须以农民权利为宗旨。保障农民的基本权利是新型城镇化进程中乡村社会治理转型的关键节点。乡村社会治理的根本问题，是健全农民权益的保障机制，而这一"保障机制"的绝对指向应该是推动与实现农民权利，或者间接地说，农民权利是乡村社会治理的切入点与基准线。解决农民问题的关键在于解决其权利问题，构建保障农民权利的公正法治社会是推进国家治理能力和体系现代化的重要任务。没有对农民基本权利的尊重和保障，就不可能有社会的公平正义，也不可能有国家治理的现代化，更不可能有农民的尊严和幸福生活。农民权利是乡村社会治理的法治归宿，乡村社会治理的根本任务是充分保障农民权利。因此，在创新乡村社会治理中，我们要切实保障农民的知情权、参与权、监督权、表达权，创新农民的参与形式，拓展农民的参与空间，保障农民话语表达机制、民主自治机制，培育农民的主体意识、权利义务意识、公平正义意识，进一步增强农民的公民意识，提升农民的治理主体性价值，从而把党的领导、乡村的健康发展和农民的民主要求结合起来，实现乡村社会治理的价值目标。

（三）根本目标：提高农民生活水平与质量

农民生活水平的提高是民生问题中的关键。现阶段我国农民生活水平普遍偏低，各种矛盾错综复杂，农民对经济发展的要求和社会生活水平的期许越来越高，这就对乡村社会治理提出了更高的要求。只有乡村社会得到良好治理，才能最终实现整个国家的长治久安。依据当前乡村经济体制状况和经济发展的现实需要，我们可以看到发展乡村经济，增加农民收入，提高农民的生活水平仍然是乡村治理的首要任务。

乡村社会治理的根本目标是要为农民构建一个良好的居住环境，过上美好的生活。乡村社会治理的目的在于维护广大人民群众的根本利益，牢固树立农民群众利益无小事的理念，把民生问题的有效解决作为乡村社会治理的根本，想农民之所想、急农民之所急、办农民之所需、干农民之所盼。如果说农业税费时期国家进行乡村基层社会治理的目标在于完成国家工业化建设对乡村资源的顺利汲取和保持基本的乡村社会稳定，那么现阶段国家进行基层治理的目标则在于实现对乡村社会的良好建设，以提高农民的生活水平和生活质量乡村社会治理的核心领域是建立公共服务体系。乡村社会治理创新的根本目的在于提高社会公共服务的品质，满足民众多样性的服务需求。乡村公共物品是实现乡村治理现代化和改善农民生活水平的重要方面，公共物品供给不足是治理现代化中乡村治理水平较低的瓶颈，直接影响着我国国家治理水平的提高。农民的生活水平高低与乡村综合治理效能息息相关。村级治理水平的高低最终体现在经济的发展上和农民的生活水平上。目前，农业乡村发展已进入新的阶段，为确保乡村社会治理根本目标实现和基本任务的完成，必须充分发挥村"两委"作用，不断提高村级组织社会管理和公共服务的能力和水平，大力发展乡村生产力，盘活乡村活力，建设社会主义新乡村，加快全面建成小康社会的步伐，促进乡村经济全面发展和农民收入稳步快速提高，以良好的社会管理和服务体制机制守护我国的乡土文明家园，把乡村建设成为广大农民群众的幸福家园。

第三节 乡村治理的要求关键

一、乡村社会治理的要求

（一）参与力量要求：鼓励社会力量参与治理

随着改革开放的日益深入，各种社会事务积聚增多并呈现出复杂的局面，"政府单一管理主体"状态的弊端日益显露。乡村社会治理必须要有更多的力量参与。从社会层面看，乡村社会治理中除国家力量之外的一个重要互补力量就是社会力量。随着市场经济和民主政治的发展，社会阶层不断分化，乡村地区的社会力量不断增强，各种乡村社会组织和新型农民群体不断涌现，他们参与乡村社会治理的欲望十分强烈。比如，在乡村社会治理过程中，掌握了大量经济资源的农民合作社在乡村事务中的地位越来越高，已成为乡村社会化服务的重要组织载体。乡村日益发展的时代性诉求与乡村治理能力式微的矛盾，成了农民合作社组织嵌入乡村治理的内在驱动力，同时也是其在当前社会中弥补乡村人才流失、营造一种和谐乡村治理新秩序的意义所在。社会组织参与村庄治理是当代中国乡村社会治理结构转型的必然要求。鼓励和推动社会组织参与乡村社会治理已经成为深化社会治理创新的基本趋势。发挥社会力量在乡村社会治理中的协理作用，不仅能弥补政府部门在农业经济管理领域中的空白，更能有效发挥社会力量在乡村社会治理中的专长，因而能有效调动其参与乡村帮扶的积极性。

（二）精神状态要求：加强乡村精神文明建设

开展文明村镇创建活动，修订乡规民约。充分发挥公共文化服务在乡村精神文明建设中的平台和支撑作用，加强乡村基层公共文化体育资源的整合利用，提高设施利用效能。建立广播电视村村通、文化信息资源共享、乡镇综合文化站、乡村电影放映、农家书屋、体育健身等重点文化体育工程有效合作机制。采取政府购买、项目补贴、定向资助等方式，支持社会各类文化组织和机构参与乡村公共文化服务。抓好乡村业余文化骨干队伍建设，加强乡村题材文艺作品的创作生产。保护和传承具有民族特色的农耕文明，加强乡村地区的文化遗产保护。广泛开展具有乡土特色的文化活动，推动文化与特色农业有机结合，提升农产品文化附加值。

（三）民生本位要求：着力改善乡村民生

以民生为本是乡村社会治理的核心要求。新发展理念中的"共享发展理念"就体现了以民生为本。在现阶段，着力改善乡村民生是贯彻落实习近平总书记系列重要讲话精神、落实国家精准扶贫政策、建设社会主义新乡村的必然要求，是加强乡村社会治理的关键环节。为此，新时期乡村合作医疗保障制度的管理体制与运行机制，就必须适应乡村社会治理结构的现状与未来发展趋势，就必须体现国家意志、责任和确保农民的主体地位。保障和改善民生、推进乡村社会治理，我们也应建立推广党委领导、政府负责、部门联动、社会参与的关爱服务体系，做好乡村留守妇女、留守儿童、留守老人"三留守人员"的关爱服务工作。社区是社会治理和民生保障的重要载体，而乡村的社会治理和民生保障更要以乡村社区的建设为重要依托，乡村的社区服务体系建设是全面建成小康社会的重要任务。

以民生为本，加强乡村社会治理，就要着眼统筹城乡发展和一体化建设。乡村无论是经济水平、高级知识人才储量、文化教育力量，还是民主政治的发展都远远落后于城镇地区，要统筹发展城乡一体化，首先就要补齐乡村这些短板问题。筑巢引凤，在政策上大力支持吸引年轻人到乡村发展，为乡村注入新的活力，当然同时要培训农民的文化知识，科学种植，然后加强相配套的基础服务设施体系的建设；就要着眼努力增加农民收入，切实解决乡村社会保障脆弱问题；就要着眼切实解决农民最关心、最迫切、最现实的问题，保障农民享受公平的发展机会和条件，让农民平等参与现代化进程、共同分享改革发展成果；就要着眼多为农民办实事办好事，切实解决损害农民利益的突出问题；就要着眼继续深入推进美丽乡村建设，改善乡村生产生活条件，不断提升群众幸福指数。

（四）发展目标要求：促进城乡一体化发展

传统的以本村人口为主体，排除外来人口治理权的村民自治体系，已经无法适应城镇化以及城乡一体化对乡村社会治理的要求。为了促进城乡一体化发展，需要构建新型乡村社会生活共同体。构建新型乡村社会生活共同体，就是要推进乡村社区建设。乡村社区是乡村社会治理的载体。打破城乡二元管理体制，构建城乡社区一体化管理体制是时代的要求，以乡村社区重建为平台，政府必须改革乡村社区管理体制，优化乡村社会治理。在乡村地区构建民本型社区是乡村人口结构、经济结构、社会结构发展变化的必然结果，是在新的形势和条件下统筹城乡发展、促进城乡一体化的客观要求，也是在新时期创新和加强乡村社会治理的必然要求。对乡村社区的治理，就要形成乡村社区"共治"格局，乡村社区"共治"是不同于传统的由乡镇党委、政府贯穿到村社的行政体制主线条的单一主体的乡村社会管理模式，而是一种由党委、政府牵头的多重治理主体参与的新型乡村社区治理模式。

二、乡村社会治理的关键

（一）提升乡村社会治理主体的治理能力

乡村社会治理是整个社会治理中最基础、最关键也是最难的一个领域。当前，乡村社会治理主体的能力不足以成为提升乡村社会治理成效的关键障碍。随着城乡差距的逐渐扩大，乡村的人才都流向城市，而一些文化程度较低的老人、妇孺留在乡村，导致乡村治理主体能力有限。针对目前乡村社会组织发展不足，农民治理能力有待提升的现实，要从多方位提升治理主体的治理能力。这就无可避免地导致乡村治理能人的短缺，总体上加剧了乡村治理主体结构的老化和治理能力的弱化。

提升乡村社会治理主体的治理能力是创新社会治理体制、推进乡村社会治理现代化的关键。比如，基层政府乡村社会治理能力问题。随着乡村经济社会状况日渐复杂，基层政府对乡村的控制力却在不断弱化，加上面对协调社会关系、规范社会行为、化解社会矛盾、应对社会风险、保持社会稳定等一系列棘手的社会治理难题，迫切需要提升乡村社会治理的能力、效率和水平。

创新完善乡村基层党组织设置和活动方式，扩大组织覆盖和工作覆盖。加强乡村两级党组织班子建设，选好用好管好带头人，向软弱涣散村党组织和贫困村党组织选派第一书记。严肃乡村基层党内政治生活，用严以修身、严以用权、严以律己和谋事要实、创业要实、做人要实的要求来加强党员日常教育管理，做好乡村发展党员工作，发挥党员先锋模范作用。严肃处理违反党纪党规的行为，坚决查处挤占挪用惠农资金、侵占征地补偿款、侵吞集体资产等发生在农民身边的腐败行为，建立健全党组织领导下的村务监督机制，保持乡村基层党组织的纯洁性和凝聚力。进一步加强乡村基层服务型党组织建设，强化县乡村三级便民服务网络建设，多为群众办实事，贴近群众、团结群众、引导群众、赢得群众、带领群众共同脱贫致富奔小康。

（二）完善乡村社会治理基本制度

我国的农业人口比重较大，因此解决乡村问题也就是解决全国性问题。优化乡村社会治理的基本制度，能进一步提升我国社会治理的基本能力，进而推进整个社会主义和谐社会建设。

法治与民主是人类社会实现良好治理的基本方式，是实现乡村社会治理创新的基本制度保障。"乡政村治"起着承上启下的作用，是我国乡村社会治理制度由国家全面控制到乡村社区自治转型的关键。宪法规定村民自治制度是乡村社会治理的基本制度。

村民自治制度为新型的乡村社会治理提供了理论基础，通过村民"民主选举、民主决定、民主管理、民主监督"，真正实现村民作为管理主体参与到基层乡村的各项事务中，促进乡村发展。村民选举制度是乡村社会治理最重要也是最基础的制度设置，民主选举的目标是村民集体参与民主管理，每个人可以在选举村庄负责人的过程中行使自己的权利。

在深化改革的大背景下，如何创新乡村集体经济有效实现形式，建立符合社会主义市场经济要求的乡村集体经济组织产权制度，直接关系到广大农民的切身利益，关系到乡村基本经营制度的发展方向和乡村社会治理体系的现代化，也关系到国家的战略全局。伴随家庭农场、农民合作社、农业企业等新型农业经营主体的出现和成长，作为庞大的真正的农业生产经营者群体，如何赋予和保障他们的土地经营权利和社区治理主体地位，是目前乡村社区建设过程中处理好村民自治和多元主体参与之间关系的关键，也是未来乡村社区形成共建共享机制的重要基础。也就是说，乡村产权制度决定乡村社会治理的发展变化，乡村社会治理要与其基本产权制度相适应；同时，乡村社会治理又对产权制度产生影响，能促进或阻滞乡村产权制度的变革。乡村集体产权制度改革是健全乡村社会治理体系、促进乡村和谐稳定的重要保障。

（三）改进乡村社会治理方式方法

随着乡村改革以来，乡村社会发生了巨大的转变，人民的物质经济得到了质的发展，同时在政治、文化教育上也有了明显的提高,民主制度明确了农民的选举权、知情权、参与权、监督权,在文化教育上国家大力推进文化下乡政策,修建学校、开办夜校,确保每个适龄孩子能得到相应的教育,大力扫除农村文盲,提高农民文化素养。它的推行,使我国乡村治理方式发生了重大的变化,国家对乡村社会不再直接管理,而是赋予乡村社会自我管理的权利,由村民自我管理自己的事务。

改进和完善乡村社会治理方式要求我们提高农民组织化程度。新时期的治理理念具体表现在乡村社会治理中要求改变农民长久以来的片面"被管理化",要求农民能够逐步形成主体意识,作为重要的一方主体有效参与到乡村社会的治理中来。农民是乡村社会管理组织形式的主体,要大力宣传农民积极参加教治理组织当中来,通过农民自己选代表、成立委员会的形式,在其内部先进行有效的治理,然后对个体进行内外部的法治治理。乡村民间组织可以说是现阶段我国乡村社会管理和公共治理领域中农民组织化参与的有效形式。

改进和完善乡村社会治理方式要求我们强调德法共治。法治作为现代治理方式的一个重要方面,对乡村社会治理尤其是现代化转型发展中的乡村社会治理也至关重要。法治在乡村社会治理中占有举足轻重地位,但是中国人常说法理之外还有情理,德治的治理同样具有重要作用,充分发挥乡规民约的德治功能对于提高乡村社会治理水平、实现国家社会治理能力和治理体系现代化具有重要的现实意义。其实乡规民约与法律并非对立关系,而是法律的调适和补充完善,在法律无法触及的领域里发挥重要作用,例如对乡村生活中的红白喜事、邻里纠纷等方面法律往往难以做出具体要求和规范,而乡规民约则可以自行提出约束,填补了这些法律管不着的真空地带,它遵循乡村的实际情况,从人情和道德伦理出发,制定出合情合理的行为准则,既有替法惩戒效果,又有道德教化作用,成为乡村社会治理的重要方式之一。

第四节 乡村治理的理念保障

乡村社会治理要以保障和改善乡村民生为优先方向,强化和树立"系统治理、依法治理、综合治理、协同治理"等治理理念,对于促进广大乡村社会安定有序,生态环境不断改善,广大农民安居乐业具有重要的作用。

一、乡村社会治理的理念

(一)系统治理:乡村社会治理的根本方略

从社会功能视角看,乡村社会治理构成"五位一体"治理系统,需要进行系统治理。乡村社会按功能可大致划分为政治子系统、经济子系统、社会子系统、文化子系统、生态子系统,乡村社会治理应包括政治治理、经济治理、文化治理、社会治理、生态治理"五位一体"的社会治理。比如,在社会子系统中,乡村留守儿童关爱服务体系是一项社会化系统工程,对于优化乡村社会资源的配置,科学的社会治理体系的构建,服务性政府的打造等都需要在实践研究中不断地进行完善。因此，我们需要系统治理乡村留守儿童问题，从根本上改善乡村留守儿童权利保护缺失的现状。

从治理主体看，乡村社会治理构成"多元主体"协同治理系统，需要进行系统治理。中国乡村基层治理体系本身就可以看成一个独立运行的系统，这个系统主要由乡村基层政权体系、村民自治体系和乡村社会组织体系为中心的主体要素构成，因此，推进乡村基层治理体系有序运行，不能仅仅偏重和审视一个主体，而应该置之于系统当中具体分析每一个主体要素的职能和作用，并建设使各个体系要素竞相发挥作用的可行方案，从而推动整个系统的良性运行与发展。坚持系统治理，促进市场力量在乡村社会治理创新中发挥日益重要的作用，实现多元行动主体共同参与乡村社会治理。在行政管制力量弱化、人口日趋疏化甚至"空心化"的乡村，发挥社会组织在社会治理中的作用是实现多元行动主体共同参与乡村社会治理新格局的重要途径。多元行动主体共同参与的乡村社会治理的体系的形成，需要发挥乡村社会组织的作用。

（二）依法治理：乡村社会治理的主要方式

乡村法治治理是全面推进依法治国的主要阵地和重要组成部分，关系我国整体的法治社会的治理推进，没有乡村治理的法治化就不可能实现整个国家治理的法治化。"只有广大乡村实现了依法治理，才能真正实现依法治国的战略目标，也才能真正构建起社会主义新乡村，依法治国，建设社会主义法治国家。从此，开始了以法律为原则来治理社会的新篇章。

乡村社会法治是一种依法管理乡村社会政治、经济、文化等事务的治理方略，就是在遵循"依法治国，建设社会主义法治国家"的治国方略原则下，坚持党的领导、人民当家做主、依法治国有机统一的前提下，着力解决乡村无法可依、有法难依、执法不严、违法难究甚至不究等问题，通过规制乡村公权力、保障农民私权利，在乡村形成自觉依靠、运用法律手段解决各类纠纷、处理各类问题的法治氛围，最终使乡村达到法治理念根植于人们心中且为人们高度信仰的状态。法治乡村建设作为法治中国建设不可或缺的重要组成部分，是全面推进依法治国工作的基础：重点中的重点，因此，在着力建设法治中国的过程中，必须积极推进乡村治理的法治化。乡村社会治理的核心就是要在法治的框架内妥善地处理乡村基层党组织、村民自治组织、乡村社会组织以及农民个人之间的互动关系，形成上述多元主体合作共治的生动局面。坚持对乡村社会的依法治理，必须重视加强法治保障，让参与治理的所有主体都能通过合法的方式、民主的形式、制度化的渠道有序地参与到乡村社会治理中来。

乡村社会治理贯穿依法治理理念，进一步提升乡村法治化治理水平，就必须建设一支高素质乡村行政执法队伍，严格规范执法人员的执法行为，完善法律服务和法律救助，完善多层次的乡村法律监督机制；就必须加强乡村法制宣传教育，充分利用新兴媒体优势，提升乡村法治宣教实效，提高农民尊法、知法、守法、用法意识，培育法治精神，以实现乡村各种社会治理主体自我约束、自我管理，推进乡村依法治理；就必须加强对领导干部法治培训，提高乡村干部依法治村的意识、能力和水平，善于运用法治思维和法治方式解决乡村社会治理过程中的各种问题，做到依法决策、依法管理、依法行政、依法办事；建立健全完善的乡村社会治理机制，充分保障人民的各项权益，支持引导人民群众通过合法的途径解决政治诉求和矛盾纠纷，推进依法治村进程。通过对乡村各种事务的依法治理，向农民宣示法律在乡村治理特别是在农民权益保障中的重要作用，让农民感受到法律的价值就必须重视乡村生态环境保护的立法工作，强调依法治理乡村生态环境，依法治理乡村经济和社会秩序，营造公开、公平、公正的竞争环境；就必须推进乡村法治文化建设，大力弘扬中国特色社会主义文化，为先进文化的发展保驾护航，发挥人民群众的智慧和积极性。

（三）综合治理：乡村社会治理的整合规制

随着社会经济的发展，人们思想观念的转变，信息科技大爆炸，传统的乡村社会治理模式不再适应社会发展的需求，而综合治理的优势逐渐显现出来。综合治理摒弃传统的单一性，治理政务便只管政务，其他的文化教育则不管，导致乡村社会的整体治理效果不明显，按下这头那头又冒出来。综合治理不仅在治理对象的综合性，如经济、文化、教育多管齐下，同时也在治理主体上多元化，除政府、干部外同时纳入人民个体和社会企业等多个主体，有中心，分主次地治理。前期加强宣传教育从源头上遏制违纪犯罪，严厉惩治违法行为，在法律上、道德上双管齐下进行管理保护，以保障社会主义现代化建设。

乡村社会治理的目标是实现乡村社会的有序发展。有学者认为，乡村社会治理应以传统文化为基础，以现代性整合为目标，以政治整合为依托，构建传统秩序、现代性整合与政治整合相结合的综合社会治理格局。这种治理思路有其合理之处，体现了一种宏观综合治理理念。我们认为，开展乡村社会综合治理，不仅要建立综合治理组织，还要建立综合治理平台，更要设置综合治理目标。只有这样，才能保证乡村社会治理的综合效益。

随着社会信息化与多样化发展，社会治理的方式也发生了很大的变化，由传统单一的治理模式变为新媒体网络多元治理。然而，乡村社会治理综合化还有很长的路要走。我们应进一步培育网络化治理主体，构建联动化参与机制，形成层级化治理格局；构建以"网络化管理、信息化支撑、社会化服务、制度化保障"为特征的乡村社会治理机制；构建乡村社会综合管理信息系统，将乡村基层政府社会治理和公共服务职能实现网络化，对传统的乡村社会治理与服务组织结构予以重组或流程再造。

认真落实乡村社会治安综合治理目标管理责任制，逐步建立和完善乡村综治工作的网格化管理和服务水平，逐步形成社会治安综合治理整体合力。提升乡村社会治安综合治理水平加强乡村社会治安综合治理，要进一步加强便民服务中心、综治工作中心、社会管理综合信息应用平台建设，健全完善融治保、调解、普法、帮教、巡逻等"多位一体"的村级综治组织建设；要严厉打击封建迷信活动、消费欺诈行为、赌博、贩毒吸毒等违法犯罪活动，逐步形成良好的社会风气；要综合协调平安建设工作，强化信访、调解工作，化解乡村社会矛盾，维护社会秩序；要加强乡村精神文明建设，引导农民移风易俗，树立健康科学的生活方式，塑造文明向上的社会风貌。

（四）协同治理：乡村社会治理的主体需要

乡村社会治理现状表明，仅有政府，或仅有村委会，或仅有基层党组织都是不够的，一个健全的乡村社会管理体系必须同时发挥政府、基层组织和民众的作用，建立新的联系与交往方式，寻求民众与政府、基层组织之间在社会管理领域的协同，建立社会管理的多中心体制和互补机制。

协同治理是随着新公共管理的浪潮而兴起的一种治理方式。有学者认为，协同治理是指"政府社群成员之间透过彼此互赖与互补的优势，建构互利与共存的关系，同时强调高度信任与承诺行动的特质有助于实现互惠与合作的目标。"有学者认为，协同治理是指"政府出于治理的需要，通过发挥主导作用，构建制度化的沟通渠道和参与平台，加强对社会的支持培育，并与社会一起，发挥社会在自主治理、参与服务、协同管理等方面的作用"。协同论认为，系统各要素存在着相互影响而又相互合作的关系，要素之间的竞争与协同，推动并实现系统的发展。协作共治主要的目的在于发挥社会各界的积极作用，多元化、综合性、共同地去治理乡村，不仅发展乡村经济，还要发展乡村文化、教育等精神层面的治理。

协同治理将基层治理实践与乡村现代化发展战略统一起来，通过充分发挥基层治理体制在助推乡村社会资源发展上的整体效应、协同效应和互补效应，实现基层治理组织在社会矛盾处理上的引导功能、在政治行动上的规制功能、在文化培育上的凝聚功能来拓宽乡村治理的发展空间。因此，在乡村社会治理中贯彻协同治理理念，有助于激发乡村治理活力，有助于乡村基层治理结构的优化，有助于实现乡村治理资源优化配置，有助于无缝隙服务政府的构建。

党的领导要在乡村社会治理中起到重要的作用，加快形成乡村社会治理多元行动主体平等参与、良性互动的协同治理网络。实施多方"协同治理"，提高农民政治参与度，在乡村社区建设过程中，要充分发挥农民政治参与的积极性，推进乡镇政府、基层党组织、村两委班子、新型农民自组织、村民小组及农民自身等多元利益主体的对话协商和协同治理，努力形成政府与乡村社会主体之间协调互动、共同参与的协同治理格局，从而提升农民的政治参与度，最大限度地保障农民的各方面利益。要在完善乡村民间社会组织制度的基础上，不断完善乡村民间社会组织法律和政策体系，强化乡村民间社会组织的自身能力建设，逐步形成乡村民间社会组织与基层政府、村民自治组织以及农民之间的良性关系，建立乡村社会协同治理机制。

二、乡村社会治理的保障

乡村社会治理是党和国家十分重视的社会治理工作。乡村社会治理的好坏，直接影响到乡村社会的发展稳定和国家的长治久安。因此，如何保障乡村社会治理沿着正确的方向推进、良好的轨道运行，为乡村社会治理创造良好条件，这是我们必须解决的重要课题。我们主要从法治保障、网络保障、政策保障、人才保障等方面进行探讨。

（一）乡村社会治理的法治保障

法治是提高乡村社会治理水平的重要保障。乡村社会治理要顺利进行并取得良好效果，必须以法治作为前提保证。在社会大转型时期，乡村社会变迁巨大，前所未有。依法治国、依法执政是作为基本国策而写入我国宪法的,由此可见法治对于一个国家的重要性,它是一个系统化专业运作和高效的机制,有力地打击了违法犯罪,维护了社会的稳定,解决了各种社会纠纷和矛盾,保护了人民人身安全和财产安全。如在农地"二权分离"背景下,要切实防范农地流转风险、保障农民权益,建立以权利约束权力的乡村社会治理的法律保障。

新媒体时代的乡村社会治理应转变工作思路,在乡村社会治理模式转变中更加注重依法治理。要建立与乡村经济社会结构相适应、多元主体协同共治的乡村社会治理的法治保障机制。推进乡村社会治理的法治化,农民需要增强法律意识和提高法律素质;基层政府、基层干部应更加注重法治思维;参与乡村协同治理的主体要合法;创新乡村社会管理的各种举措都必须在法律框架内实施;乡村民约的创新发展也有利于保障农民的利益。

(二)乡村社会治理的网络保障

互联网、物联网、云计算等新一代信息技术正深刻地改变当今世界的面貌,乡村基层社会治理必须跟上信息化步伐,要更加注重信息化支撑,创新治理手段,改进治理方式,提升服务能力。互联网治理是社会治理的新领域、新内容,乡村社会治理要更加重视互联网治理,建立乡村网络治理平台。当下,计算机、智能手机等通信工具在广大乡村地区已得到普及,为乡村社会的网络治理提供了良好条件,我们必须充分利用这些新的高科技来服务于乡村社会的治理,如建立专门的乡村治理网站,广泛征求民意,凝聚智慧共谋乡村治理。"互联网+"为加强乡村社会治理和公共服务提供了新手段,不仅可以提高乡村社会治理的精细化程度,而且可以增强乡村公共服务的便利性和延展性,更好地保障和改善乡村民生。"互联网+"乡村社会治理在传统政务上进行创新和发展,将政务与新媒体融合,在信息公开、执法公平、透明的平台上进行政务的处理、全民的监督,有利于政府政务的畅通实施,更有利于人民对政府的理解和执行的支持,加强了基层民主制度,同时也更好地建立了服务型政府。在信息获取与意见表达渠道拓宽后,通过互联网这一新兴媒介,网农(指上网的农民)成为乡村社会治理重要参与者、监督者和被服务者。

乡村社会治理创新要靠"互联网+"来保障。乡村社会治理是一项综合性、系统性的、复杂性的大工程,启动"互联网+"的乡村社会治理服务系统,有利于多方面、多角度来综合治理,让乡村的文化、经济、政治有机地统一起来,并且提高治理的效率和人民满意度,这是适应我国国情、顺应时代潮流的管理方法,更好地建立服务型社会。我们要努力探索"互联网+"乡村社会治理创新模式,强化信息化在乡村社会治理中的作用,完善乡村信息化建设的制度保障机制,构建智慧乡村社会治理创新云平台,集电子政务、社会治理、公共服务于一体,建立健全网格化管理体系,实现社会治理信息高速流转、互联互通、多方共享。互联网的信息面广,大数据统计,强有力的规律性,能够为政府的决策提供科学的依据和准确的判断。

(三)乡村社会治理的政策保障

村是国家治理最基层的单位,长期以来,我国社会乡村普遍呈现行政村数量多、规模小、分散凌乱的特点,随着转型时期乡村社会的不断变化,这种块状、分散式的行政村分布已经与现阶段的乡村社会发展脱节,特别是在经济发达地区,工业化、城镇化的快速推进使得乡村的大量问题逐渐暴露——人口外流,"空村"现象凸显,乡村自治主体缺位;建立区域化联村社区,实现乡村社会治理的和谐与村民自治的良性运转,必须以政策调整为主线,做好顶层设计,同时建立多元化投入机制,加大中央和地方财政对乡村的支持与反哺的力度,国家财政、省市财政必须成为乡村社会治理体系的投入主体。这是我国经济发展到今天,实现社会和谐的必然选择,是实现乡村社会治理良性运转的基本保障。

不仅如此,乡镇干部要加强惠农政策的宣讲与执行,保障村民受到政策带来的实惠,在提高村民对党和政府拥护度的同时将村民吸引到乡村社会治理现代化中来,使其在参与共同治理中进一步获得经济、政治与文化上的利益。思想教育是乡村思想政治管理的重要基础,只有从思想的根源上教育人民,让其真正意识到党的惠民、利民,才能使其更加坚定不移地与党站在统一战线上,才能更好地管理乡村政治事务。促进乡村基层党组织建设与发展,必须大力发展思想政治教育,实现乡村经济社会发展的稳定,以更好地促进乡村治理目标的实现。

(四)乡村社会治理的人才保障

随着城市化的深入推进,乡村精英的流失导致乡村的基层治理出现困局,甚至危机,乡村人才缺失成为影响乡村社会治理体系和治理能力现代化的关键因素。

在当前乡村社会治理主体多元化的趋势下,我们要注重培养乡村社会治理精英人才。第一,提升乡村基层干部和公务员的素质和社会治理能力。乡村基层干部是乡村社会治理现代化的重要引导力量与保障力量,他们的政治态度,即对党和政府及其制度、政策、措施以及社会问题的认知和评价会直接影响到中央各项政策在新乡村建设过程中执行和实施的效果,从而影响到社会主义新乡村建设及社会主义和谐社会的构建。乡村基层公务员是构建社会主义和谐社会,推进新乡村建设的领导力量,是直接面对广大群众和服务乡村基层群众的行政代言人。他们的综合素质水平和工作积极性的高低直接影响到乡村社会经济、政治、文化的发展速度与质量,直接关系到乡村基层政权的巩固以及社会主义和谐社会的构建。第二,鼓励接受过高等教育、具有创造力与创新精神的青年知识分子扎根乡村,如大学生村官,这对提升乡村社会治理结构、促进乡村社会的发展、巩固党在基层社区的地位具有重要的意义。第三,积极培养返乡创业青壮年,充分利用他们在外打工学到的技术和积累的资金,政府给他们提供优越的创业条件和政策,鼓励他们在家乡创新创业,促进乡村社会经济发展和社会治理。第四,加强乡村能人的培养。将乡村能人的培养作为乡村社会治理的一个重要工作目标,可以采取外聘的方式吸引大量的高素质人才参与乡村集体经济组织的经营和管理,或者两者有机结合起来进行乡村集体经济的组织和开发。培育的这些新的乡村精英,让他们成为有能力、有水平、有知识的新的乡村社区成员代表,从而成为乡村社会治理的合格主体,为乡村社会"共治"模式提供人才支撑。

第四章 新时期乡村产业振兴治理

实施乡村振兴战略是一项长期的历史性任务，也是一项复杂的系统工程，必须规划先行，谋定而动。本章首先对乡村振兴战略规划作了概述，其次分析了乡村规划的历史演进及乡村振兴战略规划面临的形势，最后揭示了乡村振兴战略规划制定的基础与分类。

第一节 新时期乡村振兴战略的规划

一、乡村振兴战略规划概述

乡村振兴战略规划是基础和关键，其作用是为实施乡村振兴战略提供重要保障。同时，在编制乡村振兴战略规划时应把握五个方面的重点。

（一）乡村振兴战略规划的作用与功能

1. 乡村振兴战略规划的作用

（1）为实施乡村振兴战略提供重要保障

2018年5月31日，中共中央政治局会议在审议国家《乡村振兴战略规划（2018-2022年）》时指出，要抓紧编制乡村振兴规划和专项规划。制定乡村振兴战略规划，明确总体思路、发展布局、目标任务、政策措施，有利于发挥集中力量办大事的社会主义制度优势；有利于凝心聚力，统一思想，形成工作合力；有利于合理引导社会共识，广泛调动各方面积极性和创造性。

（2）是实施乡村振兴战略的基础和关键

制定出台乡村振兴战略规划，既是实施乡村振兴战略的基础和关键，又是有力有效的工作抓手。当前，编制各级乡村振兴规划迫在眉睫。国家乡村振兴战略规划即将出台，省级层面的乡村振兴战略规划正在抓紧制定，有的省份已经出台；各地围绕乡村振兴战略都在酝酿策划相应的政策和举措，有的甚至启动了一批项目；全国上下、社会各界特别是在农业农村一线工作的广大干部职工和农民朋友都对乡村振兴充满期待。以上这些都迫切要求各地尽快制定乡村振兴规划，一方面与国家和省级乡村振兴战略规划相衔接，另一方面统领县域乡村振兴各项工作扎实有序开展。

（3）有助于整合和统领各专项规划

乡村振兴涉及产业发展、生态保护、乡村治理、文化建设、人才培养等诸多方面，相关领域或行业都有相应的发展思路和目标任务，有的已经编制了专项规划，但难免出现内容交叉、不尽协调等问题。通过编制乡村振兴规划，在有效集成各专项和行业规划的基础上，对乡村振兴的目标、任务、措施作出总体安排，有助于统领各专项规划的实施，切实形成城乡融合、区域一体、多规合一的规划体系。

（4）有助于优化空间布局，促进生产、生活、生态协调发展

长期以来，我国农业综合生产能力不断提升，为保供给、促民生、稳增长作出重要贡献，但在高速发展的同时，农业农村生产、生活、生态不相协调的问题日益突出，制约了农业高质量发展。通过编制乡村振兴规划，全面统筹农业农村空间结构，优化农业生产布局，有利于推动形成与资源环境承载力相匹配、与村镇居住相适宜、与生态环境相协调的农业发展格局。

（5）有助于分类推进村庄建设

随着农业农村经济的不断发展，村庄建设、农民建房持续升温，农民的居住条件明显改善，但千村一面现象仍然突出。通过编制乡村振兴规划，科学把握各地地域特色、民俗风情、文化传承和历史脉络，不搞一刀切、不搞统一模式，有利于保护乡村的多样性、差异性，打造各具特色、不同风格的美丽乡村，从整体上提高村庄建设质量和水平。

（6）有助于推动资源要素合理流动

长期以来，受城乡二元体制机制约束，劳动力、资金等各种资源要素不断向城市聚集，造成农村严重"失血"和"贫血"。通过编制乡村振兴规划，贯彻城乡融合发展要求，抓住钱、地、人等关键要素，谋划有效举措，打破城乡二元体制壁垒，促进资源要素在城乡间合理流动、平等交换，有利于改善农业农村发展条件，加快补齐发展"短板"。

2. 乡村振兴战略规划的功能

（1）生产与经济价值功能

一方面，乡村为耕地保护、土地综合利用、精耕细作提供了条件。另一方面，乡村通过发展种植业、养殖业，为农民生产与生活能量循环提供保障。正是有乡村的存在，才有循环农业文化的传承和发展。乡村也为庭院经济、乡村手工业得以存在和发展提供空间。村落形态与格局、田园景观、乡村文化与村民生活连同乡村环境一起构成重要的乡村产业资源。近些年，乡村旅游、特色农业的发展，既验证了绿水青山就是金山银山的理念，也充分体现了乡村的存在是产业兴旺和农民生活富裕的基础。产业兴旺一定是多业并举，种植业、养殖业、手工业和乡村休闲旅游业等都只有在乡村这个平台上才能满足人们对美好生活的需求，实现真正的产业融合。

（2）生态与生活价值功能

乡村作为完整的复合生态系统，以村落地域为空间载体，将村落的自然环境、经济环境和社会环境通过物质循环、能量流动和信息传递等机制，综合作用于农民的生产生活。乡村的生态价值不仅在于乡村坐落于青山绿水之间的怡人村落环境，更主要体现在乡村内部所具有的生态文明系统：天人合一的理念，维系着人与自然的和谐，体现着劳动人民尊重自然、利用自然的智慧；

自给性消费方式减少了人们对市场的依赖，因农民需要而维系了生物多样性；与大自然节拍相吻合的慢生活节奏，被认为是有利于身心健康的生活方式；低碳的生活传统，种养结合，生产与生活循环体系等，构成了乡村独特的生态系统和生态文化，凸显着劳动人民充分利用乡村资源的生存智慧。乡村的宜居环境不仅包括村落环境、完善的基础设施和舒适的民宅建设，还包括和谐的邻里关系与群体闲暇活动为人们带来了精神的愉悦；正因如此，乡村被认为是理想的养生、养老、养心社区。在乡村建设实践中如果忽视乡村生态价值，盲目模仿城市建设模式，就会导致循环农业链中断，乡村垃圾问题凸显，乡村人与环境、人与资源等突出问题。

（3）文化与教化价值功能

文化与教化价值是乡村治理和乡风文明的重要载体。中国乡村文化不仅表现在山水风情自成一体，特色院落、村落、田园相得益彰，更重要的是表现在乡村所具有的信仰、道德、所保存的习俗和所形成的品格。特别是诸如耕作制度、农耕习俗、节日时令、地方知识和生活习惯等活态的农业文化，无不体现着人与自然和谐发展的生存智慧。在食品保障、原料供给、就业增收、生态保护、观光休闲、文化传承、科学研究等方面均具有重要价值。同时，我们必须认识到尊老爱幼、守望相助、诚实守信、邻里和睦等优秀传统，是乡风文明建设和乡村有效治理的重要文化资源。农事活动、熟人交往、节日庆典、民俗习惯、地方经验、民间传统、村落舆论、村规民约、示范与模仿等，都是维系村落价值系统的重要载体，不断强化着人们的行为规范，而且是以润物无声的形式深入人们的内心世界，内化为行为准则。

乡村振兴战略规划若缺乏对乡村特点和价值体系的认识，其结果自然是难以适应农民的生产与生活，更谈不上传承优秀传统文化。因此，乡村振兴规划要以乡村价值系统为基础，善于发现乡村价值，探索提升乡村价值的途径。乡村价值的提升一方面可以通过乡村价值放大来实现，如发展地方特色种植业、养殖业和手工业，这种产业具有鲜明的地域特色，不可复制和替代，凸显其地方特色与品牌价值，也可以通过农业和乡村功能的扩展，实现其经济价值；另一方面赋予乡村体系以新的价值和功能，如发展文旅农融合产业，把乡村生态、生活、教育等价值转变成财富资源，发展乡村休闲、观光、体验等新兴产业。乡村振兴欢迎外来力量的介入，外来人可以帮助乡村发现其特有价值，并利用乡村价值为乡村造福。外来资金可以帮助乡村做想做而做不成的事情，为乡村注入新的动力。但是需要强调的是，无论外来的人才还是外来资金都不能取代农民主体地位，不能削弱乡村主体性。只有在充分尊重农民主体地位和乡村价值体系的基础上，乡村振兴的各项目标才能实现。

（二）编制乡村振兴战略规划应把握的重点

1. 发挥国家规划的战略导向作用

《国家乡村振兴战略规划》应该是各部门、各地区编制乡村振兴规划的重要依据和具体指南，不仅为我们描绘了实施乡村振兴战略的宏伟蓝图，也为未来五年实施乡村振兴战略细化实化了工作重点和政策措施，部署了一系列重大工程、重大计划和重大行动。各部门、各地区编制乡村振兴战略规划，既要注意结合本部门本地区实际，更好地贯彻《国家乡村振兴战略规划》的战略意图和政策精神，也要努力做好同《国家乡村振兴战略规划》工作重点、重大工程、重大计划、重大行动的衔接协调工作。这不仅有利于推进《国家乡村振兴战略规划》更好地落地，也有利于各部门各地区推进乡村振兴的行动更好地对接国家发展的战略导向、战略意图，并争取国家重大工程、重大计划、重大行动的支持。

为协调处理发挥国家规划战略导向作用与增强地方规划发挥指导作用及时性的矛盾，建议各地尽早启动乡村振兴规划编制的调研工作，并在保证质量的前提下，尽早完成规划初稿。待国家规划发布后，再进一步做好地方规划初稿和国家规划的对接工作。县级规划还要待省、地市规划发布后，再尽快做好对接协调工作。按照这种方式编制的地方规划，不仅可以保证国家规划能够结合本地实际更好地落地，也可以为因地制宜地推进乡村振兴的地方实践及时发挥具体行动指南的作用。

2. 提升规划的战略思维

战略需要大思维、大格局、大架构，战略制定者需要辩证思维、远景眼光。当然此处的"大"绝非虚空，而是看得见、摸得着，经过不懈努力最终能够实现。真正的战略不是从过去看未来，而是逆向思维，从未来的终局看当前的布局，从未来推导现在，根据未来的战略方向决定当前如何行动。好的规划应该富有这种战略思维。因此，好的战略规划应该具备激发实施者、利益相关者信心的能力，能够唤醒其为实现战略或规划目标努力奋斗的"激情"和"热情"。好的战略规划，往往基于未来目标和当前、未来资源支撑能力的差距，看挖潜改造的方向，看如何摆脱资源、要素的制约，通过切实有效的战略思路、战略行动和实施步骤，不断弥合当前可能和未来目标的差距。借此，拓展思维空间，激活发展动能，挖掘发展潜力。战略分析专家王成在他的《战略罗盘》一书中提出："惯性地参照过去是人们给自己设置的最大障碍。战略就是要摆脱现有资源的限制，远大的战略抱负一定是与现有的资源和能力不对称的。"战略就是要"唤起水手们对辽阔大海的渴望""战略意图能为企业带来情感和理性上的双重能量"。有些富有战略远见的企业家提出，"有能力定义未来，才能超越战争"。用这些战略思维编制乡村振兴战略规划，实施乡村振兴战略才更有价值。

好的战略意图要给人带来方向感、探索感和共同的命运感。方向感很容易理解，但从以往的实践来看，有些地方规划的战略思维不够，难以体现战略性要求。要通过提升规划的战略思维，描绘出未来规划发展的蓝图和目标，告诉人们规划的未来是什么，我们想要努力实现的规划图景如何？为了实现这种规划图景，今天和明天我们应该怎么做？鉴于规划的未来和当前的现实之间可能存在巨大的资源、要素和能力缺口，应该让规划的实施者想方设法去努力实现这些规划的未来目标，形成探索感。如果把规划的未来目标比作吃到树上可口的苹果，那么这个苹果不是伸手可及的，应是经过艰苦、卓越的努力才能吃到的。那么，怎么努力？是站个板凳去摘，还是跳着去摘？要通过博采众智、集思广益，创新规划实施手段去实现这种努力。探索感就是要唤起参与者、组织者的创新创业精神和发展潜能，发现问题，迎难而上，创造性解决；甚至在探索解决问题的过程中，增强创造性地解决问题的能力。共同的命运感就是要争取参与者和组织者成为命运共同体，形成共情效应，努力产生"风雨同舟，上下齐心"的共鸣。如在编制和实施乡村振兴战略的过程中，要注意在不同利益相关者之间形成有效的利益联结机制，激励大家合力推进乡村振兴，让广大农民和其他参与者在共商共建过程中有更多的获得感，实现共享共赢发展。

重视规划的战略思维，还要注意增强乡村振兴规划的开放性和包容性。增强规划的开放性，要注意提升由外及内的规划视角，综合考虑外部环境变化、区域或城乡之间的竞争—合作关系演变、新的科技革命和产业革命，甚至交通路网、信息网发展和转型升级对本地区本部门实施乡村振兴战略的影响，规避因规划的战略定位简单雷同、战略手段模仿复制，导致乡村振兴区域优势和竞争特色的弱化，进而带来乡村振兴的低质量发展。增强规划的包容性，不仅要注意对不同利益相关者的包容，注意调动一切积极因素参与乡村振兴；还要注意区域之间、城乡之间发展的包容，积极引导部门之间、区域之间、城乡之间加强乡村振兴的合作。如在推进乡村产业兴旺的过程中，引导区域之间联合打造区域品牌，合作打造公共服务平台、培育产业联盟等。实际上，增强乡村振兴规划的开放性和包容性，也有利于推进乡村产业振兴、人才振兴、文化振兴、生态振兴和组织振兴"一起上"，更好地坚持乡村全面振兴，增进乡村振兴的协同性、关联性和整体性，统筹提升乡村的多种功能和价值。要注意在开放、包容中，培育乡村振兴的区域特色和竞争优势。

3. 丰富网络经济视角

当今世界，随着全球化、信息化的深入推进，网络经济的影响日益深化和普遍化。根据梅特卡夫法则，网络的价值量与网络节点数的平方成正比。换句话说，如果网络中的节点数以算术级速度增长，网络的价值就会以指数级速度增长。与此相关的是，新网络用户的加入往往导致所有用户的价值都会迅速提升；网络用户的增多，会导致网络价值的迅速膨胀，并进一步带来更多新的用户，产生正向反馈循环。网络会鼓励成功者取得更大的成功。这就是网络经济学中的"回报递增"。如果说传统社会更关注对有形空间的占有和使用效率，那么，网络社会更关注价值节点的分布和链接，在这里"关系甚至比技术质量更重要"。按照网络经济思维，要注意把最合适的东西送到最合适的人手中，促进社会资源精准匹配。

随着交通路网特别是高铁网、航空网和信息网络基础设施的发展，在实施乡村振兴战略的过程中，如何利用网络效应、培育网络效应的问题迅速凸显起来。任何网络都有节点和链接线两类要素，网络功能是二者有机结合、综合作用的结果。在实施乡村振兴战略的过程中，粮食生产功能区、重要农产品生产保护区、特色农产品优势区、农村产业融合示范园、中心村、中心镇等载体和平台都可以看作推进乡村振兴的网络节点，交通路网基础设施、信息网络基础设施都可以看作推进乡村振兴的链接线；也可以把各类新型经营主体、各类社会组织视作推进乡村振兴的网络节点，把面向新型经营主体或各类社会组织的服务体系看作链接线；把产业兴旺、生态宜居、乡风文明、治理有效、生活富裕五大维度，或乡村产业振兴、人才振兴、文化振兴、生态振兴、组织振兴五大振兴作为推进乡村振兴的网络节点，把推进乡村振兴的体制机制、政策环境或运行生态建设作为链接线，这也是一种分析视角。在实施乡村振兴战略的过程中，部分关键性节点或链接线建设，对于推进乡村振兴的高质量发展，可能具有画龙点睛的作用。在编制乡村振兴战略规划的过程中需要高度重视这一点。

如果推进乡村振兴的不同节点之间呈现互补关系，那么，推进乡村振兴的重大节点项目建设或工程、行动，在未形成网络效应前，部分项目、工程、行动的单项直接效益可能不高；但待网络轮廓初显后，就可能在这些项目或工程、行动之间形成日趋紧密、不断增强的资源、要素、市场或环境联系，达到互为生态、相互烘托、互促共升的效果，产生日益重大的经济、社会、生态、文化价值，带动乡村功能价值的迅速提升。甚至在此背景下，对少数关键性节点或链接线建设的投资或支持，其重点也应从追求项目价值最大化转向追求网络价值最大化。当然，如果推进乡村振兴的不同节点或链接线之间呈现互斥关系，则部分关键性节点或链接线建设的影响，可能正好相反，要防止其导致乡村价值的迅速贬值。

在乡村振兴规划的编制和实施过程中，培育网络经济视角，对于完善乡村振兴的规划布局，更好地发挥新型城镇化或城市群对乡村振兴的引领、辐射、带动作用具有重要意义。要注意通过在城市群内部培育不同类型城市之间错位发展、分工协作、优势互补、网络发展新格局，带动城市群质量的提高，更好地发挥城市群对解决工农城乡发展失衡、"三农"发展不充分问题的辐射带动作用。也要注意引导县城和小城镇、中心村、中心镇、特色小镇甚至农村居民点、农村产业园或功能区，增进同所在城市群内部区域中心城市（镇）之间的分工协作和有机联系，培育网络发展新格局，为带动提升乡村功能价值创造条件。

要结合培育网络经济视角，在乡村振兴规划的编制和实施过程中，加强对乡村振兴的分类施策。部分乡村能够有效融入所在城市群，或在相互之间能够形成特色鲜明、分工协作、优势互补、网络发展新关联，应该积极引导其分别走上集聚提升型、城郊融合型、卫星村镇型、特色文化或景观保护型、向城市转型等不同发展道路。部分村庄日益丧失生存发展的条件，或孤立于所在城市群或区域性的生产生活网络，此类村庄的衰败不仅是难以根本扭转的趋势，还可以为在总体上推进乡村振兴创造更好的条件。如果不顾条件，盲目要求此类乡村实现振兴，将会付出巨大的经济社会或生态文化代价，影响乡村振兴的高质量发展和可持续发展。

此外，用网络经济视角编制和实施乡村振兴规划，还要注意统筹谋划农村经济建设、政治建设、文化建设、社会建设、生态文明建设和党的建设，提升乡村振兴的协同性、关联性，加强对乡村振兴的整体部署，完善乡村振兴的协同推进机制。按照网络经济视角，连接大于拥有，代替之前的"占有大于一切"。因此，在推进乡村振兴的过程中，要注意通过借势发展带动造势发展，创新"不求所有，但求所用"方式，吸引位居城市的领军企业、领军人才参与和引领乡村振兴，更好地发挥"四两拨千斤"的作用。这样也有利于促进乡村振兴过程中的区域合作、部门合作、组织合作和人才合作，用开放、包容的理念，推进乡村振兴过程中资源、要素和人才质量的提升。

4. 把编制规划作为撬动体制机制改革深入推进的杠杆

在编制乡村振兴战略规划的过程中，提出推进体制机制改革、强化乡村振兴制度性供给的思路或路径固然是重要的，但采取有效措施，围绕深化体制机制改革提出一些切实可行的方向性、目标性要求，把规划的编制和实施转化为撬动体制机制改革深入推进的杠杆，借此唤醒系列、连锁改革的激发机制，对提升规划质量、推进乡村振兴的高质量发展更有重要意义，正如"授人以鱼，不如授人以渔"一样。

5. 加强规划精神和典型经验的宣传推广

为强化乡村振兴的规划引领，加强规划编制和实施工作固然是重要的，但加强规划精神、规划思路的宣传推广更加不可或缺。这不仅有利于推进乡村振兴的利益相关者更好地理解乡村振兴规划的战略意图，增强其实施规划的信心和主动性、积极性，还有利于将乡村振兴的规划精神更好地转化为推进乡村振兴的自觉行动，有利于全党全社会凝精聚力，提升推进乡村振兴的水平和质量。

二、乡村规划的历史演进及面临的形势

（一）工业化和城镇化对传统乡村社会结构造成冲击

长期以来城乡间的体制性隔离使得以传统农业为基础的乡村社会结构得以保持，并相对稳定地延续发展。快速的工业化与城镇化打破了乡村系统的封闭性，稳态的农业社会开始逐步瓦解。

经济结构的巨变必然引起社会结构的重组。随着农业衰落，传统乡村社会围绕农业组织的家庭就业结构逐步瓦解，农民以家庭为单位进行了劳动力资源的再分工。家庭中青壮人口大量流出投入第二、第三产业的生产经营活动中，家庭成员以代际分隔实现了经济活动空间的分离和经济活动类型的分化。正如梁漱溟所言，农业团结家庭，工商业分离家庭。农业的衰落和非农经济活动的不断丰富使得传统农村的社会组织网络开始失去赖以存在的基础。

（二）乡村规划建设的困惑

传统乡村社会的瓦解已成为必然，但在这新旧交替的过渡期，社会对于传统乡村社会的想象却从未停止。乡村发展的客观规律和趋势到底是什么？美好乡村究竟是什么样？乡村规划建设到底怎么做？社会各界对于这一系列关键问题的激烈争论甚至论战恰恰反映了这些问题的复杂性和挑战性，而规划学界的整体性失语则充分反映了乡村规划理论的缺失和实践的困惑。

中国当前的乡村规划实践很大程度上都处于探索与试错状态。早期的拆村并点已被实践证明是简单的想象，片面关注数量而忽略乡村社会复杂性的做法不仅引发剧烈的社会矛盾，事实上也并未达到规划的预期。轰轰烈烈的乡村美化运动在一定程度上是又一次规划价值观的试验性输入，成效依然是学界争论的话题。不可否认的是，在这一探索和试错过程中，乡村的认识在不断加深，优秀的乡村规划实践开始出现。然而，由于缺乏充分的理论总结和方法归纳，一些宝贵的规划经验尚未被合理地解析、提炼和系统化，就被简单地模仿。在基本忽略中国乡村的巨大差异与规划的在地性与在时性的情况下，不断制造出异化的复制品。当前乡村规划建设理论和方法的滞后已

影响乡村的转型发展，而既有的探索和试错已为正确地认识乡村的发展趋势、合理地总结乡村规划的方法论奠定了基础。

（三）乡村发展趋势与"精明收缩"的认知

1. 乡村收缩是快速城镇化过程中的必然趋势

快速城镇化进程是理解判断中国乡村发展趋势的核心，而乡村发展本身就是城镇化进程的重要组成部分。据中国社会科学院的预测，2050年中国城镇化率可能超过80%，也就是说在未来20多年时间里，中国的城镇人口仍将大规模增长，乡村人口的持续减少将成为必然趋势。人口大量减少必然要求空间重整，乡村收缩不可避免。

作为城镇化发展的必然结果，乡村收缩的根本动力是乡村经济与社会的转型。随着城镇化和工业化的加速，经济发展方式的转变必然直接影响乡村经济的发展。一方面随着农业份额的不断下降，农业将逐步转向以提高生产率为主的现代化模式，提供的就业岗位将不断减少，对土地等要素资源的集聚要求不断提高，农业尤其是种植农业的就业密度将大幅降低。另一方面，随着"互联网+""生态+"等新经济的出现，乡村空间将围绕新的资源禀赋密集区重新集聚；大都市区等新的城镇化空间的出现，也将导致跨区域的乡村空间集聚重组，而新的集聚过程就是新的收缩过程。在社会层面，随着老龄化、少子化社会的到来，养老、医疗、教育等公共服务的供给数量、质量与空间布局都将持续影响乡村人口的减少和乡村空间的收缩。

乡村人口的大量收缩，从集约资源、提高服务水平的角度，必然要求对乡村空间和相应的公共服务设施进行重组。当前农村常住人口的大量外流不仅留下了大量空置房屋、抛荒土地，导致空间低效利用，还导致以基层服务功能衰退为代表的整体经济社会功能的退化。中国乡村量大面广，都市区域以外的普通乡村在数量上仍占很大比例，在缺乏优势发展资源的情况下，这些乡村即使生态良好，也仍是城镇化进程中主要人口外流地。显然在资源有限的情况下，投入需要兼顾公平和效率，而对已空心地区持续的投入必然造成巨大的浪费。同时，在总体供给不足情况下，低水平均衡的设施供给也无法真正满足乡村居民日益提高的需求。因此，为了集约、高水平而进行的"精明收缩"对于这些地区有着非常现实的意义。

2. "精明收缩"的特征是更新导向的加减法

乡村收缩是中国城镇化进程发展到一定阶段出现的必然现象，和增长一样只是一种状态。目前所呈现的与衰退、恶化相伴的收缩，其实是不正常的、不精明的收缩，问题不在于收缩本身，而在于收缩的方式和方法。如只拆不建、只堵不疏、治表不治里等消极的建设管理方式，只会导致乡村功能的衰退和人居环境的恶化。因此必须尽快形成"精明收缩"理念的共识。"精明收缩"概念是近年来新兴于欧美国家的规划策略，和精明增长相对应，旨在应对城市衰退所引发的人口减少、经济衰落和空间收缩等问题，从收缩中寻求发展。虽然欧美的城市衰退与中国乡村收缩的背景、过程与机制截然不同，但"精明收缩"的理念却具有启发性，重在倡导积极、主动地适应发展趋势的结构性重整。

中国乡村的"精明收缩"必然也应当是积极的、主动的，是更新导向的加减法，有增有减而不是一味地做减法。乡村是城乡体系中具有重要价值与意义的组成，精明的收缩不以消灭乡村为最终结果，而以发展乡村为根本目的。当前忽略乡村发展需求，在资金、指标、政策上对尚有发展可能的乡村作出种种限制，致使乡村发展陷入长久停滞的做法，都是简单减法思维的体现。"精明收缩"下的乡村发展必然是一个总体减量，但有增有减、以增促减的更新过程，从被动衰退转向主动收缩。减少的不仅是乡村空间，还包括乡村无序发展阶段形成的不合理增量，如大规模的违建住房、不适应现代发展环境的要素、传统的低效农业、污染的乡村工业等。相应增加的应当是更具适应性的现代发展要素，如以生态农业、农村电商为代表的、面向需求的新兴乡村产业和服务设施。"精明收缩"需要在总量减少的同时加大对积极要素的集中投入，有选择地引入新的辅助要素，同时保护、更新具有历史文化意义的要素。这既是资源要素有限情况下效率与公平的追求，也是乡村转型过程中系统更新的要求。

3."精明收缩"的目的是助推乡村现代化转型

更新导向的"精明收缩"最终目的是在中国现代化转型的关键阶段，助推传统乡村社会实现现代化转型，从而建构稳定、强健的新社会结构。首先，通过"精明收缩"实现农民福利的正增长。农民是乡村发展的主要参与者，其意愿和行为决策对于乡村发展具有关键性影响。在城乡交流越发频繁、信息转播日益便利的当下，农民的经济理性正迅速觉醒。农民不再"被捆绑在土地上"，尤其新一代农村人口具有自主、理性选择最大化利益的意愿和能力。乡村发展是人的发展，而非物的发展，因此仅仅依靠环境整治和文化复兴留住农民只是精英主义的祈望。只有通过为农民提供切实的福利增长，即提高经济收益、提高公共服务水平，或者两方面同步提高，才能"精明收缩"，才是"精明收缩"。

"精明收缩"的关键在于精明，在于缩小城乡差距、打破二元结构，在城乡聚落系统内通过收缩将城乡差距变为城乡均等，实现城乡要素自由流动，公共服务基本均等，同时差异化地保持或赋予乡村丰富的内涵与地位。面向未来城乡聚落体系中乡村可能扮演的角色，"精明收缩"需要在乡村数量收缩的同时大大拓宽乡村的功能与产业发展可能，通过集聚促进传统农业产业更新升级，促进适应性非农生产要素集聚，在新经济不断发育的进程中，使得乡村不仅延续农业服务空间的职能，同时在现代产业体系中承担一定分工。"精明收缩"助推乡村现代化转型，农村和农民不再是特定身份、待遇的符号，而是一种新的生活与生产方式的代名词。

推动乡村社会现代化转型必然要求构建可持续的现代乡村系统。"精明收缩"并非短期的外来输血或扶持干预，而是在有条理、有意识的规划引导下，促进乡村社会的空间重构与治理重构。前者主要体现为建立符合现代要求的生活、生产空间，有选择地建立高标准的基础设施和服务设施，满足乡村居民不断提高的消费要求；后者主要体现为建立在现代化生产分配关系网络基础上的新社会秩序和治理结构，即在市场、政府与公民三者之间，在自上而下和自下而上的治理模式之间找到最佳组合与平衡点，推进乡村治理体系和治理能力的现代化。通过重构具有高度适应性、结构完整的乡村社会,"精明收缩"将激活乡村内生造血功能,最终形成一个具有自我发展能力的现代乡村社会。

快速的工业化与城镇化打破了中国乡村系统的封闭性,内外动力的交织作用逐步瓦解了传统乡村社会,转型的时代已经到来。显然,中国的现代化进程不可能缺失乡村社会的现代化。如何平稳实现乡村社会的现代化是乡村规划需要解决的关键问题。深化对乡村发展趋势的理解、认知,已经成为城乡规划学科发展的重要领域。基于对中国快速城镇化趋势的研究,认为乡村收缩是快速城镇化过程中的必然趋势,在一定程度或阶段上这一过程是不可逆的。因此,必须充分正视乡村收缩问题,以更为积极、主动的态度去应对乡村收缩趋势可能带来的种种困难与挑战。如果说乡村收缩是客观的,那么"精明收缩"就是主观的规划理念,它以更新为导向,倡导在整体收缩的背景下综合运用加减法,通过增量盘活存量,最终一方面实现农民个体福利的正增长,另一方面全面助推乡村整体的现代化。

三、乡村振兴战略规划制定的基础与分类

制定乡村振兴战略规划要正确处理好五大关系为基础,在此基础上,要把握好乡村振兴战略的类型与层级。

（一）乡村振兴战略规划制定的基础

乡村振兴战略规划是一个指导未来 30 余年乡村发展的战略性规划和软性规划,涵盖范围非常广泛,既需要从产业、人才、生态、文化、组织等方面进行创新,又需要统筹特色小镇、田园综合体、全域旅游、村庄等重大项目的实施。因此,乡村振兴战略规划的制定首先须厘清五大关系,即 20 字方针与五个振兴的关系,五个振兴之间的内在逻辑关系,特色小镇、田园综合体与乡村振兴的关系,全域旅游与乡村振兴的关系,城镇化与乡村振兴的关系。

20 字方针与五个振兴的关系：产业兴旺、生态宜居、乡风文明、治理有效、生活富裕的 20 字方针是乡村振兴的目标,而习近平总书记提出的产业振兴、人才振兴、文化振兴、生态振兴、组织振兴是实现乡村振兴的战略逻辑,亦即 20 字乡村振兴目标的实现需要五个振兴的稳步推进。

五个振兴之间的内在逻辑关系：产业振兴、人才振兴、文化振兴、组织振兴、生态振兴共同构成乡村振兴不可或缺的重要因素。其中,产业振兴是乡村振兴的核心与关键,而产业振兴的关键在人才,以产业振兴与人才振兴为核心,五个振兴间构成互为依托、相互作用的内在逻辑关系。

从乡村建设角度而言,特色小镇是点,是解决"三农"问题的一个手段,其主旨在于壮大特色产业,激发乡村发展动能,形成城乡融合发展格局；田园综合体是面,是充分调动乡村合作社与农民力量,对农业产业进行综合开发,构建以"农为核心的乡村发展架构；乡村振兴则是在点、面建设基础上的统筹安排,是农业、农民、农村的全面振兴"。

全域旅游与乡村振兴的关系：全域旅游与乡村振兴同时涉及区域的经济、文化、生态、基础设施与公共服务设施等各方面的建设,通过"旅游+"建设模式,全域旅游在解决"三农"问题、拓展农业产业链、助力脱贫攻坚等方面发挥重要作用。

城镇化与乡村振兴的关系：乡村振兴战略的提出，并不是要否定城镇化战略，相反，两者是在共生发展前提下的一种相互促进关系。首先，在城乡生产要素的双向流动下，城镇化的快速推进将对乡村振兴起到辐射带动作用。其次，乡村振兴成为解决城镇化发展问题的重要途径。

（二）乡村振兴战略规划的类型与层级

1. 乡村振兴战略规划的类型

（1）综合性规划

乡村规划是特殊类型的规划，需要生产与生活结合。乡村现有规划为多部门项目规划，少地区全域综合规划，运行规则差异较大，如财政部门管一事一议、生态环境部部门管环境集中整治、农业部门管农田水利、交通部门管公路建设、建设部门管居民点撤并等。因此乡村规划应强调多学科协调、交叉，需要规划、建筑、景观、生态、产业、社会等各个多种学科的综合引入，实现多规合一。

（2）制度性规划

乡村规划与实施管理的复杂性凸显：一是产业收益的不确定性导致的村民收入的不稳定性；二是乡村建设资金来源的多元性；三是部门建设资金的项目管理转向综合管理。乡村规划与实施管理的表征是对农村地区土地开发和房屋建设的管制，实质是对土地开发权及其收益在政府、市场主体、村集体和村民的制度化分配与管理。与此相悖，我国的现代乡村规划是建立在制度影响为零的假设之上，制度的忽略使得规划远离了现实。因此乡村规划与实施管理重心、管理方法和管理工具需要不断调整，乡村规划制度的重要性凸显。

（3）服务型规划

乡村规划是对乡村空间格局和景观环境方面的整体构思和安排，既包括乡村居民点生活的整体设计，体现乡土化特征，也涵盖乡村农牧业生产性基础设施和公共服务设施的有效配置。同时乡村规划不是一般的商品和产品，实施的主体是广大的村民、村集体乃至政府、企业等多方利益群体，在现阶段基层技术管理人才不足的状况下，需要规划编制单位在较长时间内提供技术型咨询服务。

（4）契约式规划

乡村规划的制定是政府、企业、村民和村集体对乡村未来发展和建设达成的共识，形成有关资源配置和利益分配的方案，缔结起政府、市场和社会共同遵守和执行的"公共契约"。《城乡规划法》规定乡村规划需经村民会议讨论同意、由县级人民政府批准和不得随意修改等原则要求，显示乡村规划具有私权民间属性，属于没有立法权的行政机关制定的行政规范性文件，具有不同于纯粹的抽象行政行为的公权行政属性和"公共契约"的本质特征。

2. 乡村振兴战略规划的层级

（1）国家级乡村振兴战略规划

实施乡村振兴战略是党和国家的大战略，必须规划先行，强化乡村振兴战略的规划引领。

所以，2018年"中央一号文件"提出来要制定《国家乡村振兴战略规划（2018—2022年）》。2018年"中央一号文件"主要是为实施乡村振兴战略定方向、定思路、定任务、定政策，明确长远方向。《国家乡村振兴战略规划（2018—2022年）》则以"中央一号文件"为依据，明确到2020年全面建成小康社会时和2022年召开党的二十大时的目标任务，细化、实化乡村振兴的工作重点和政策举措。具体部署国家重大工程、砲大计划、束大行动，确保"中央一号文件"得到贯彻落实，政策得以执行落地。简单说，"中央一号文件"是指导规划的，规划是落实"中央一号文件"的。事实上在制定"中央一号文件"的同时，国家发展改革委已经联合有关部门同步起草《规划》，目前，《国家乡村振兴战略规划（2018—2022年）》已正式出台。应该说，国际级乡村振兴规划是指导全国各省制定乡村振兴战略规划的行动指南。

（2）省级乡村振兴战略规划

省级乡村振兴战略规划是以《中共中央、国务院关于实施乡村振兴战略的意见》和《国家乡村振兴战略规划（2018—2022年）》为指导，同时结合各自省情况来制定，一般与国家级乡村振兴战略规划同步。各省乡村振兴战略规划也要按照产业兴旺、生态宜居、乡风文明、治理有效、生活富裕的总要求，对各省实施乡村振兴战略作出总体设计和阶段谋划，明确目标任务，细化实化工作重点、政策措施、推进机制，部署重大工程、重大计划、重大行动，确保全省乡村振兴战略扎实推进。省级乡村振兴战略规划是全省各地各部门编制地方规划和专项规划的重要依据，是有序推进乡村振兴的指导性文件。

（3）县域乡村振兴战略规划

乡村振兴，关键在县。县委书记是乡村振兴的前线总指挥，是落地实施的第一责任人。乡村振兴不是一个形象工程，也不是一个贸然行动，它需要在顶层设计引领下，在县域层面分步踏实地推进。县域乡村振兴是国家乡村振兴战略推进与实施的核心与关键，应该以国家和省级战略为引导，以市场需求为依托，突破传统村镇结构，在城镇规划体系基础上，构建既区别于城市，又与城市相互衔接、相互融合的"乡村规划新体系"，进行科学系统的规划编制，保证乡村振兴战略的有效实施。

①县域乡村振兴规划体系

县域乡村振兴规划是涉及五个层次的一体化规划，即《县域乡村振兴战略规划》《县域乡村振兴总体规划》《乡/镇/聚集区（综合体）规划》《村庄规划》《乡村振兴重点项目规划》。一是县域乡村振兴战略规划。县域乡村振兴战略规划是发展规划，需要在进行现状调研与综合分析的基础上，就乡村振兴总体定位、生态保护与建设、产业发展、空间布局、居住社区布局、基础设施建设、公共服务设施建设、体制改革与治理、文化保护与传承、人才培训与创业孵化十大内容，从方向与目标上进行总体决策，不涉及细节指标。县域乡村振兴战略规划应在新的城乡关系下，在把握国家城乡发展大势的基础上，从人口、产业的辩证关系着手，甄别乡村发展的关键问题，分析乡村发展的动力机制，构建乡村的产业体系，引导村庄合理进行空间布局，重构乡村发展体系，构筑乡村城乡融合的战略布局。二是县域乡村振兴总体规划。县域乡村振兴总体规划是与城镇体系规划衔接的，在战略规划指导下，落地到土地利用、基础设施、公共服务设施、空间布局与重大项目，而进行的一定期限的综合部署和具体安排。在总体规划的分项规划之外，可以根据需要，编制覆盖全区域的农业产业规划、旅游产业规划、生态宜居规划等专项规划。此外，规划还应结合实际，选择具有综合带动作用的重大项目，从点到面布局乡村振兴。三是乡／镇／聚集区（综合体）规划。聚集区（综合体）为跨村庄的区域发展结构，包括田园综合体、现代农业产业园区、第一、第二、第三产业融合先导区、产居融合发展区等。其规划体例与乡镇规划一致。四是村庄规划。村庄规划是以上层次规划为指导，对村庄发展提出总体思路，并具体到建设项目，是一种建设性规划。五是乡村振兴重点项目规划。重点项目是对乡村振兴中具有引导与带动作用的产业项目、产业融合项目、产居融合项目、现代居住项目的统一称呼，包括现代农业园、现代农业庄园、农业科技园、休闲农场、乡村旅游景区等。规划类型包括总体规划与详细规划。

②县域乡村振兴的规划内容

一是综合分析。乡村振兴规划应针对"城乡发展关系"以及"乡村发展现状"，进行全面、细致、翔实的现场调研、访谈、资料搜集和整理、分析、总结，这是各种《规划》落地的基础。二是战略定位及发展目标。乡村振兴战略定位应在国家乡村振兴战略与区域城乡融合发展的大格局下，运用系统性思维与顶层设计理念，通过乡村可适性原则，确定具体的主导战略、发展路径、发展模式、发展愿景等。而乡村振兴发展目标的制定，应在"中央一号文件"明确的乡村三阶段目标任务与时间节点基础上，依托现状条件，提出适于本地区发展的可行性目标。三是九大专项规划。产业规划：立足产业发展现状，充分考虑国际国内及区域经济发展态势，以现代农业三大体系构建为基础，以第一、第二、第三产融合为目标，对当地三次产业的发展定位及发展战略、产业体系、空间布局、产业服务设施、实施方案等进行战略部署。生态保护建设规划：统筹山水林田湖草生态系统，加强环境污染防治、资源有效利用、乡村人居环境综合整治、农业生态产品和服务供给，创新市场化多元化生态补偿机制，推进生态文明建设，提升生态环境保护能力。空间布局及重点项目规划：以城乡融合、"三生融合"为原则，县域范围内构建新型"城—镇—乡—聚集区—村"发展及聚集结构，同时要形成一批重点项目，形成空间上的落点布局。居住社区规划：以生态宜居为目标，结合产居融合发展路径，对乡镇、聚集区、村庄等居住结构进行整治与规划。基础设施规划：以提升生产效率、方便人们生活为目标，对生产基础设施及生活基础设施的建设标准、配置方式、未来发展作出规划。公共服务设施规划：以宜居生活为目标，积极推进城乡基本公共服务均等化，统筹安排行政管理、教育机构、文体科技、医疗保健、商业金融、社会福利、集贸市场等公共服务设施的布局和用地。体制改革与乡村治理规划：以乡村新的人口结构为基础，遵循"市场化"与"人性化"原则，综合运用自治、德治、法治等治理方式，建立乡村社会保障体系、社区化服务结构等新型治理体制，满足不同乡村人口的需求。人才培训与孵化规划：统筹乡村人才的供需结构，借助政策、资金、资源等的有效配置，引入外来人才、提升本地人才技能水平、培养职业农民、进行创业创新孵化，形成支撑乡村发展的良性人才结构。文化传承与创新规划：遵循"保护中开发，在开发中保护"的原则，对乡村历史文化、传统文化、原生文化等进行以传承为目的的开发，在与文化创意、科技、新兴文化融合的基础上，实现对区域竞争力以及经济发展的促进作用。四是三年行动计划。首先，制度框架和政策体系基本形成，确定行动目标。其次，分解行动任务，包括深入推进农村土地综合整治，加快推进农业经营和产业体系建设，农村第一、第二、第三产业融合提升，产业融合项目落地计划，农村人居环境整治等。同时制定政策支持、金融支持、土地支持等保障措施，最后安排近期工作。

第二节 乡村产业振兴的发展潜力与重点任务

自改革开放以来，我国乡村产业发展迅猛。进入新时代，我国乡村产业振兴的前景广阔。当前，我国乡村产业振兴的重点任务是保障农产品有效供给、保持生态涵养、带动农民就业增收、促进城乡融合发展。

一、乡村产业振兴的发展潜力

我国在乡村产业发展上进行了长期的不懈探索，从计划经济时期崭露头角的社队企业，到20世纪80年代异军突起的乡镇企业，再到20世纪90年代快速发展的农业产业化经营，这些探索和实践在特定历史阶段都发挥了重要的作用，为国民经济和社会的快速发展作出了历史性贡献。与此同时，在发展的过程中也不同程度地面临着一系列问题，表现虽各有差异，本质上则是深层次的体制机制矛盾。外部矛盾在于工农城乡发展不平衡，资源要素交换不平等，农业农村难以获得平等的发展机会；内部矛盾在于乡村发展环境有待改善，农村产权制度不完善、经营机制不灵活、资源优势难体现、集聚效应难形成。

近年来，随着城乡一体化进程加快推进，强农惠农政策力度不断加大，农村基础设施和公共服务逐步改善，大众消费需求提档升级，乡村产业发展又焕发了新的生机活力。传统产业加快转型升级、新产业新业态加速培育壮大，大大激发了农业农村经济发展活力，改善了乡村产业发展的内外部环境，为农业农村现代化发展提供了持续稳定的新动能。

乡村产业有着广阔的发展空间，蕴藏着推动农村经济社会发生深刻变化的巨大潜力。实现中国特色乡村产业振兴，就是要围绕全面建成小康社会目标和"四化同步"发展要求，立足我国基本国情、农情和农村经济比较优势，以保障农产品供给、提高农民生活水平、实现乡村振兴为目标，以全面提高乡村人口承载力、产业竞争力和可持续发展能力为方向，以现代农业产业体系、生产体系、经营体系为支撑，以农村第一、第二、第三产业融合为纽带，强化改革驱动，突出双创引领，大力发展新产业新业态，构建产业门类合理布局、资源要素有效集聚、创新能力稳步提升、内生动力充分激发、综合效益明显提高的产业体系，形成与城镇产业科学分工、优势互补、结构优化、合作发展，富有中国特色的乡村产业发展新格局。

中国特色乡村产业的内涵和外延十分丰富,在发展中要把握好四条原则。一是坚持以农为本,这是乡村产业发展的基本前提。乡村产业发展必须扎根于农村、立足于农业、服务于农民,充分利用农村特有的资源优势、人文条件、生态风光,将农村作为长期发展的坚实基础。二是坚持协调带动,这是乡村产业发展的本质要求。要把产业发展落到促进农民增收、农村繁荣上来,在保持乡村生态环境、乡土风情、公序良俗的基础上,走生产发展、生活富裕、生态良好的发展道路。三是坚持融合发展,这是乡村产业发展的必要途径。要进一步延长产业链条,拓展产业空间,促进农村第一、第二、第三产业交叉融合,发展新产业新业态新模式,孕育乡村发展的新动能。四是坚持充满活力,这是乡村产业发展的衡量指标。产业发展得好或不好,关键是看产业是否具有活力。要不断培育新型经营主体,深入推进创业创新,引领乡村产业参与市场竞争,塑造核心优势,实现可持续发展。

二、乡村产业振兴的重点任务

乡村产业振兴任务艰巨,不同产业的功能定位不尽相同,要准确把握发展目标和方向,突出四个重点任务。

(一)保障农产品有效供给

保障国家粮食和重要农产品供给安全,是乡村产业发展的第一要义。要巩固提升粮食等重要大宗农产品生产能力,确保国家粮食安全。调整优化农业结构,推进农业由增产导向转向提质导向,立足农村资源禀赋优势,大力发展农产品加工业、休闲农业、乡村旅游、劳动密集型加工制造业、生产性和生活性服务业,提高农业供给体系质量与效率,满足居民日益增长的绿色优质物质产品和生态文化等精神产品需求。

(二)保持生态涵养

要坚持绿色发展理念,大力推行绿色生产生活方式,统筹山水田林湖草系统治理。强化政府与市场主体的生态环境保护责任,加强对可能产生污染的重点领域、重点产业监管,强化产业内部重点环节环境风险管控,应用先进适用的环保技术设备,尽可能降低对环境的负外部性。发挥乡村生态优势,大力发展乡村绿色生态环保产业,加强乡村资源回收利用和污染治理,将绿水青山打造成金山银山。

(三)带动农民就业增收

要以人民为中心,把产业发展落到促进农民增收上来,全力以赴消除农村贫困,推动乡村生活富裕。继续推进城镇化进程,通过减少农民来富裕农民,促使农村人口和劳动力向城市转移定居。但要看到,这个过程是相对缓慢和持续的过程,即便是城镇化率达到发达国家水平,我国仍有数以亿计的人口留在农村,他们生产、生活都需要产业支撑。乡村产业发展必须担负起创造稳定乡村就业的功能,实现农民更高质量就业,密切与农民的利益联结,促进农民收入持续快速增长。应大力发展乡村非农产业,充分发挥其带动就业、促进作用方面的显著作用。

（四）促进城乡融合发展

要立足城乡不同资源禀赋优势，通过产业错位布局、协同配合，整合城乡各类生产要素，实现城乡融合发展。一方面，要加强城乡产业之间的衔接和配套，将城市产业的部分配套产业如原材料生产和初加工等放在乡村，乡村产业的部分配套产业如产品设计、终端销售和配送等放在城市，充分发挥城乡比较优势，产业各个环节优化布局，实现互促共进双赢。另一方面，要加快引导城市的先进生产要素，如人才、资金、技术、管理、信息等进入乡村产业，提升乡村产业发展能力与水平，开辟更广阔的空间，通过产业发展一体化，有效缩小城乡差距。

要高度重视我国乡村产业层次较低、资源利用较为粗放、对人才资金技术等要素的吸引力不强、经济效益相对低下等发展质量问题。当前和今后一个时期，要以推动乡村产业高质量发展为主线，进一步明确和细化乡村产业发展战略目标。着眼于增强产业实力，加强龙头带动，培育规模以上工业企业和农业产业化龙头企业，提升产业竞争力；加快推进提质增效，提高单位面积经济密度，提高资源利用率、劳动生产率；优化产业机构，提高主导产业产值比重，增强就业增收带动能力。着眼于增强产业内生动力方面，强化体制机制创新，引进乡村外部的人才、资本和管理理念，建立合理的利益联结机制；加快新产品开发和新技术新模式应用，多渠道开拓市场，多元化培育新产业新业态，促进产品服务价值实现；注重科技创新、扩大研发支出规模，提高全要素生产率。着眼于增强产业可持续发展能力，倡导绿色发展理念，注重节约资源、保护环境、造福社会、和谐发展，降低单位产出能源资源消耗，增加环境保护投入，降低污染物排放水平，实现污染物达标排放，鼓励发展清洁生产，加强废弃物处理和资源化利用，不断提高生态效益和社会效益。

第三节 乡村产业振兴的支持政策及完善举措

乡村产业振兴要发挥好政府和市场两方面的应有作用。政府层面要抓紧制定乡村产业振兴计划，编制重点发展的基础产业目录、重点支持的经营业态目录、重点建设的产业体系目录，建立产业效率评估体系。市场层面要大力消除阻碍资源要素自由流动平等交换的体制机制性障碍，激活要素活力、市场活力、主体活力。

一、完善乡村产业振兴的支持政策

（一）推进城乡要素分配均等化、公共服务供给一体化

全面落实城乡统一，重在农村的基础设施建设保障机制，完善农村水电路气房网等基础设施。把农业农村作为财政支出的优先保障领域，中央预算内投资继续向农业农村倾斜，优化投入结构，创新使用方式，提升支农效能；加大各级财政对主要粮食作物保险的保费补贴力度，建立对地方优势特色农产品的保险补贴政策。引导资金流向农业农村，全面落实农村金融机构存款主要用于农业农村发展的考核约束机制，实施差别化货币政策，健全覆盖市县的农业信贷担保体系，改革

抵押物担保制度，完善抵押物处置机制，扩大涉农贷款规模，推广政府和社会资本合作PPP模式，撬动金融和社会资本注入农业。对城市资本、人才、技术等要素下乡兴业制定优惠政策，引导外部要素向农村流动。

（二）继续深化农村重点领域改革

通过改革，创新乡村产业振兴制度供给，优化资源要素配置方式。深化农村土地制度改革，落实第二轮土地承包到期后再延长30年政策，在基本完成承包地确权登记颁证的基础上强化确权成果应用，完善农村土地"三权分置"制度，加快培育新型经营主体发展多种形式适度规模经营。加快推进农村"三块地"改革，完善新增建设用地保障机制，将年度新增建设用地计划指标确定一定比例用于支持农村新产业新业态发展，抓紧完善农民闲置宅基地和闲置农房政策，探索宅基地所有权、资格权、使用权"三权分置"，允许通过村庄整治、宅基地整理等节约的建设用地采取入股、联营等方式，重点支持乡村休闲旅游等产业和农村第一、第二、第三产业融合发展。深化农村集体产权制度改革，全面开展清产核资、集体经济组织成员身份确认、股权量化等工作，研究赋予农村集体经济组织特别法人资格的办法。培育壮大农村集体经济，稳妥开展资源变资本、资金变股金、农民变股东、自然人农业变法人农业的改革，打造服务集体成员、促进普惠均等的农村集体经济组织。推进农业农村管理体制改革，严格落实各级党委抓农村基层党建工作责任制，发挥县级党委"一线指挥部"作用，实现整乡推进、整县提升。深化农村社区建设试点工作，完善多元共治的农村社区治理结构。深化农村精神文明建设，提高农民文明素质和农村社会文明程度。构建农业生产投入一体设计、农村第一、第二、第三产业统一管理、农业国内国际"两种资源、两个市场"统筹调控的大农业管理格局。

（三）打造多元化、特色化的乡村产业融合发展格局

发展特色乡村产业，发挥区域特色与优势，打造一大批优质专用、特色明显、附加值高的主导产品，做强做大区域公用品牌；围绕有基础、有特色、有潜力的产业，创建一批带动农民能力强的现代农业产业园，建立农民充分分享第二、第三产业增值收益的体制机制。壮大新产业新业态，大力发展乡村休闲农业、乡村旅游、森林康养等多元化乡村产业，推进农业、林业与旅游、文化、康养等产业深度融合；加快发展农村电商，加快建立健全适应农产品电商发展的标准体系，支持农产品电商平台和乡村电商服务站点建设，发展电商产业园；加快发展现代食品产业，在优势农产品产地打造食品加工产业集群，积极推进传统主食工业化、规模化生产。完善小农户发展政策和机制体系，持续推进农业保险扩面、增品、提标，探索开展价格保险、收入保险试点，推广"保险+期货"模式；支持农户与新型经营主体通过订单农业、股份合作等形式建立紧密的利益联结机制，让处于产业链低端的小农户也能分享财政支农的政策红利、参与全产业链和价值链的利益分配。

二、推进乡村产业振兴的具体举措

（一）优化涉农企业家成长发育的环境

推进乡村产业振兴，必须注意发挥涉农企业家的骨干甚至"领头雁"作用。离开了企业家的积极参与，推进乡村产业振兴就如同汽车失去了引擎。加快构建现代农业产业体系、生产体系、经营体系，推进农村第一、第二、第三产业融合发展，提高农业创新力、竞争力和全要素生产率，新型农业经营主体、新型农业服务主体的作用举足轻重。他们往往是推进质量兴农、绿色兴农、品牌兴农、服务兴农的生力军，也是带动农业延伸产业链、打造供应链、提升价值链的"拓荒者"或"先锋官"。发展多种形式的农业适度规模经营，也离不开新型农业经营主体、新型农业服务主体的积极作用和支撑带动。这些新型农业经营主体、新型农业服务主体带头人，往往是富有开拓创新精神的涉农企业家。各类投资农业农村产业发展的城市企业、工商资本带头人，往往资金实力强，发展理念先进，也有广阔的市场和人脉资源。他们作为企业家，不仅可以为发展现代农业、推进农业农村产业多元化和综合化发展，带来新的领军人才和发展要素；还可以为创新农业农村产业的发展理念、组织方式和业态、模式，为拓展和提升农业农村产业的市场空间、促进城乡产业有效分工协作提供更多的"领头雁"，更好地带动农业农村延伸产业链、打造供应链、提升价值链。推进乡村产业兴旺，为许多乡村新产业、新业态、新模式的成长带来了"黄金机遇期"，也为城市企业、工商资本参与乡村振兴提供了可以发挥比较优势、增强竞争优势的新路径。如在发展农业生产性服务业和乡村旅游业，城市企业、工商资本具有较强的比较优势。

支持各类企业家在推进乡村产业振兴中建功立业，关键是优化其成长发育的环境，帮助其降低创新创业或推进产业兴旺的门槛、成本和风险。要结合农业支持政策的转型，加强对新型农业经营主体、新型农业服务主体的倾斜性、制度化支持，引导其将提高创新力、竞争力、全要素生产率和增强对小农户发展现代农业的带动作用有机结合起来。要结合构建农村第一、第二、第三产业融合发展体系和加快发展农业生产性服务业，鼓励专业大户、家庭农场、农民合作社、农业产业化龙头企业等新型农业经营主体或农业企业、农资企业、农产品加工企业向新型农业服务主体或农村产业融合主体转型，或转型成长为农业生产性服务综合集成商、农业供应链问题解决方案提供商，带动其增强资源整合、要素集成、市场拓展提升能力，进而提升创新力和竞争力，成为推进乡村产业兴旺的领军企业或中坚力量。结合支持这些转型，引导传统农民、乡土人才向新型职业农民转型，鼓励城市人才或企业家"下乡"转型为新型职业农民或农业农村产业领域的企业家。

要结合支持上述转型，鼓励企业家和各类新型经营主体、新型服务主体、新型融合主体等在完善农业农村产业利益链中发挥骨干带动作用。通过鼓励建立健全领军型经营（服务）主体—普通经营（服务）主体—普通农户之间，以及农业农村专业化、市场化服务组织与普通农户之间的利益联结和传导机制，增强企业家或新型经营主体、新型服务主体、新型融合主体对小农户增收和参与农业农村产业发展的辐射带动力，更好地支持小农户增强参与推进乡村产业兴旺的能力和机会。

(二)引导督促城乡之间、区域之间完善分工协作关系,科学选择推进乡村产业振兴的重点

发展现代农业是推进乡村产业振兴的重点之一,但如果说推进乡村产业振兴的重点只是发展现代农业,则可能有些绝对。至少在今后相当长的时期内,就总体和多数地区而言,推进乡村产业振兴要着力解决农村经济结构农业化、农业结构单一化等问题,通过发展对农民就业增收具有较强吸纳、带动能力的乡村优势特色产业和企业,特别是小微企业,丰富农业农村经济的内涵,提升农业农村经济多元化、综合化发展水平和乡村的经济价值,带动乡村引人才、聚人气、提影响,增加对城市人才、资本等要素"下乡"参与乡村振兴的吸引力。因此,推进乡村产业振兴,应该采取发展现代农业和推进农业农村经济多元化、综合化"双轮驱动"的方针,二者都应是推进乡村产业振兴的战略重点。当然,发展现代农业要注意夯实粮食安全的根基,也要注意按照推进农业结构战略性调整的要求,将积极推进农业结构多元化与大力发展特色农业有效结合起来。

推进农业农村经济多元化、综合化,要注意引导农村第一、第二、第三产业融合发展,鼓励农业农村经济专业化、特色化发展;也要注意引导城市企业、资本和要素下乡积极参与,发挥城市产业对乡村产业高质量发展的引领辐射带动作用。但哪些产业或企业适合布局在城市,哪些产业或企业适合布局在乡村或城郊地区,实际上有个区位优化选择和经济合理性问题。如果不加区分地推进城市企业进农村,不仅有悖于工业化、城镇化发展的规律,也不利于获得集聚经济、规模经济和网络经济效应,影响乡村经济乃至城乡经济的高质量发展。按照推进乡村振兴和区域经济高质量发展的要求,适宜"下乡"的企业应具有较强的乡村亲和性,能与农业发展有效融合、能与乡村或农户利益有效联结,有利于带动农业延伸产业链、打造供应链、提升价值链;或在乡村具有较强的发展适宜性、比较优势或竞争力,甚至能在城乡之间有效形成分工协作、错位发展态势。如乡村旅游业、乡村商贸流通业、乡村能源产业、乡村健康养生和休闲娱乐产业、农特产品加工业、乡土工艺品产销等乡村文化创意产业、农业生产性服务业和乡村生活性服务业,甚至富有特色和竞争力的乡村教育培训业等。当然,不同类型地区由于人口特征、资源禀赋、区位条件和发展状况、发展阶段不同,适宜在乡村发展的产业也有较大区别。

需要注意的是,推进农业农村产业多元化、综合化发展,与推进农业农村产业专业化、特色化并不矛盾。多元化和综合化适用于宏观层面和微观层面,专业化和特色化主要是就微观层面而言的,宏观层面的多元化和综合化可以建立在微观层面专业化、特色化的坚实基础之上。通过推进农业农村产业多元化、综合化和专业化、特色化发展,带动城乡各自"回归本我、提升自我",形成城乡特色鲜明、分工有序、优势互补、和而不同的发展格局。

有些乡村产业的发展,不仅可以促进农业农村经济多元化、综合化和专业化、特色化发展,还可以为"以工促农""以城带乡"提供新的渠道,应在支持其发展的同时,鼓励城市产业更好地发挥对乡村关联产业发展的引领带动作用。如鼓励城市服务业引领带动农业生产性服务业和乡

村生活性服务业发展。当今世界,加强对农产品地产地消的支持已经成为国际趋势。不仅与我国资源禀赋类似的日、韩等国早已注意这一点,与我国资源禀赋迥异的美国在农业政策的演变中也呈现类似趋势。形成这种趋势的一个重要原因是,支持农产品地产地消可以带动为农场、企业提供服务的储藏、加工、营销等关联产业发展,并通过促进农产品向礼品或旅游商品转化,带动农业价值链升级。这是按照以工促农、以城带乡、城乡融合、互补共促方向构建新型工农城乡关系的重要路径。但有些城市产业"下乡"进农村可能遭遇"水土不服",导致发展质量、效益、竞争力下降,不应提倡或鼓励。至于有些产业"下乡",容易破坏农村资源环境和文化、生态,影响可持续发展。依托这些产业的城市企业"下乡",不仅不应鼓励,还应通过乡村产业准入负面清单等,形成有效的"屏蔽"机制,防止其导致乡村价值的贬损。

我国各地乡村资源禀赋各异,发展状况和发展需求有别。随着工业化、信息化、城镇化和农业现代化的推进,各地乡村发展和分化走势也有较大不同。在此背景下,推进乡村产业兴旺也应因地制宜、分类施策,在不同类型地区之间形成各具特色和优势、分工协作、错位发展的格局。

(三)加强支撑乡村产业振兴的载体和平台建设,引导其成为推进乡村产业振兴甚至乡村振兴的重要节点

近年来,在我国农业农村政策中,各种产业发展的载体和平台建设日益引起重视。如作为产业发展区域载体的粮食生产功能区、重要农产品生产保护区、特色农产品优势区、现代农业产业园、农村产业融合发展示范园、农业科技园区、电商产业园、返乡创业园、特色小镇或田园综合体、涉农科技创新或示范推广基地、创业孵化基地,作为产业组织载体的新型农业经营主体、新型农业服务主体、现代农业科技创新中心、农业科技创新联盟和近年来迅速崛起的农业产业化联合体、农业共营制、现代农业综合体等复合型组织,以及农产品销售公共服务平台、创客服务平台、农特产品电商平台、涉农科研推广和服务平台、为农综合服务平台,以及全程可追溯、互联共享的追溯监管综合服务平台等。这些产业发展的载体或平台往往瞄准了影响乡村产业振兴的关键环节、重点领域和瓶颈制约,整合资源、集成要素、激活市场,甚至组团式"批量"对接中高端市场,实现农业农村产业的连片性、集群化、产业链一体化开发,集中体现现代产业发展理念和组织方式,有效健全产业之间的资源、要素和市场联系,是推进农业质量变革、效率变革和动力变革的先行者,也是推进农业农村产业多元化、综合化发展的示范者。以这些平台或载体建设为基础推进产业振兴,不仅有利于坚持农业农村优先发展和城乡融合发展,还可以为推进乡村产业振兴和乡村振兴的高质量发展提供重要节点,为深化相关体制机制改革提供试点试验和示范窗口,有利于强化城乡之间、区域之间、不同类型产业组织之间的联动协同发展机制。

前述部分载体和平台的建设与运营,对于推进产业振兴甚至乡村振兴的作用,甚至是画龙点睛的。如许多地方立足资源优势推进产业开发,到一定程度后,公共营销平台、科技服务平台等建设往往成为影响产业振兴的瓶颈,对于增加的产品供给能在多大程度上转化为有效供给,对于产业发展的质量、效益和竞争力,往往具有关键性的影响。如果公共营销平台或科技服务平台建

设跟不上，立足资源优势推进产业开发的过程，就很容易转化为增加无效供给甚至"劳民伤财"的过程，借此不仅难以实现推进产业振兴的初衷，还可能形成严重的资源浪费、生态破坏和经济损失。在此背景下，加强相关公共营销平台或科技服务平台建设，往往就成为推进乡村产业振兴的"点睛之笔"。对相关公共营销平台或科技服务平台建设，通过财政金融甚至政府购买公共服务等措施加强支持，往往可以收到"四两拨千斤"的效果。

（四）以推进供给侧结构性改革为主线，推进农业农村产业体系、生产体系和经营体系建设

推进供给侧结构性改革，其实质是用改革的办法解决供给侧的结构性问题，借此提高供给体系的质量、效率和竞争力；其手段是通过深化体制机制改革和政策创新，增加有效供给和中高端供给，减少无效供给和低端供给；其目标是增强供给体系对需求体系和需求结构变化的动态适应性和灵活性，当然，这里的有效供给包括公共产品和公共服务的供给。如前所述，推进乡村产业兴旺，应该坚持发展现代农业和推进农业农村经济多元化、综合化"双轮驱动"的方针。鉴于我国农业发展的主要矛盾早已由总量不足转变为结构性矛盾，突出表现为阶段性供过于求和供给不足并存，并且矛盾的主要方面在供给侧；在发展现代农业、推进农业现代化的过程中，要以推进农业供给侧结构性改革为主线，这是毫无疑问的。

加快构建现代农业产业体系、生产体系、经营体系，在推进农业供给侧结构性改革中占据重要地位。鉴于近年来相关研究文献较多，本文对此不再赘述，只强调积极发展农业生产性服务业和涉农装备产业的重要性与紧迫性。需要指出的是，农业生产性服务业是现代农业产业体系日益重要的组成部分，是将现代产业发展理念、组织方式和科技、人才、资本等要素植入现代农业的通道，也是增强新型农业经营（服务）主体进而增强农业创新力、竞争力的重要途径，对于推进农业高质量发展、实现服务兴农具有重要的战略意义。

当前，许多国内行业处于领先地位的农产品加工企业的设备是从国外引进且国际一流的，但国内缺乏国际一流的设备加工制造和配套服务能力。这就很容易导致国内农产品加工企业的加工设备在引进时，居国际一流水平，但很快就沦落为国际二流甚至三流水平。可见，农业装备水平的提高和结构升级，是提升农业产业链质量、效率和竞争力的底蕴所在，也是增强农业创新力的重要依托。随着农产品消费需求升级，农产品/食品消费日益呈现个性化、多样化、绿色化、品牌化、体量化的趋势，但在我国农业产业链，许多农业装备仍处于以"傻、大、黑、粗"为主的状态，难以满足推进农产品/食品消费个性化、多样化、绿色化、品牌化、体验化的需求，制约农产品/食品市场竞争力和用户体验的提升。近年来，我国部分涉农装备制造企业积极推进现代化改造和发展方式转变，推进智能化、集约化、科技化发展，成为从餐桌到田间的产业链问题解决方案供应商，也是推进质量兴农、绿色兴农的"领头羊"，对于完善农业发展的宏观调控、农业供应链和食品安全治理也发挥了重要作用。要按照增强农业创新力和竞争力的要求，加大引导支持力度。实际上，农业装备制造业的发展和转型升级滞后，不仅影响到农业质量、效率和竞争

力的提升，在许多行业已经成为影响可持续发展的紧迫问题。如随着农业劳动力成本的提升和农产品价格波动问题的加剧，部分水果、蔬菜，特别是核桃、茶叶等山地特色农业的发展越来越多地遭遇"采收无人""无人收购"的困扰。广西等地的经验表明，特色农机的研发制造和推广，对于发展特色农业往往具有画龙点睛的作用。推进农业农村经济多元化、综合化主要是发展问题，但在此发展过程中也要注意按照推进供给侧结构性改革的方向，把握增加有效供给、减少无效供给和增强供给体系对需求体系动态适应、灵活反应能力的要求，创新相关体制机制和政策保障，防止"一哄而上""一哄而散"和大起大落的问题。要注意尊重不同产业的自身特性和发展要求，引导乡村优势特色产业适度集聚集群集约发展，并向小城镇、产业园区、中心村、中心镇适度集中；或依托资源优势、交通优势和临近城市的区位优势，实现连片组团发展，提升发展质量、效率和竞争力，夯实其在推进乡村产业兴旺中的节点功能。

第四节 "一村一品"模式的探索与实践

一、"一村一品"的起源

"一村一品"运动萌芽于"二战"后的日本，作为战败国，日本背负巨额战争赔款的沉重压力，国内经济基本处于百废待兴状态。大分县是日本的农业大县，当时正处于城市化和工业化过程中，农民往城市集聚，人才和资金不断流出，农业发展缓慢甚至有倒退的趋势。为了扭转现实中的严峻局面，大分县知事平松守彦在1979年提出并发起了"一村一品"运动。"一村一品"是以一个行政村为单位，发挥当地自然资源的比较优势，对特色农产品进行包装宣传，并对原生态农产品进行加工，提高其附加值，扩大市场规模，将当地农产品打造成具有地域优势、有市场竞争力的特色品牌，实施市场化营销。在大分县"一村一品"运动的摸索和改造的过程中，形成了当代"一村一品"的雏形。事实证明，大分县的"一村一品"战略创新，不仅增加经济效益还产生了良好的社会效益，受到各界高度评价。

二、"一村一品"运动的东南亚推广

由于"一村一品"运动在日本取得了成功，且符合亚洲乡村现状，获得了许多亚洲国家的认可，尤其是深受农村贫困问题困扰的东南亚国家。其后十余年，"一村一品"模式在东南亚地区得到很好的推广应用，特别是泰国、菲律宾，还结合实际国情进行了本土化吸收。

（一）泰国化

泰国的"一村一品"战略在2001年正式实施，采用先试点再推广的策略。由于旅游业在该国经济的占比较大，因此泰国的"一村一品"运动，在大力推广当地特色农产品的基础上，发展出能反映泰国传统文化的手工艺品，以销售给国外游客，从而促进了农村就业问题，缩小了城乡居民之间的贫富差距。泰国"一村一品"战略是由政府主导的，对于那些投身其中的企业、大学生，给予各种优惠政策扶持，拨付启动资金，降低"一村一品"的准入门槛；对遇到问题的商家

则提供技术支持或业务咨询；对那些市场开拓能力不足的店家，给予销售渠道和产品包装设计的指引。通过泰国化改造后，所推广的食品、香料、手工艺品、纺织品、家居装饰品都是十分具有本土特色的产品。

（二）菲律宾化

20世纪90年代初期，菲律宾根据自身国情将"一村一品"转化为"一镇一品"，被称为OTOP（One Town One Product）模式，在本地自然资源和优势产业基础上，结合当地的技术和人才资源，发展出具有竞争力的地方特色产品。目前，OTOP模式已经列入菲律宾国家中期发展规划，并择优选出15种示范产品，在国内试点推广。菲律宾政府主要是依托当地的旅游业，推广地方特色的农业、渔业、传统手工雕刻、手工艺品和家具装饰，取得了不错的经济效益。

三、中国化的"一村一品"发展模式

"一村一品"在走向东南亚的同时，也迈上了中国之路。1997年我国在湖北召开中日"一村一品"研讨会，邀请日本方面的专家介绍经验，引发了很好的反响。随后，我国在湖北、上海、陕西等地率先进行"一村一品"试点。由于适应了农村经济发展的需要，试点取得了较佳的绩效，得以在全国范围内全面推广。其后，因为"一村一品"非常符合国家的"精准扶贫"战略，获得了中央的大力倡导，多次在"中央一号文件"中出现。中国本身是农业大国，"一村一品"运动也结合国情，逐渐实行了中国化，形成了各具特色的示范镇。

随着我国经济的不断发展，国民的收入水平越来越高，也就对日常的消费品提出了更高需求，偏好需求日渐多元化，农产品市场变成了买方市场。只有那些独具特色、竞争力强的产品才能长期吸引消费者。在这样的大环境下，"一村一品"就具有较大的生存空间。

根据当前我国的"一村一品"发展现状，主要有以下几种模式。

（一）政产学研支撑型

"一村一品"已在我国发展二十余年，各地政府积极响应中央号召，因地制宜规划"一村一品"战略，以缓解各地的"三农"问题。所谓政产学研，是指政府出面指引，牵线高校、科研部门对接农产品生产基地，共同开展"一村一品"运动。

（二）组织带动发展型

农民自主创立各类农业协会组织，先富起来的大户帮助其他村民。组织成员可以互相交流，特别是听取成功人士的经验。协会对农民进行专业技能的培训、业务的咨询和提供合作的机会，加强农户的团结，分享农业发展成果。当地合作社可与大客户签订供销协议，解决了农户产量大、价格低的问题。"一村一品"运动可以依托现代的农业组织、服务组织、大学生团队等社会资源，充分利用其专业知识和技能，结合本地的实情，打造具有特色的农产品品牌，以提高农产品的市场价格。

（三）龙头企业拉动型

我国不少农业巨头也积极响应国家的"一村一品"战略，如温氏股份2017年投入农业的设

备设施等约 1.3 亿元，累计投入 5.2 亿元；正邦集团打造"百千万亿工程"，造福农村；长沙马王堆农产品公司重点打造"菜篮子"工程，以加强农产品的流通。这些龙头企业的拉动，可以让"一村一品"战略具有厚实的基础。

四、"一村一品"存在的问题

我国通过学习和借鉴日本的"一村一品"运动，结合自身国情构建出中国化的发展模式，为改善农民福利作出了较大贡献，但是在实际发展中，中国化的"一村一品"依旧存在如下一些问题：

（一）种植户对"一村一品"的参与意识不够

当前农村的种植农户，大多文化程度较低，在短时间内难以接受一些新的市场生产模式，只是认同传统的生产方式，不敢冒风险，不愿改种新的农产品，而且大部分的农户对于"一村一品"缺乏宏观理解，很难说服农户摒弃传统的生产模式，投身到"一村一品"的总体规划中。

（二）特色农产品生产规模较小

在农村的传统生产模式上，都是以个体农户为主，其种植的农产品多为小规模。由于农村地广人稀，农地分散，种植户都是以家庭为单位独立耕种，且一直以传统渠道来销售，这样的生产模式很难大规模地组织生产，无法体现规模效应，不利于"一村一品"运动的展开。

（三）农村的基础设施有待改善

根据我国农村现状，基础设施与城市相比落后太多，道路、网络、物流等设施还不能完全覆盖整个农村地区，大多数农村地区不能享受到现代设施，这使农村接收外面的产品供需信息时具有滞后性，处于信息不对称状态。即便信息可以流通，但受制于落后的公路交通设施，农产品也不能迅速流入市场，无法及时捕捉市场机会。

（四）"一村一品"缺乏金融扶持

"一村一品"对农产品的投入，需要大力资金的投入，往往是农户无法独立承担的。由于农业具有天然的弱质性，受自然条件、市场行情等不确定因素影响太大，本身又是微利行业，存在很大的金融风险，因此一般商业性金融机构都不愿意提供农业贷款。"一村一品"战略很大程度上需要对特色农产品进行规模化生产，显然，缺乏金融扶持成为阻碍其扩大再生产的瓶颈。

五、"一村一品"模式优化路径分析

在振兴乡村总体战略下，必须不断优化"一村一品"的演化路径，针对现有问题，相关部门应采取切实有效的应对措施，加速"一村一品"沿规模化、现代化方向发展，具体提升路径如下。

（一）尊重农户的自主参与意愿

"一村一品"旨在发展乡村经济，考虑问题的落脚点是改善农民福利，主体就是农村的种植户，且农户负责农产品的最主要环节——生产环节，这意味着"一村一品"战略能否真正成功，取决于能否获得农户的真心支持。但是，一切的前提是尊重农户的自主生产意愿，不能采用强制性手段推行"一村一品"。政府只能通过宣传以及示范推广，增强农户的信心，激励农民参与到"一村一品"活动中来。

(二)引进科技人员为农业提供技术指导

"一村一品"的发展离不开农业科技的支持,可以增加科研人员入驻农村的频率,当农户种植遇到技术问题时,可以随时给予提供技术辅导,由此避免农产品由于技术问题而造成的质量参差不齐,为以后的品牌推广奠定基础。当一个新型农产品品种获得突破,并在实践中取得良好效果时,就可以在技术人员指导下向全村推广,形成改良品种的规模化种植。

(三)注重农产品的品牌营销

通过对农产品市场以及消费者的调查,确定本村哪些农产品受到市场推崇,然后有意识地集中包装,特别是尽量结合当地特色文化,打造出一个本村的农产品品牌,并通过第三方营销,将其向市场推广,达到加大宣传的目的,形成市场品牌效应,从而打响本村特色农产品的知名度。

(四)将农业与其他产业有效融合

大多数农村种植户只是停留在农产品的生产上,没有实现与其他产业相融合,无法将当地特色农产品的收益推向最大化。因此,促进"一村一品"的发展就要将农业与其他产业结合,如文化产业、服务业、旅游业等,通过联合其他产业一起来扩展市场,相辅相成,使多种产业的联合收益达到最大化。

(五)政府与金融机构提供资金支持

地方政府出台扶持"一村一品"的优惠政策,农户参与"一村一品"可提供政府补贴,可为农村经济的规模化发展提供激励手段。如遇到种植大户,政府可提供担保基金,便于其向金融机构融资。同时,金融机构也应加大扶持"一村一品"的力度,增大信用规模,让优质农产品获得更大规模的发展空间。

当前我国正处于乡村振兴战略的初始期,今后国家的政策将会持续向农村倾斜,农村经济大有可为。在此大背景下,中国化的"一村一品"发展战略是农村经济的一种重要模式,这就需要进一步优化其发展路径,政府部门、金融机构、科技人员都需要给予"一村一品"更多支持,以实现农村现代化的总体战略目标。

第五章 新时期乡村生态振兴治理

第一节 农业绿色发展理念

为了能更好地研究美丽乡村,深入理解绿色发展新理念、美丽乡村的内涵、特征是必不可少的。只有理解了什么是绿色发展新理念、什么是美丽乡村,才能有助于我们厘清绿色发展新理念和建设美丽乡村之间存在的关系,有助于我们更好地建设美丽乡村,怎样建设美丽乡村,从而推进美丽中国的建设进程。

一、绿色发展新理念的概述

(一)绿色发展新理念的内涵

要想深刻地理解绿色发展新理念,首先我们要弄明白什么是绿色。一提到绿色这个词,人们第一时间就会想到的是一种颜色或者是自然界中的绿色植物。除了这些浅显的含义以外它还有一些更深层次的含义,在人类的发展史上,绿色有着广泛的象征意义,它通常象征着自然、健康、和平、生命、和谐和希望等一些积极向上的词语。绿色代表着人们想要回归自然的一种状态,更是追求美好未来的愿望和保护生态环境的一种实际行动。它不仅仅是我们所想的大自然的本色,更是代表着事物美好的一面。

绿色发展有广义和狭义之分。广义的绿色发展是指不仅要注重生态文明建设还要提高资源的利用率,同时还要从根本上转变人们落后的生产观念和消费观念从而达到经济社会的可持续发展,真正地实现人与自然的长久的和谐发展;狭义的绿色发展单一的指人与自然的和谐相处和发展。胡安钢、梁佼晨认为绿色发展既要绿色也要发展,不能只选其一。杨平在《绿色发展的新内涵》中将绿色发展概括为:"坚持以人与自然的和谐统一为前提,在生态文明建设的指导下,通过营造一个良好的自然环境,建立健康有序发展的社会运行机制,促进社会发展,实现人的全面发展。"也就是说,绿色发展要注重经济建设也要注重生态建设,将经济和生态二者结合起来共同发展。综上,绿色发展和科学发展观的内涵基本一致,绿色发展就是要求我们要坚持人与自然的和谐共生,不能单一的追求某一方面的发展,要综合考虑、从全局出发,既要看到经济效益也要看到生态效益,为地球家园的永续发展做好准备。

我们对绿色和绿色发展的内涵进行了基本的概述之后，对绿色发展新理念应该有了一定的了解。它是一种进步的、发展的、科学的思想理念；是将政治、经济、社会、文化等多方面与生态文明建设相结合的全新的发展理念；是以前人的思想为理论基础，融古汇今、借鉴吸收而成，并不是随意臆想、凭空捏造的。它不仅呈现出古代天人合一的思想，而且还将马克思主义生态思想与时代特征巧妙地结合在一起。

（二）绿色发展新理念的特征

第一，人本性。人民群众是实践的主体，是历史的创造者，是社会变革的决定性力量，是真正的英雄。人是社会的重要组成部分，人类社会开展的一切活动都是在以人为主体的前提下进行的，人类社会开展的一切活动的最终目标是为了人类社会能够更好的发展下去。马克思主义认为社会发展的根本目标是实现人的全面自由的发展。绿色发展坚持了以人为本的基本要求，以人类的实践为基础，创造出适合人类生活的美好环境和适宜人类更好的发展下去的环境，最终实现人的全面自由的发展。总之，坚持人本性的特征是社会发展的基础，是绿色发展新理念的前提；人是社会发展的主体，是绿色发展新理念人本性的首要体现。

第二，协调性。主要从人与人、人与社会、人与自然的协调发展来阐述绿色发展新理念的协调性。

人与人之间的协调发展就是要正确的处理好整体利益和个人利益、长远利益和眼前利益之间的关系，协调出一个最优的处事方法，寻求利益最大化。绿色发展理念提倡把全人类共同生存发展的整体利益、长远利益放在首位，把一些不利于社会进步发展的个人利益和眼前利益摒弃掉，对现有的一些不合理的生存生活方式进行认真的权衡、思考，以求社会利益之间的协调发展。从而促进人与人之间的协调发展。

人与社会之间的协调发展其实就是要协调好政治、经济、文化、生态建设等方面的发展。绿色发展需要这几个方面为其提供一定的制度保障、物质基础以及精神支柱。同时，绿色发展也要求政治、经济、文化、生态建设四个方面的协调发展，进而促进社会的健康、有序、全面的发展。

人与自然之间的协调发展强调的是人类应该树立尊重自然、顺应自然、保护自然的生态文明理念，使自然资源得到合理的开发和最大限度地有效利用。绿色发展新理念强调在改造自然的时候要以自然可承受和可恢复能力为前提进行改造，实现人与自然的协调绿色发展。

第三，整体性。习近平总书记在浙江工作时多次强调生态建设，"它是一种疑难杂症，这种病一天两天不能治愈，一副两副药也不能治愈，它需要多管齐下，综合治理，长期努力，精心调养"我们可以看出生态环境问题不是单一的、局部的，而应该从整体出发、多方面考虑、全方位覆盖的系统性建设工程。生态建设必须把绿色发展放在首位，而绿色发展必须把经济建设作为物质基础、文化建设作为精神支撑、政治建设作为制度保障、社会建设和生态建设作为实现绿色发展的必经之路，统筹"五位一体"整体布局，共同推进社会环境绿色发展。

第四，开放性。恩格斯说过："要使社会中的所有成员的各种能力得到全面而自由的发展，不应该是用一部分人的利益去满足另一部分人的利益,对于大家共同创造出来的财富应该是由大家共享。"而且创造出来的财富应该是对所有人开放的,人人都拥有知晓的权利,每一个社会成员基本的生活水准和日常需要也应该得到不断地满足和提高。随着"一带一路""人类命运共同体"等一系列政策的推进实施,表明当今世界是一个开放的、发展的世界,只有适应世界发展的潮流,才能立足于世界民族之林。绿色发展新理念同样也要顺应世界的发展方向,坚持互利共赢,积极参与全球的经济治理,发展高层次的开放性经济。

二、美丽乡村建设的概述

(一)美丽乡村建设的内涵

社会主义新农村建设、美丽乡村建设、乡村振兴战略等都是针对不同时期的社会发展状况,对发展乡村做出的相应的发展策略,使乡村发展进度和社会发展水平相适应。对于中国这样的农业大国来说,农村的建设发展情况直接关系着未来中国的发展态势。因而,要想实现美丽中国的建设目标,就必须先建设美丽乡村,要想建设好美丽乡村首先我们应该对美丽乡村建设的内涵有一定的了解。

此外,学者们也从不同的角度阐述了美丽乡村建设的内涵。柳兰芳认为美丽乡村建设内涵主要表现在五个"美"上,即美在环境、美在生活、美在文化、美在布局以及美在建设五个方面。可见,美丽乡村建设的内涵就是要建设出乡村的环境美和精神美。匡显桢、兰东认为,"美丽乡村的内在品质表现为'四美',即自然美、发展美、文化美和生活美"。无论是"五美"还是"四美",总结起来美丽乡村的建设建设包括三大方面:一要有良好的生态环境即农村生态、环境、布局和设施合理、完善。二是农民的生活水平要基本达到小康标准。三是农村产业得到快速发展,不同乡村有不同的特色,农民逐渐富裕,社会能够和谐发展。生态美、生活美以及生产美是美丽乡村建设的题中应有之义,它们三者之间相互联系、相互支撑共同推进了美丽乡村建设的进程。

(二)美丽乡村建设的特征

美丽乡村建设是美丽中国建设的重难点,美丽乡村建设主要是对政治、经济、文化、社会以及生态"五位一体"的统筹建设,推动美丽乡村建设中人与自然、人与社会、人与人之间的和谐发展。主要特征有以下几个方面。

第一,美丽乡村建设的根本保障是要坚持党的领导、农民的主体地位、依法治国的有机统一。建立健全经济、社会、生态文明建设机制,强化农民的主体地位,切实保障村民的各项基本权利,一切从人民的根本利益出发。党的领导是引领我们各项事业走向胜利的保证,美丽乡村建设的前提是坚持党的领导;人民群众是历史的创造者,坚持农民的主体地位是建设美丽乡村的基础。水能载舟,因而,美丽乡村的建设只有依靠广大的人民群众才能取得最后的胜利;依法治国是美丽乡村建设的指导方法,不论是国家的建设发展还是乡村的建设发展都应该是以依法治国为指导,不做有损国家利益的事情。总之,这三者的有机结合才能保证美丽乡村建设的顺利进行。

第二,经济的绿色健康发展是美丽乡村建设的物质基础。习近平总书记反复强调,经济发展不应是对资源和生态环境的竭泽而渔,生态环境保护也不应是舍弃经济发展的缘木求鱼,而是要坚持在发展中保护、在保护中发展,实现经济社会发展与人口、资源、环境相协调。可见,社会的发展要坚持科学发展、绿色发展的新理念,积极转变发展方式,发展绿色经济、循环经济和低碳经济。近几年,随着时代的进步、经济的突飞猛进、科学技术的不断进步,导致环境、资源受到破坏。农村原来的一些自然产业、自然资源受到了严重的威胁,甚至是快要资源枯竭了。为了能够提高乡村经济发展水平、改善农民的经济生活条件,只有将乡村资源与要素进行整合,推进乡村经济的良性发展,最终实现乡村经济绿色发展、良性发展、循环发展,让我们的子孙后代依然可以享受到大自然的馈赠。

第三,文化建设是美丽乡村建设的核心部分和力量源泉。美丽乡村的建设不仅要注重地方的地域文化价值的挖掘、创新、发扬光大,同时还要积极引导农民的社会公德以及正确认识文化建设中的经济效益和社会效益之间的关系。这对于乡村整体素质的提升、乡村文化旅游产业的发展以及对古村落延续其具有"生命力"的文化都有极其重要的意义。当然,对于美丽乡村建设中的文化建设我们也不能全盘接受,我们要用辩证的眼光去解决美丽乡村建设中的文化传承问题,这样有利于美丽乡村更好、更快的建设。"去其糟粕,取其精华"用在美丽乡村建设中的文化建设上是无可厚非的,对于不好的或者说是不再适用于我们新时代的文化,我们就应该毫无保留的摒弃掉;而对于我们新时代依然适用,依然有利于我们时代发展的好的文化,我们就应该无条件的发扬光大。这样才能够确保文化建设和我们新时代的发展相适应,为美丽乡村建设创造更大的价值。

第四,美丽乡村建设的基本目标就是要推进社会的和谐稳定发展。最重要的就是应倡导人与自然和谐发展的理念,鼓励、倡导人们自觉珍惜、节约、保护资源,真正实现自然资源的循环可持续发展,不能以牺牲自然为代价来发展人类社会,如果肆意的对自然进行疯狂的掠夺,终有一天自然会以它的方式对我们人类进行报复,我们应该树立尊重自然、保护自然、顺应自然的发展理念才能和自然达成共识、和谐共生。促进人与社会的和谐发展也是社会建设的一部分,也是美丽乡村建设的重要指导。要使社会的公共服务基本实现均等化、城乡覆盖基本的公共服务体系、乡村民主发展的制度化,一切以人与社会的协调发展为基准,促进人与社会的和谐健康发展。最后人与人之间的和谐相处是社会建设的重要环节。人与人之间相处和谐、团结一致、不窝里反,才能让大家劲儿往一处使,共同致力乡村的建设,甚至能达到事半功倍的效果。

第五,美丽乡村建设的重点应该放在生态文明建设上。乡村的生态环境是人们走进它时最直观的感受,正确处理好乡村环境保护和经济发展的关系,关系着美丽乡村建设的成败。其一,要树立生态文明发展的理念。在美丽乡村建设过程中既要节约资源、发展乡村经济又要有尊重自然、顺应自然和保护自然的意识。其二,要坚持走可持续发展的道路,对于一些新出现的环境问题要积极采取相应的措施,调整经济增长方式,做到物质和经济双丰收。我们在进行美丽乡村的建设过程中,既要注重保护乡村本来的原生面貌,不乱砍滥伐、乱扔垃圾,又要想法设法的改造乡村,为乡村带来经济效益，提升人们的生活水平。美丽乡村建设是一个改造自然的过程，并不是征服自然的活动。

三、绿色发展新理念与美丽乡村建设的关系

（一）绿色发展新理念有利于促进美丽乡村的建设

绿色发展新理念是生态文明建设的基础，美丽乡村建设以生态为基调、为主线，任何时候都不能随意地调整生态红线，更不能越过生态这根红线。自十八大以后，不论是城市还是农村都越来越重视绿色发展，由于农村生态基础较城市更好、地域更广阔、更有发展潜力，所以其绿色发展变得尤为重要。绿色发展新理念不仅对美丽乡村的建设起到了指导作用，还深化了党对经济社会规律的发展认识。因而，我们必须牢固地树立绿色发展理念，以绿色发展新理念为引领，把降低农业成本、构建新型农业经营体系、调整结构转变方式作为绿色发展主线，推动发展观念向生态优先转变，使农村的政治、经济、文化以及社会发展都向绿色发展靠拢，从而更好地建设美丽乡村。让美丽乡村建设要从"形"到"魂"都达成统一，不能只建设"形"而忽视"魂"，也不能因为"魂"而丢掉"形"。绿色发展新理念是继承和发展了马克思主义生态观、中国传统生态智慧，结合了新时代的发展特点而形成的新的发展理念，有利于延续前人的一些优良思想和更好地塑造美丽乡村建设之魂。总而言之，绿色发展理念对于当今的美丽乡村建设有着十分重要的作用。

美丽乡村建设坚持绿色发展新理念的指导，有助于提升农民的生活品质、促进农村经济的发展、增进城乡融合的进程、良好生态环境的建设，打造出一张独特的美丽乡村名片。良好的生态是其应有的底色，强大的经济是其物质支撑，健全的制度是其有力保障，和谐的社会是其价值本求，先进的文化是其思想火炬，综合起来才是一个有品位的美丽乡村建设。从政治、经济、文化、社会和生态五个方面进行绿色综合发展，缺一不可，坚持绿色化发展的走向，才能最终指向美丽乡村。

绿色发展新理念始终坚持以人为本的发展观，美丽乡村建设过程中必须以保证农民的根本利益为基础，引导美丽乡村的经济建设和生态环境建设的绿色协调发展，着重全面协调统筹建设"五位一体"总体布局，让"绿色化"建设深入五大建设的方方面面的各个环节，竭尽全力让美丽乡村环境建设得更加美好、人民更加幸福。当然美丽乡村建设的目标能否顺利实现，美丽是否全面，美丽的程度如何，绿色发展是其核心、是其灵魂。只有在绿色发展新理念的指导下来建设美丽乡村，才可以真正的提升美丽乡村建设的品位。

（二）美丽乡村建设是绿色发展新理念的具体化

美丽乡村建设为绿色发展新理念提供了重要的发展契机。俗话说："真正的不变就是改变"，万事万物都是在不断变化发展的，一成不变的事物是没有的，要求我们应该用变化发展的眼光来看待一切事物。随着时代的变化，人们看待事物的观点也在发展变化着，不同时代不同的领导人对乡村的建设发展有着不同的战略要求。新时代下中国特色社会主义对于乡村的建设也有着不同

的方式方法。习近平总书记对美丽乡村的建设着重点是放在解决"三农"问题上，总书记指出只有农业强了，农民才有可能富，农村才有可能会变美。将绿色发展新理念融入农业的发展中，推进农业的发展观的深刻变革，加快农业现代化的进程，促进农业的可持续发展，使绿色发展新理念在美丽乡村的建设过程中实现具体化。

社会主义新农村建设时期提出了"生产发展、生活宽裕、乡风文明、村容整洁、管理民主"的要求。从社会主义新农村到乡村振兴战略的转变，可以看出国家对乡村建设的重视程度越来越高、要求也越来越严格。其中，"生产发展"变成了"产业兴旺"，说明不仅仅是发展生产，而且还要发展产业，产业发展还要发展好；以前是要求"生活宽裕"，现在的新要求是"生活富裕"，更高的提升人们的一个生活档次；农村面貌以前是"村容整洁"到现在是要"生态宜居"，上升到了生态环境的一个高度；以前的"管理民主"到现在的"治理有效"，从一维的管理到多维的治理。由此观之，除了"乡风文明"没有改变表述以外，其他的四个表述都从一定程度上对乡村的建设提出了更高的要求。在不同的时代背景下，对于美丽乡村的建设不管是从政治、经济、文化、社会还是生态上都会有不同的建设要求、不同的发展理念，绿色发展新理念在融入美丽乡村建设的过程中也会根据不同的时代背景有所创新、发展，也会趋于完善、系统。

绿色发展新理念是美丽乡村建设的理论支撑，美丽乡村建设又是绿色发展新理念的具体化。坚持绿色发展新理念的指导是为了更好的实现可持续发展，它是科学发展观的升华，是解决全球气候变暖、生态环境遭到严重破坏的重要指导理念，最终是为了实现人、自然和社会三者之间的平衡发展。美丽乡村建设就是为了处理好社会发展和生态环境之间的关系，就是要在实践中加强乡村经济、政治、文化、社会、生态各个方面的绿色发展，同时提高全民的生态文明素养，使绿色发展的成果惠及全民，让绿色发展理念深入人心，让全国人民为顺利实现中国生态文明建设的美好蓝图而贡献出自己的一份力量。

绿色的生态环境是美丽乡村建设成功的重要标志。美丽乡村建设要在绿色发展新理念的指导下做好乡村绿化措施，比如在村庄里多种植一些绿色植物，净化乡村空气；对于农村脏乱差现象也要进行全面整治，统一处理乡村生活垃圾，对乡村农业产业进行统一的指导，发展绿色产业，使人们真正的感到乡村的空气清新、环境优美，发自内心的愿意在乡村居住生活，由衷的热爱农村这片土地。

四、美丽中国的概述

（一）美丽中国的内涵

从字面上看，美丽中国就是要"美"。美是中国建设发展的题中应有之义，也是中国诗意文化传承的纽带，更是中国立足于世界民族之林的一张名片。十九大的召开，宣告中国进入了新时代，在结合了习近平新时代中国特色主义思想的要求下，美丽中国将时代之美、社会之美、生活之美、人民之美与环境之美集于一体，始终贯穿于新时代中国特色社会主义发展建设的方方面面，使中国呈现出一幅美丽的画卷和蓬勃向上发展的图景。

（二）美丽中国的特征

美丽中国的核心在"美"，主要内容包括政治、经济、文化、社会、生态文明的建设，关键是以绿色发展为依托，最终目的是实现社会经济的发展、人民生活的幸福以及人与自然协调发展。

生态政治文明之美。政治文明是一个国家发展壮大的制度保障，正确的政治制度对国家的发展具有促进作用，而错误的政治导向会阻碍国家的不断向前和发展壮大。美丽中国的政治文明主要强调的就是要运用相关的政治手段、政治制度以及政治方法为社会的经济发展、社会发展、文化发展以及生态发展提供正确的指引，使中国朝着美好的一面发展。从而进一步地处理好人与自然、人与社会、人与人之间的矛盾，实现治理社会的状态，营造良好的政治生态环境。

生态经济繁荣之美。经济基础决定上层建筑，一个国家一个民族的发展都是离不开经济的繁荣，只有强大的经济基础才能更好地进行国家民族的发展建设。一方面，人民的基本生存需要丰富的物质生产资料来维持，从而更好地进行绿色生产生活实践。另一方面，只有满足了人民基本的生存发展需求，拥有丰裕的物质基础之后才能更好的实现人们的发展需求。因而，美丽中国必须是建立在经济繁荣的基础之上的。

生态文化先进之美。中国上下五千年的璀璨文化是我们民族值得骄傲的精神依托，新时代的先进生态文化是经过逐渐积淀下来的一种更高形式的综合体现，不仅体现出了新时代中国的文化发展前进方向，同时积极的吸取了先贤优秀的生态文化资源，为了更好的引领美丽中国的生态文化发展，促进人民生活方式的生态转向。

生态社会和谐之美。在绿色发展新理念下，不论是美丽乡村建设，还是美丽中国建设，都是为了实现人与自然的和谐共生。社会是联系人与自然关系的重要纽带，也是解决好人与自然关系的重要环节，生态社会和谐是美丽中国的重要价值诉求。构筑良好和谐的生态社会环境，形成浓郁的生态社会氛围，是早日实现社会生态环境和美、纯净的重中之重。

生态环境绿色之美。只有良好的生态环境才是人类赖以生存和发展的物质前提，绿色生态环境是美丽中国发展的内在要义。物质决定意识，意识也会对物质有能动的反作用。自然生态环境为人类提供生产生活所必需的同时也会制约着人类的实践活动，因此，人类再利用自然资源带来的利益的同时也要充分的保护好自然资源。美丽中国绝不是以牺牲自然生态环境为代价的，而是生态良好、物种多样、资源丰富的绿色可持续发展景象。

第二节 乡村人居环境建设

一、给水排水设施规划

我国乡村建设进程正在逐步加快，国民经济也在快速的发展过程中，因而乡村的用水量也在急剧增加。乡村中给水和排水设施的建设，是关系到整个乡村发展的重要因素。乡村建设者应全面解决乡村给水与排水之间存在的矛盾，才能真正地实现乡村给排水工程建设。

下面，我们将仔细探讨乡村给水排水设施规划。

（一）给水的设施规划内容和范围

给水，是给水的一种设施。通常，它是一种实实在在的给水系统。而给水系统，又由水平式的干管、立管和支管等组成。而给水设施的作用就是合理的利用水资源让每家每户都能有干净水。

1. 给水工程的小城镇规划

主要内容体现在对地区用水量进行预测、水源的供需平衡以及制定水源保护措施和要求，并根据当地要求确定水厂的位置及给水布局框架、铺设水管，注意当地农业用水的规划。

2. 给水范围与城镇总体规划范围

如遇到水源地在规划区以外时，则相关人员应把水源地、输水管网等划入给水工程规划范围以内。

（二）农村给水类型与水系统的组成

给水的方法有许多如直接给水法、单设水箱给水法、设储水池、水泵给水法、气压给水法和分区给水法等。而且，每个不同规模的农村的用水量也各不相同，对水量、水质、水压的需求也不一样。所以必须有具体的给水方法给每个村。

1. 农村用水类型及用水量的预测

居民生活用水主要是饮用、日常生活的需要，所以要求水质好，经济实惠；公共建筑用水可以按照国家相关规定进行预测规划；工业用水根据不同的工业类型进行水量的规划；畜禽所用的饲养用水，需要根据当地的饲养条件给予完善；特殊情况用水，是指管网漏水与没有预见的水量根据每天最高量的15%～25%来进行估算；消防用水需要一定的水压和水质的要求，必须按照国家规范来规划。

2. 农村给水系统组成

农村的给水系统是由取水、净水和输水三部分组成，即根据当地的情况，以降低成本、节约资源为原则，从取水构筑物或取水泵房中取水，再通过净水设备净化最后按照规定压力输水。

（三）供水水源要求

水源包括地下水和地表水，地表水易取用但极易被污染如河流、湖泊等。地下水采取比地表水困难但使用时间长不易被污染。所以农村水源地应以地下水为主，并做好保护措施。地表水源区应设立相关的告示牌，地下水源地（单井或井群）在规定范围内不允许污染源进入。

（四）取水构筑物及施工要点

地下水取水构筑物主要是以管井和大口井为主，挖设时就需要科学合理的办法来挖掘注意保护水质。地表水取水构筑物主要在小溪和河流的取水口、池塘和湖泊的取水口、泉水取水口等取水，所以施工是要注意其地势、周围环境及水的质量。

（五）给水管网及管道施工要点

给水管网，是以输水通道展现。给水网，主要分为环状、树状两种。环状不容易出问题，较稳定，但适用于城镇。农村适合树状管网，因为农村居住地较为分散。安装的水管一般为塑料管，所以要注意维修与检查。

（六）排水规划内容与范围

有输水就会有生活，有生活就会有排水。排水就是处理掉生活和生产中产生的不需要的废水，怎么处理废水、往哪里处理就是排水的内容。

1. 排水规划是预测其排水量

排水体制、排水标准、排水布置系统、排水规划处理方式以及排水规划的综合使用途径。

2. 排水范围与城镇的总体规划范围要一致

如遇到排水出口地在规划区以外时，要注意将排水出口地和排水管网划入排水工程规划范围以内。

（七）排水管道及施工要求要点

排水管道系统采用重力排水，管网布置为树状网。雨水管道铺设为就近排放，减少管道长度，减少深埋。排水管道，主要是以陶土管、混凝土管、塑料排水管、钢筋混凝土管为主且断面形式多为圆形，排水沟渠的断面，大多用矩形、弧形等。

（八）污水处理与排放

污水的处理，应根据各乡村的实际情况，因地制宜地选择不同的经济、合理的处理方法，如小城镇的最佳出水口应选在小城镇的河流下游位置。

（九）借鉴国外的排水处理方法

近几年，国外的排水处理方法极为先进。通过分析与对比，我们可以将国外的排水处理方法分为可持续供水、雨水和融雪水的收集利用、从废物中提取养料、灰水系统以及黑水处理系统等。

二、供电设施规划

早年的乡村电力规划，并没有协调统筹，因此无法做到互相衔接，加之乡村土地资源的发展日趋紧张，使得乡村规划的变电站不能有效落实，线路渠道不能得到解决，使得电网建设无法向前推进，也造成了供电、用电的突出矛盾。所以，乡村的供电设施规划成了供电部门与乡镇政府亟待解决的问题。那么，供电设施规划具体指什么呢？

（一）电力工程规划的基本内容

1. 电力规划的基本内容

电力规划的内容在不同的村规划也不同，由于不同的村镇规模及构成、地理位置特点、经济发展水平和近远期的规划导致每个村镇都有其独特的电力规划。

电力规划，是由图纸、说明书两部分构成，在这两部分的内容中，也包含着对该村镇负荷的有关调查。不论是电源选用，还是电厂位置、变电所位置、配电所位置、电容量和电数量，都有考察。一般来说，电力部门确定的供电电压等级，与电网的接线、线路走向和输电方式，都需要相关人员绘制出相应的电力负荷分布图与电力系统总平面图，使电力规划更为具体。与此同时，有关人员在做电力规划时，还应注意与邻村镇的相互协调、合理安排。

2. 电力规划的基本步骤

先进行数据资料的收集，接着对收集的资料实行负荷预测，再根据负荷来决定供电电源方式，并提出一个合理的技术经济方案，对可行性方案进行论证后，编制文件、绘制图纸。

（二）用电负荷的计算

电力负荷计算方法，主要通过系数法、需要系数法、单位产品耗电量法和二项式系数法来实现。在我国，大多使用系数法、二项式系数法。系数法的使用，有利于确定全厂计算负荷、车间变电所计算负荷，以及负荷较稳定的干线计算负荷；二项式系数法，有利于确定负荷波动较大的干线。在用电负荷的实际设计中，对电力负荷的计算，所使用的计算系数、特征参数方面，均会影响电负荷的计算结果，使之出现偏大或偏高的情况。

以正确方式计算电力负荷，对有关人员正确选择供电系统中的导线、变压器、开关电器等有直接作用。同时，也有利于确保供电系统的安全可靠。在对用电负荷进行方案设计时，一定要合理，因为电力负荷计算过小，或是过大，均会造成不必要的损失。当电力负荷计算过小时，会造成供电线路过热，从而加速线路绝缘的老化，并且会因过多地损耗能量，导致电气线路走火，引起不可小视的重大事故；当电力负荷计算过大时，会造成变压器容量过剩，使供电线路的截面过大，其保护整定值便会过高，这在一定程度上降低了电气设备的保护效果。

计算电力负荷时，应根据不同的情况采取相应的对策。因为，计算不同类型的电力负荷，需要选择合适的计算方法，并结合有关对策逐步修正，以降低计算结果的风险，这样做的目的，一则确保了供电的安全可靠，二则也在节能、节资层面上大大地提高了经济效益。

（三）电源与电力平衡

1. 农村地区的电源

农村地区的电源分为两种：一是接受区域电力系统电能的电源变电所，二是自己城镇的水电站和发电站。对于拥有接受电力系统电能规划的村镇第一种是最好的选择，对于该村镇自己拥有很好的水力资源或不适合建设区域变电站第二种方案更为适用。

2. 重视变电所和供应电源的选址

不论是变电所，还是供应电源的选址，都必须根据当地的城市规划为前提，尽量少占用农田，而且变电所的供电半径以控制到 500 m 内最好。变电所的选址要交通便利，不受积水的影响，同时要与公路保持一定的距离。

（四）电压等级与电网规划

1. 村镇电压等级要有依据

村镇电压等级一定要根据国家规定的标准电压再结合当地的具体情况来制定地区电压标准。

2. 注重村镇电网的连接

在连接村镇电网的过程中，需要先明确最高一级的电压。确定好最高一级的电压后，再根据电网远期负荷量与地区电力系统中的电网进行连接。在连接的过程中，应知晓电网各电压层、网容量层面，应依据相应的变电容载比进行配置。有一点需要注意：各电网的规划，要有明确的供电范围，以便村镇电网的正确连接。

（五）主要供电设施

1.电力设施的类型

一般来说，属于供电部门产权范围内的基础设施，均可称为"电力设施"。最常见的有10kV线路、变压器、电杆和总路漏电保护器等，只要公共设备在这个范围内，均可称为"电力设施"。

2.电力设备的种类

电力设备的种类，分为发电设备、供电设备两种。发电设备，主要包括电站锅炉、燃气轮机、蒸汽轮机、发电机、变压器和水轮机等。供电设备，主要包括各种电压等级的输电线路、互感器和接触器等。

三、新能源利用规划

能源短缺和环境污染，是人类长期面临的两大难题。而开发以可再生能源为主的新能源、发展低碳经济，是有效解决能源短缺和环境污染两大难题的途径。同时，也为发展新兴产业赋予了更多的机会。新能源利用规划，是对地热、非常规天然气、核、风、光、生物质等元素，进行的新能源利用开发。在实践的过程中，需要对洁净煤、分布式能源、智能电网和车用新能源等具体实施路径、发展规模，做出全面安排。下面将从新能源规划利用来探讨乡村建设的新发展。

（一）太阳能利用技术

太阳能在建筑中的利用是否需要外部驱动力？太阳能光热应用主要有被动式和主动式。

主动式太阳房，是以主动式太阳能系统构成的。主动式太阳能系统，主要包括太阳能集热器、室内散热末端、管道、储热装置和风机等组成，它是一个强制循环式的太阳能系统。这个太阳能系统，能把水或空气通过太阳能集热器输送到蓄热器中。主动式太阳能系统，集换热效率较高，其系统热量波动小，具有良好的供热性能，被广泛应用于建筑供热。然而，主动式太阳能系统，投资较大，系统较复杂，在运行管理方面，困难重重。

被动式太阳能系统，又称为被动式太阳房。被动式太阳能系统，是通过建筑朝向与周边环境的有效布局，以及建筑材料、建筑结构的合理使用，内部空间与外部形体的全面处理等，使建筑物在冬天也能实现建筑采暖的作用。被动式太阳房，在结构搭建上较简单，维护方面也相对方便，具有成本低的特点。正是如此，这种被动式太阳房成为当前农村最受欢迎的太阳能利用技术设施。

（二）太阳能热水器的利用

太阳能热水器系统，在乡村新能源设施中较常见。太阳能热水器系统，是把太阳光能转为热能的一种加热装置。

太阳能热水器的结构形式，可分为真空管式太阳能热水器、平板式太阳能热水器两种。真空管式太阳能热水器，是家用太阳能热水器，其结构形式由储水箱、集热管和支架等零配件共同组成。这种热水器的工作原理，是把太阳能转换成热能，并依靠真空集热管的作用，使热水上浮，冷水下沉，从而使热水器中的水在经过微循环以后，放出人们所需的热水。

（三）沼气技术的利用

沼气发酵系统，是验证沼气技术的核心路径。当沼气发酵系统运行时，能够减少乡村的森林砍伐，并能在一定程度上起到改良农田的作用。在乡村广泛应用沼气技术，有利于挖掘乡村新能源，并能提升乡村居民的生活质量。

1. 沼气技术利用原理

沼气技术利用原理，是把杂草、树叶、秸秆和人畜粪便等废弃物，经过一定的温度、湿度、酸度的作用，加之隔绝空气的原理，使微生物发酵，而产生的一种可燃性气体。沼气发酵主要分为三个阶段，即液化、产酸、产甲烷。

2. 沼气池的结构

沼气池的结构大多相同，主要是由进料间、发酵间、气箱、导气管和出料间等组成。

（四）沼气池的构建

修建沼气池的时候，一定要依据因地制宜的方式修建，以就地取材建池方式最佳。在我国乡村，家用沼气池所呈现的池形以圆形、方形和长方形居多。沼气池的结构要圆形池，容积小、池子深度浅；沼气池的布局，南方以厕所、猪圈、沼气池作为基本布局，北方以厕所、猪圈、沼气池、太阳能温棚作为基本布局。

沼气池的基本修建方法：一是察看地形，找准沼气池的最佳修建位置；二是制订一个可行的施工方案；三是找专业人员绘制一张施工图纸；四是提前准备好建池材料；五是放线；六是挖土方；七是支模（主要包括外模与内模）；八是混凝土浇筑；九是养护；十是拆模；十一是回填土；十二是密封层施工；十三是做好输配气管件、灯具、灶具安装。

（五）秸秆造气与利用技术

秸秆造气，也是一种深受乡村居民欢迎的新能源。秸秆造气的工作原理是生物质在密闭缺氧前提下，使用热化学氧化法、干储热解法后，所产生的一种可燃性气体。这种气体属于混合型燃气，在该气体中含有氢气、甲烷和一氧化碳等。秸秆造气的利用技术，有利于农村生活的燃料达到现代化水平。

综上而言，新能源的利用与规划是当今世界的历史潮流和必然选择，发展新能源不仅能够开辟一条新的能源路径，也能较好地增加新能源的供应，并且，对降低环境污染有着直接作用。对新能源开发与利用，有利于实施生态立省战略，并能加快乡村建设的发展步伐。

四、道路交通规划

随着城镇经济的不断发展，村庄与城镇、村庄与村庄之间，产生了更多经济、政治、科技和文化等多个方面的交流需求，因而催生了大量的物流与客流，村庄道路系统的功能性和重要性日益凸显。

(一)新农村交通系统的特点

鉴于中国乡村城镇化程度并不高,因而很多地区的小城镇规模较小,并且大多是沿交通主线发展出来的。公路系统对于小城镇的作用不仅仅是交通运输,还充当着城镇街道以及农贸市场的作用。过境交通在小城镇中往往能够占到60%以上。另外,交通系统车道规划并不明确,非机动车和机动车常常混杂行驶。过境交通道路通常以货运交通为主,所使用的交通工具也以客车、卡车、拖挂车和小汽车为主。在一些乡镇内交通的主体是本地的居民,居民出行的距离往往不长,因而所使用的交通工具,除了汽车、摩托车之外还包括马车、自行车等。不同功能的车道划分不够明确造成了行驶混杂现象的出现,不同车辆之间的干扰较大,道路通行较为困难,很大程度上影响了小城镇的居民出行。

新农村交通还有一个特点是交通的流量与流向在空间和时间上所呈现的状态分布是不平衡的。小城镇的道路系统基础设施较差,道路性质极为不明确,并且道路的断面功能区分不明显,往往存在人行道被非法占用、人车混行的问题。专用的停车场所和交通车站数量较少,违停现象频发。从以上特点中可以看出小城镇的交通设施落后,交通管理不到位,因而出现了种种居民出行受阻、交通混乱等问题。

(二)村庄道路的规划

为了满足村镇居民出行和交流的需求,村庄道路系统的规划是一个不容忽视的问题。村庄的道路系统大致可以分成村庄内部道路系统,以及农田之间的道路系统两个部分。

1.村庄道路的分级

道路系统的作用是服务于居民的生活与出行需求。要进行合理的规划,就应该依据不同村庄之间的联系强度以及交通流量,结合自然条件与村庄现状来确定道路系统。在规划的过程中必须确保水电管线的铺设和建筑布置在道路系统上可以方便实现。还要考虑到日照通风、防灾避震的要求。农村地区根据用地的功能和特征可以将道路系统划分为村庄内道路和农田道路两类。

村庄内道路即将主要的中心村镇与村庄中其他组成部分连接起来的道路系统。村庄内道路是整个农村道路系统的主要躯干。规划建设村庄内道路系统时要根据国家规定的村庄规划标准,按照村庄的层次和规模大小,将道路级别分为三类:主干道、干道和支路。村中道路是连接村镇与村镇的网络,而农田道路则是连接了村镇和农田,以及农田和农田的道路网络,其主要功能是提供农产品的运输通道,辅助农民进入田间从事生产劳动以及农业机械下田作业。农田道路分为生产路和机耕道两种。

2.村庄道路系统的规划

规划村庄道路系统时,不仅要结合新农村城镇建设改造,以及农田规划来进行,还要依据村庄的规模和层次、当地经济发展水平、交通运输的具体需求来综合考虑。一个规划合理的道路系统,其所有道路分支应当主次分明、分工明确,并且具有一定的机动性,满足各种交通出行需求,构成一个合理高效的交通系统。具体地来说应符合下列要求。

第一，满足交通量的最大需求。如果道路以连接仓库，工厂码头等货运功能为主，则避免穿过村庄公共中心地段。普通的二三级公路和汽车专用公路也不应该横穿村中心。对于围绕公路两旁生成的村庄做出适当调整，使建筑物至少远离公路两旁 30 m 的距离，在一些大型公共建筑，例如商业服务、文化娱乐等建筑周围的路段，应当设置大面积的绿地、人流集散地和停车场所。每个停车位应在 25～30 m² 之间。

第二，因地制宜地构建道路网络。道路网络每一个节点上相交的道路条数不能超过五条。从车辆转弯的安全性角度来考虑，道路的相交夹角应当不小于 45°。并且尽量避免错位的"T"字形路口，道路网可以布置成方格式、放射式、自由式与混合式等不同的形式。

方格式道路形式，宛如棋盘。所有道路分支呈现直线，并且垂直相交。方格式道路布局的优点就是可以划分出十分整齐的街道，有利于布置建筑物，最大限度地节约土地资源，组织交通也较为便利，安全性得以保障，交通机动性好。但是方格式道路布局也存在着缺点：道路的主次功能模糊不清，交叉口太多，导致行车畅通问题受影响。

放射式道路系统由放射道路和环形道路两部分构成。其中放射道路主要作用是实现对外交通联系，环形道路则负责内部各个区域之间的交通运输。放射式道路系统是以一个公共中心为道路中心，引发多条放射形道路分支，并在外围地带布置多条环形的道路，整个构成类似蜘蛛网。放射式道路交通系统其优点是方便中心区和其他功能区之间的交通联系。而环形道路的存在，也可以让交通线路分布得较为均匀，便于结合自然条件和地形地貌。

五、教育设施规划

教育设施，是做好教育的基石。条件优越的乡村，均在一定程度上配备了相应的教育设施。其主要宗旨，是提升乡村的教育质量。

（一）中小学教育设施规划

在国内的大多数中小学中，建筑构成主要是教学建筑和办公建筑，并且配备室外操场和一定的体育设施。经费充足的中小学还规划有礼堂，健身房等场地。据统计我国中小学教学行政建筑面积，小学约为每学生 2.5 m²，中学约为每学生 4 m²。

1. 教室规划

学生的课桌排列方式很大程度上影响了教室面积的大小。从保护学生视力的角度出发，第一排书桌应至少距离黑板 2 m，最后一排的书桌距离黑板应不小于 8.5 m。横排的座位数应当设置小于 8 个，以避免左右两边的座位过于偏僻。教室的规划还应当考虑到安全问题，当遇到紧急情况时，教室要有应急疏散通道。因此仅仅有一个门是不够的，应当设置前后两个门，门宽不小于 0.9 m。为了保障采光充足，窗户的采光面积需要达到 1/4 到 1/6 的教室面积。窗户下部可以设置固定窗扇或者中悬窗扇，最好使用磨砂玻璃，这样室内的学生很难看到窗外的情景，避免上课时窗外的情况影响上课时的注意力。

在我国中学教育阶段，开设了化学、物理和生物等课程，这些课需要开展一定的实验辅助教学。因此相关实验室在中学中需要进行合理规划。实验室的建筑面积通常是 70～90 m²。实验准备室往往是 30～50 m²，实验室内应当设置实验准备桌、实验台及需要用到的仪器、药品等。而图书阅览室也是一个重要的设施，其面积设置应当考虑到学校的规模大小和学生阅览的方式。如果学校是中等规模，则阅览室通常设置为50个座位的规模，每个座位大小为1.4～1.5m。宽度上，阅览室应当和教室保持一致，避免房间太长。

2. 体育运动场所规划

根据场地条件不同，田径跑道周长可以设置为 200～400 m 几个等级，期间以 50 m 递增。对于小学适宜的跑道周长为 200～300 m，而中学则适合 400 m 的跑道。运动场长轴适宜安排为南北向，弯道为半圆式。足球场通常设置在田径场地内部，根据需求的不同有大型和小型之分，大型足球场长宽为（90～120）m×（45～90）m；小型足球场则为（50～80）m×（35～60）m。篮球场地标准为长28m宽15 m，长度可以适当增减，在篮球场地上空7 m 之内，避免设置障碍物，球场的长轴设置为南北方向。

3. 平面组合形式

在详细规划了学校内部各功能区之后，要对所有建筑进行平面组合，主要是对教室区、办公区以及实验室三部分进行合理布置。对于学校建筑来说，教学区是主体。设置教师数量时应当根据学制班级数量和招生规模来确定。办公区包括教学办公和行政办公两部分。办公室的开间进深往往较小。而实验室面积比教室稍大。

（二）幼儿园平面布局设计

1. 幼儿园的类型

托儿所和幼儿园是针对不同年龄阶段的婴幼儿所规划的两种建筑。

2. 托幼建筑的规划设计

由于托幼建筑是针对婴幼儿所开办的，因此最好位于小区中心，方便家长接送和近距离地照顾婴幼儿。幼儿园和托儿所其场地半径最好小于 500 m，以避免交通干扰。由于婴幼儿生理十分脆弱，因此托儿所和幼儿园要保证充足的日照、良好的通风、干燥的场地和适宜的环境气候。只有保证了这些适宜条件才有利于婴幼儿的身心健康发展。托幼建筑内部设施与外部条件均要满足相关卫生防护标准，远离污染源，并且具有排污、供电和供水等措施。

3. 平面组合设计

根据不同的功能分区，幼儿园大致分为两个部分，一个儿童活动区，一个办公后勤区。前者包含了儿童的活动单元、公共音体教室和公共室外活动场地等。办公后勤区则包括值班室、厨房、行政办公室、杂物院和洗衣房等。幼儿园的人流路线应与运送垃圾及杂物的路线分开，以保证幼儿的活动安全。托幼建筑平面规划的主要要求是不同类型的房间做到功能层次清晰、架构合理，所有功能房间都应注重良好的光照、通风和朝向，为幼儿提供良好的室内环境。并且注意对婴幼儿进行卫生保健服务与安全防护，避免儿童私自外出，阻止他们靠近洗衣房、后厨等他们不熟悉的、具有一定危险的地带。为了顺应儿童的审美特点,不同的建筑可以通过空间组合设计为儿童喜爱的活泼形象,色彩也选择明亮活泼的颜色以吸引幼儿的兴趣。

六、医疗设施规划

完善的医疗设施规划,能为乡村居民的健康保驾护航。因此,乡村建设者不可忽视对乡村医疗设施的规划建设,以便为乡村居民谋福利。

(一)村镇医院的分类与规模

根据我国村镇的实际状况,医疗机构可以依据村镇人口规模大致分为三类:中心卫生院、乡镇卫生院和村卫生服务站。中心卫生院一般设置在中心集镇处,乡镇卫生院设置在普通的集镇上,村服务卫生站设置在中心村中。中心卫生院是村镇三级医疗机制的加强机构,我国当前各县区所管辖的场地范围都较大,因而自然村的居民分布也较为分散,交通并不方便,这样会造成医疗机构的需求加大,此时在原有的卫生院基础上加强变成中心卫生院,来帮助分担一些县级医院的任务,这样有助于满足大量的医疗需求。中心卫生院规模比县医院小,但比普通卫生院大。

(二)建筑的组成与总平面布置

村镇医院按建筑场地通常分为四个功能部分。第一,医疗部分,这一部分承担了医疗需求的主要功能,包含住院部、门诊部和检验部等;第二,后勤供应部分,包括洗衣房、餐厅和药品制剂室等;第三,行政管理部分,包括医院管理层所需使用的各种办公室;第四,职工生活部分,若医院的职工较多,应当为其设立专门的职工生活区。

医院建筑的平面布局主要有分散布局和集中式布局两种。分散布局的主要优点是功能分区清晰,较为合理,不同的建筑物之间形成了较好的隔离,便于设置良好的通风和朝向。在进行建筑施工时,方便结合地形,也可以分期施工。而分散布局的缺点是交通线路较长,不同功能结构之间联系不方便,增加了医护人员的交通负担,且布局相对松散,所占面积也较大,布置水电管道较长。与之相对的集中布局则是将医院内用房集中安排在一幢建筑物之中,这种布局的优点是内部联系方便,便于管理各个医疗设备,若有急诊患者需要进行急救措施时,有利于节省时间。所占面积比分散布局要小得多,一定程度上节约了建筑资金。缺点则是各个部分可能造成干扰。

(三)医院各建筑的规划要点

门诊部主要有诊室、辅助治疗室、公共部分和行政办公等区域组成。门诊部的建筑层数应当保持在一到两层之间。如果安排为两层,就诊需求比较高的科室应安排在底层,方便患者就医。合理规划不同科室之间的连接路线,避免出现人流拥挤,导致出现安全问题。若门诊量较大,要把门诊入口和医院入口进行区分设置,候诊面积也要设置合理,具体规模根据就诊需求、当地情况来分析。在门诊部中诊室是实现门诊功能的重要组成部分,一个设计合理的诊室,可以极大地提高门诊部的功能效益和经济效益。因此对于诊室的面积形状和内部设置都要详加考虑。

住院部通常由病房、卫生室、护士办公室等部分组成,病房是承担了患者住院的主要功能部分,和门诊部的展示一样,病房同样应当具备良好的采光、朝向、通风和隔音条件。病房的尺寸应当设计合理,具体要和床位数结合分析。当前我国村镇医院大多布置为四人间和六人间的病房。随着城镇经济的发展,为了迎合人们进一步的医疗需求,可以多设置一些三人间和两人间的病房以提高病人的居住满意度,提升治病效果,避免患者之间产生干扰。对于有传染性疾病的患者和重症患者应当单设房间。病房内患者的床位应当摆放在平行于外墙的地方,这样能够避免阳光直射,同时还能使患者欣赏到窗外的景观,以帮助患者舒展心情。

第三节 乡村生态环境保护

一、重视乡村环境保护制度与考核体系的建设

（一）乡村环境保护制度

根据国家相关要求,结合农村实际情况,要制定完善的农村环境保护政策、法规以及环保标准体系,就需要建立起"政府主导、农民践行、多方协同,联合推进"的工作机制,它是建设美丽乡村的前提,其主要内容包括以下四方面。

1. 制定保护乡村环境的防治措施

制定农村污染防治手段实施的应用领域、技术标准及相关规范。根据农村不同的自然条件、环境现状,研究、推广适合不同区域特点的农村污染防治治理措施及其标准。

2. 制定保护乡村环境的专项制度

制定有关农村生活垃圾和污水治理、家畜家禽的养殖污染治理、各类污染源,包括临近工厂废水废料排放污染治理等方面的专项环境整治规范、标准以及相关制度。

3. 建立农村环境保护监管及监测预警机制

按照国家环境监测站建设的相关要求,快速落实县级监测站的常规监测能力建设,将农村的常态环境保护纳入监管范围。

4. 制定具体可落地的实施规则

如《农村环保工程整治实施方案》《垃圾分类制度》《门前三包责任制》《保洁员工作职责》《环境保洁村规民约》和文明卫生户创评等。

5. 建立多部门协同推进机制

县环保局负责工作牵头和日常管理,与各重点单位一起建立环境整治工作小组,各司其职,共同推进环保专项整治工作。如环保局抓好垃圾焚烧炉相关工作;县水务局做好县域内河道清理工作,做好水源头污染防治工作;县教育局协调组织农村中小学校的环保整治工作;县交通运输局负责整治交通干道乱搭乱建现象。通过部门积极配合、相互协作,形成了部门联动、齐抓共管的工作机制。

随着各类农村环保政策法规、规范的逐步落地,带动乡村企业及个人去学习和按要求实施,促进农村环境脏、乱、差的问题得到改善,使农村地区环境质量不断提高。

（二）乡村环境考核体系

乡村环境考核体系是保障环保相关制度、措施得以落地执行的重要保证。只有把责任落实到人、考核标准清晰、考核制度严明、考核制度得以贯彻实施，才能确保乡村环境的改善落在实处。

1. 明确考核责任部门及人员，落实承包责任制

一是建立挂点帮扶制度。成立以县长为组长，相关单位负责人为成员的农村环保专项治理领导小组；二是实行县、乡、镇及相关领导与各农村结成点对点帮扶队伍，实行包乡、包镇、包村的责任制；三是将农村环保专项治理工作的效果纳入承包责任人的年度工作考核体系，使其农村整治效果成为其重点绩效考核指标。

2. 制定中、长期治理规划，明确考核指标

一是明确每一阶段的工作范围、目标任务；二是建立一系列农村环境整治考核指标，如生活污水处理率90%，生活垃圾集中收集率100%，生活垃圾无害化处理率100%。建立环保家庭工作、环保田园工程、畜禽整治工程、无害化排污工程、屋前屋后绿化工程和水源头保护工程等的实施标准。

3. 建立长效监督管理机制

为促进乡村企业和个人自觉执行和维护环境保护的相关内容，长效监督管理机制，一是要结合县环保监测站的监测结果进行专项整改；二是以当地乡村干部为主、农民为辅的农村环保工作组，制定当地村民需在日常生活生产中的环保注意事项，并实施按周、月、季或年的固定周期的通报批评和环保标兵评比；三是加强日常卫生保洁员的管理，要求保洁员对各自保洁片区做到"四无四净"，即无积水、无杂物杂草、无瓜果皮壳、无人畜粪，路面净、路沿净、绿化带净、房前屋后净。

4. 严格考核

建立县考镇、镇考村、村考组、组考户的层层考核制度和实行新农村建设中农村环保整治工程"一票否决"制度。要求有检查、有通报、有考核、有奖惩。检查的排名结果以文件的形式进行通报，并通过媒体公布，排名位于最后一名的乡镇，由乡镇有关人员在大会上作表态性发言，连续两次及以上做表态性发言的，进行约谈、启动问责机制。考核结果还与单位评先评优挂钩、与党政负责人评先评优挂钩，并作为干部调整的重要依据。

通过建立体系化的考核机制，促进养成"人人不乱丢垃圾，时时注意环境卫生"的良好习惯。同时，通过对乡镇考核机制的进一步完善，实现县、乡、村、组四级垃圾处理工作网络，形成"县有领导、督查组，乡镇有环卫所、焚烧炉，村有中转站、保洁员，组有垃圾池，户有分类桶"的综合治理格局。

二、加大资金投入，多渠道筹集治理建设资金

根据原环境保护部和财政部联合印发《中央农村环境保护专项资金环境综合整治项目管理暂行办法》（以下简称《暂行办法》）的要求，为有效解决农村突出环境问题、改善农村环境质量

而开展的环境污染防治设施建设和综合性污染治理项目,各级政府提供农村环境保护专项资金支持。但是由于农村区域面积较广,环境较恶劣,环境管理及整治的难度较大,仅靠各级政府提供的专项资金支持,整治力度有限,因此,建立多元投入机制,进行多渠道筹措资金,确保农村环保整治得以顺利进行。

《暂行办法》第三条、第四条提出:"农村环境综合整治项目的管理和实施,坚持'中央引导、地方推动',遵循'统筹规划、突出重点,因地制宜、分类指导,公开透明、追踪问效'的管理原则。""各地应加大农村环保投入力度,建立健全管理体制和机制,加强各部门之间的协同配合;建立农民参与制度,充分调动农民参与的积极性,鼓励农民投工投劳。"乡村环境保护专项整治工作需要乡村负责人打开思路,不拘泥于形式,既要向上争取省、市环保资金,向本地争取财政补助,充分利用各项奖补政策,同时又要充分挖掘民间力量,村收入投入一部分、社会企业招商引资一部分、政策性贷款一部分、社会捐助一部分、农民自筹一部分以及市场化运作筹集一部分等多种融资模式,积极筹措资金,确保更多资金用于农村环保工程,确保环保设施长期有效运行。

(一)地方人民政府应投入专项资金用于乡村环境的治理

地方人民政府要将环保投入预算纳入本级财政支出的重点内容,考虑农村环保与城市环保同步推进,并加大对农村污染防治、生态保护的资金投入。各级政府财政分别承担一定比例的资金,采取专项资金进行农村环境保护和管理或设立农村环境治理基金专门用于解决乡镇、乡村环境治理,重点解决所辖地区废水污水和生活垃圾。

在农村环境综合整治项目建设工程中,乡村环保建设工作组要积极主动取得县委县政府的关心和支持,积极争取职能部门的力量,整合资源,协同推进环保工作。比如,县财政局、县委农工部的一事一议项目资金,县卫计局的农村卫生厕所改造项目资金,县林业局产业、绿化配套项目资金,以及县环保局的环境整治项目资金等,尽量争取向农村环保工程倾斜,使农村环境整治项目达到综合整治的明显效果。

(二)采取政府投入和企业参与相结合的措施

对于环保或促进当地环保建设的单位,政府也可给予一定的税收优惠,并在相关政策上给予强有力的支持,这样做的目的:一是促进企业在发展过程中自觉做好环保工作;二是促进单位在资金、技术、物资、信息和项目等方面,为农村环保工程提供力所能及的帮助和服务;三是引导社会资金参与农村环境保护基础设施和有关工作的投入,继而完善政府、企业和社会多元化环保融资机制。

(三)引导农户以生产与环保相结合的方式推动环保工作

一是通过农民建立沼泽地,采用规模化畜禽养殖场,推广利用沼气技术变废为宝的污染治理成功经验和做法,树标杆,列典型,加大宣传力度促进推广;二是建设生态蔬菜、果园等,促进农户、自然环境及社会经济环境的自然融合,引导农民建立优质安全农产品生产基地,并在政策、资金和技术等方面扶持无公害农产品、绿色食品和有机农产品的生产，在获得经济效益的前提下，维护好农村环境；三是在农村积极发展立体种植模式，将畜禽污染综合治理与生态建设紧密联系。

（四）引导社会资金投入推动环保工作

一是引导社会企事业单位投入、捐资捐物支持农村环保工程；二是吸引和利用一些外国政府和国际机构的赠款和贷款，逐步建立和完善农业环境保护的投资增长机制；三是鼓励乡镇采取市场化运作方式，鼓励民间资本参与环境基础设施建设，通过承包、招商引资等方式引导社会企业参与；四是充分调动农民参与的积极性，发动农民筹资，适当向农户收取保洁费，以实现环保资金多样化，确保环保工作顺利推进。

资金短缺是农村环境保护工作开展的严重问题，是制约农村环境卫生整治效果，使其达不到预定目标的根本因素，关系到农村环境卫生整治的长久和成败。如果缺乏资金会导致环保工作重建设、轻管理的情况发生，即设计时只预算了初建的投资资金，没有预留或没有足够的运行、维护和管理所需经费，运行费用得不到有效保障。久而久之，极大影响整治项目使用效果。因此，农村环保工作需要全方面寻找资金来源，持续注入资金，促进环保工作稳步开展，才能将环境卫生整治工作继续下去，打造生态环境良好的美丽乡村。

三、加大治理力度，多角度治理乡村环境污染

由于经济快速发展和各种人为因素影响，农村生态环境质量持续下降，使得农村的环境污染状况日益恶化，由原来的局部生态破坏拓展为区域性破坏，目前已经成为影响水质、生态安全的重要问题。

（一）我国农村环境污染治理的问题

1. 缺乏长效管理监督机制

农村基础环保设备落后、环保监管力度较弱，村民环保意识淡薄，长期行为习惯不够卫生，使农村环境污染难以有效控制。

2. 污染治理费用高，污染源普遍存在

畜禽养殖场的污染治理费用高，企业难以承担。同时农村散养畜禽、人粪便污染普遍存在，改厕、改圈未全面普及。

3. 生活垃圾与污水排放不规范

农村生活垃圾和污水沿江随意排放，造成土壤和水质的严重污染。

4. 化肥与农药使用过量

化肥与农药使用过量，造成环境污染加大，土地对污染物的消纳能力降低。

5. 整治力度缺乏依据

对农村污染危害的严重性认识不充分，对农村进行环境保护的法规还不完善，整治力度不够。

面对农村生态环境恶化遭遇的严峻挑战，我国政府提出对农村环境保护加大力度，多角度治理乡村环境污染。基于上述问题，必须从多角度出发，协调配合，全面治理乡村环境污染。

（二）积极防治农村土壤污染

1. 土壤保护应做好预防工作

一是杜绝污水灌溉农田；二是减少农药和化肥的施放，引导农民采用高效、低毒及低残留的农药进行科学施肥和防治病虫害，减少农药对土地的污染。

2. 做好被污染土地的修复工作

一是对废弃厂房土壤进行修改；二是对重金属、有机污染等严重超标的土地进行综合治理；三要重视对塑料农膜的污染防治。一个塑料袋埋在土地里需要200年以上才能腐烂，且严重污染土壤，因此增加塑料农膜的回收，防止塑料制品严重影响土壤质量。

（三）建立和完善农村环境保护支撑体系

研究、改进和推广农村生活垃圾处理、农业水源污染防治以及改善农村生活等方面的环保实用技术，促进节能、减排，引导发展节土、节水、不污染环境资源的可循环利用的环保型工业，促进农业用地、农村环境可持续发展。

（四）综合实施农业废弃物的利用

积极探索和改进畜禽粪便、农作物秸秆、农产加工废物方面采用环保、节能的方式进行综合利用的可行性，促进农业经济和生态发展的良性循环。

1. 加强农村生活垃圾处理

一是建立农村垃圾站，对生活垃圾实行固定存放，集中收集、处理；二是依托现有的城镇垃圾处理站，按村进行收集、集中处理。

2. 提高农村生活污水处理能力

对人口密度低的农村采用净化沼气池、微型人工湿地等方面进行分散处理，对人口密度高的乡镇，需要根据生活污水的水质与数量，采用沉淀池或沼气池净化，同时也可将生活污水纳入城市污水管道。特别对于"农家乐"性质的农户，要加强污水处理能力的设施建设和整改。

3. 大力推进农村绿色能源

大力建设不排放污染物的农村绿色能源项目，逐步改善农村能源结构。比如发展农村沼气，大力推广沼气池、畜禽舍、厕所、日光温室，发展绿色生态模式，通过对太阳能建设光伏实现自助发电等。

（五）积极推广生态农业

加大对有机、绿色食品生产基地的建设和环境监督，积极发展有机食品，加强生产基地的水质、土壤和环境质量监测。

（六）加强畜禽养殖污染防治

对不按规定标准进行污染物排放的规模型畜禽养殖企业进行监督整改，对分散式畜禽养殖采取建养殖小区的方法进行处理。一是科学划定养殖区；二是对规模型畜禽养殖企业要求严格执行生态环境评估相关规定和制度，对污染物排放超标的企业限期整改；三是鼓励建设生态养殖场和养殖小区，通过发展沼气、生产有机肥等措施，实现养殖废弃物的再利用。

（七）加强农村自然生态保护

合理利用山、水及美丽乡村营造的景区，开发旅游、水利等产业，并加强对生态环境的监督，以起到保护生态环境、恢复生态环境的效果，从而营造出和谐的自然生态环境。与此同时，还要避免引入如水葫芦等有害外来物种破坏本地生态环境，以保护本地生态环境为重点，促进农村区域生态健康。

（八）严格控制乡村工业污染

制定和完善村镇环境保护规划，依法加强对工业企业的污染控制，防止城市工业污染向农村转移。督促乡村产业必须符合乡村环境保护要求，引导乡村企业节能减排，清洁生产。同时，坚持有计划开发和规范开采，防止破坏性开发。

农村环境综合整治是一项系统工程，农村环境污染的治理要坚持习近平总书记提出的"绿水青山就是金山银山"的理念，全面、系统地进行科学合理的规划，坚定不移地推进各项整治工作，才能推动实现良好的农村生态环境、人与自然和谐的环境，继而推动农民走上生产发展、生活富裕的道路。

四、加大环境保护宣传力度

为了建设美丽健康的乡村家园，创建良好的生态环境，面对农民传统生活方式、落后的生产行为，必须提高农民的环境保护意识。因此，应明确政策导向，加大农村环保宣传力度，充分利用广播、电视、网络和宣传册等载体，采取多种形式广泛开展环保知识和环境法律知识的普及教育，推广实用新技术，让环保意识深入人心，人人自觉遵守。

（一）深刻认识农村环境卫生整治宣传工作的重要性

各县、区、乡、镇及村上的领导干部要带头将环境卫生整治宣传工作纳入工作绩效考核，从思想上高度重视、行动上积极准备、宣传上创新策划，采取多种方式统一广大干部群众的思想和行动，积极参与无垃圾农村环境卫生整治行动中，建立良好的环境保护氛围。

（二）将环保宣传工作充分落实

一是充分利用各村街道、公路悬挂横幅，刷写墙体标语，环境卫生宣传栏，环境评比黑板和乡村集会等群众熟悉的方式进行环保宣传；二是利用现代网络如微信公众号、微信群、助农 App 等进行环保宣传；三是号召党支部宣传美丽乡村环境卫生整治的目的和举措，广泛开展各村的环境卫生整治专项活动，组织先锋模范队伍，率先做出环保行为的表率，调动群众参与环境卫生整治的积极性；四是结合地方特色，将农村生态环境治理的相关内容改编成简洁易懂、易于传播的宣传方式，通过扫盲举办专门的环保培训班、文艺演出等活动，将环保意识潜移默化地灌输给农民，使之具备环保共识。

（三）促进环保宣传工作多维度、无缝隙地覆盖

1. 深入宣传农村环境卫生整治的重大意义

深入宣传环境保护基本国策，宣传农村环境卫生整治是全面建成小康社会，改善农村人居环境和发展环境，建设美丽乡村的现实需要，是改善农村面貌，提升农民生活质量，建设村庄秀美、环境优美、生活甜美、社会和美的美丽宜居乡村的重大举措，宣传全镇无垃圾的重要意义，做到家喻户晓，深入人心。

2. 深入宣传农村环保生产的科学知识

持续深入开展宣传教育进村庄，加强对农民环保生产发展的教育，把绿色有机蔬果食品的生产标准和生产技术、生态环境保护知识、未来的经济效益等作为农技培训的重要内容。

3. 加强环保意识进校园

在中小学生中间广泛开展环境保护教育，让学生了解到环境保护的重要性，树立起环境保护的理念，并通过学生带动家长进行环保意识的培养、行为的纠正，从而以点带面、全面推进，引导教育广大群众养成良好的生活习惯。

4. 加强日常规范行为的宣传

如宣传农村养殖禽畜、院前院后清洁卫生、田间道路和森林水源保护等方面的科学知识和保洁方法。引导农户做到包卫生、包绿化、包秩序。包卫生要做到"四无"，无瓜皮、果壳、纸屑、烟蒂，无垃圾废土，无积水污泥，无脏乱杂物；包绿化要做到环境绿化、美化；包秩序要做到"四不一无"，不乱搭乱建、不乱堆杂物、不乱停放车辆、不占道妨碍交通、无露天废缸和露天厕所，引导广大群众培养良好的卫生习惯。

5. 大力宣传农村环境卫生整治中涌现的好、坏典型

对成功的做法和经验要及时予以肯定、总结，注重培育典型，挖掘典型，要在宣传推广先进典型上做文章，用身边真实的事教育身边的人，不断提高整治行动的整体工作效果。同时也要及时曝光破坏农村环境的典型案例，引导农户改变传统不良的习惯，树立维护公共环境环保健康的意识。

深入宣传美丽乡村无垃圾行动，着力改善村容村貌，促进农村呈现出一派清新整洁、生机盎然的新气象，创建可持续发展的、宜居的生态环境，以及提升群众生活品质是农村环境综合整治的最终目标，因此必须坚持大力宣传环保知识，全力做到人人参与、家家行动，引导广大农户主动参与到农村新风新貌的工作中去。

第六章 新时期新型农民队伍的建设战略

第一节 新时期新型农民队伍特点和作用

一、新型职业农民的内涵

（一）新型职业农民的概念

新型职业农民是以农业为职业、具有相应的专业技能、收入主要来自农业生产经营并达到相当水平的现代农业从业者。新型职业农民是相对于传统农民和兼业农民而言的。在此概念提出来之前，国家曾提出新型农民和职业农民的说法。职业农民强调的是农民职业属性，突出农民的专业特点。职业农民是为了区别身份概念的农民，是专门从事农业生产和经营的农业从业者。新型职业农民将新型农民和职业农民有机地结合起来，是适应我国农村劳动力结构变化和现代农业发展的新形势的需要，体现了农民从身份向职业的转变，从兼业向专业转变、从传统农业生产方式向现代农业生产经营方式转变的特点。

（二）新型职业农民的分类

1. 生产型职业农民

生产型职业农民是指掌握一定的农业生产技术，有较丰富的农业生产经验，有一定的资金投入能力，收入主要来自农业的农业劳动力，直接从事园艺、鲜活食品、经济作物、创汇农业等附加值较高的农业生产的群体。如种植大户、养殖大户、加工大户等。

2. 技能型职业农民

技能型职业农民是指具有一定专业技能，在农民合作社、家庭农场、专业大户、农业企业等新型生产经营主体中较为稳定地从事农业劳动作业，并以此为主要收入来源的农业劳动力，主要是农业工人、农业雇员以及技术指导人员等。

3. 服务型职业农民

服务型职业农民是指掌握一定农业服务技能，服务于农业产前、产中和产后，并以此为主要收入来源的农业社会化服务人员，主要是农村信息员、农机服务人员、统防统治植保员、村级动物防疫员等农业社会化服务人员。

4. 经营型职业农民

经营型职业农民是指有资金或技术，掌握农业生产技术，有较强的农业生产经营管理经验，主要从事农业生产的经营管理工作的群体。主要包括农民专业合作社负责人、涉农企业领办人、家庭农场领办人等。

（三）新型职业农民的特点

1. 以专业化为手段，强调传统兼业农民向各类专业农民的变革

传统的农业生产是"小而全"，农民的兼业化现象较为严重。新型职业农民与传统农民相比，更加强调以专业化为手段，实现从兼业农民向各类专业农民的转变。随着农村生产力水平的提高和分工分业的发展，无论是种养、农机等专业大户，还是各种类型的农民合作社，都集中于农业生产经营的某个领域，品种或环节，开展专业化的生产经营活动。从全球范围来看，农业分工分业是现代农业发展的大势所趋。在现阶段，我国重点培育的新型职业农民包括三种类型，即生产经营型、专业技能型和社会服务型。其中，生产经营型农民作为现代农业生产中的"白领"，要求比较高，都需要具备扎实的专业知识和娴熟的专业能力，以适应现代化农业生产的需要。因此，在培育新型职业农民的过程中，要不断提高其专业化水平。

2. 以市场化为导向，强调传统经营方式向现代经营方式的变革

我国传统农业生产经营体系是一个自给自足的、封闭的体系，与市场缺乏足够的交流，农民通过购买生产生活资料，出售农产品来部分地参与市场交换，以满足自身的需要。相对来看，现代农业与市场的联系更为密切。随着社会主义市场经济体制的逐步完善，市场在资源配置中的作用日益突出。作为现代农业生产的新生力量与领军群体，新型职业农民更加强调以市场为导向，灵活运用市场运作机制，追求自身经济利益的最大化，从而实现现代农业生产经营方式的变革。在工业化和城镇化的大背景下，新型职业农民具有较强的开放性和流动性，倾向于根据市场需求发展农业商品化生产，并控制生产规模，围绕提供农业产品和服务组织开展生产经营活动，形成产前、产中到产后的产业链条。随着农业现代化进程的推进，作为新型职业农民成长内发动力的市场，在现代农业生产经营体系中发挥着越来越重要的作用。

3. 以高素质为特征，强调传统技术培训到现代培育体系的变革

现代农业发展方式从粗放式向集约式的转变，对农村生产力和生产要素的要求越来越高，相对于技术、土地和资本等生产要素，人力资本在现代农业发展方式转变过程中的作用越来越突出。在此背景之下，为了实现农业的现代化，加强新型职业农民的培育已经到了刻不容缓的地步。与传统农民相比，新型职业农民的典型特征是高素质，不仅需要有扎实的专业知识和技能，而且需要有宽广的视野、综合的管理能力、优良的职业道德等综合素质。这一要求意味着对新型职业农民的培育应该是全面而系统的农民职业教育，而不是简单的短期技能培训。新型职业农民的培育涉及多个方面的内容，包括专业认知的引导、实操技能的训练、综合能力的培养和职业道德的教育等。全面而系统的新型职业农民教育不仅告诉农民怎么做，而且告诉农民为什么这么做，从而

在观念、能力和道德等方面全面使新型职业农民的素质得到提升。

二、培育新型职业农民的重要作用

（一）有助于推进城乡资源要素平等交换与合理配置

推进城乡一体化，首先就是要做好劳动力统筹，在让一批农村劳动力尽快真正融入城市的同时，必须提高农业、农村吸引力，让一部分高素质劳动力留在农村务农。加快建设现代农业，要求全面提高劳动者素质，切实转变农业发展方式。新型农业经营主农民。

（二）有利于推进农业经验技术、优秀文化理念的传承和发展

培育新型职业农民有利于农业经验技术、优秀文化理念的传承，是新农村建设的主力军。我国是一个农业大国，农业生产具有悠久的历史，积累了宝贵的农业生产经验和优秀的农业生产智慧，作为现代化农业的继承者，新型职业农民具有较高的文化素质和科技素养，可以更快、更好地继承传统农业生产的经验和优秀文化理念，解决"谁来种地"和"怎样种地"的问题，可以使农业、农村焕发新的生机与活力。

（三）有利于落实政府惠农政策

新型职业农民理解国家的农业政策是对其素质的基本要求，这大大降低了国家惠农政策的实施成本，有利于各项惠农政策的落实，有利于国家对农业的扶持和调控，使国家的惠农政策和政府服务更具针对性和实效性，从而实现宏观调控农业的目的。同时，新型职业农民便于接受现代保险的理念和法律意识，懂得利用法律来保护自己的正当权益，增强了抗御风险的能力。

（四）有利于农业的科技水平和机械水平的提高

传统农业生产以家庭为单位，科技含量低，机械化利用率不高，属于粗放型、分散型农业，不利于现代农业的规模化、产业化、集约化生产。新型职业农民具有满足现代农业生产、经营、管理所需的科技文化素质、生产技能和职业道德水平，他们有利用科技和机械来提高农业生产附加值的意识和现实需要，会主动、积极地利用先进的农业科技技术和机械，从而达到农业规模化、集约化、产业化生产的目的。

第二节 新时期新型农民队伍的素质要求

一、思想道德素质

思想素养包括人的人生观、价值观、世界观、社会观等。道德是以善恶为评价标准，以人的信念、社会舆论、传统风俗为评价尺度的人的行为规范的总和。道德素养是人们的道德认识和道德行为水平的综合反映，包含个人的道德修养和道德情操，体现着一个人的道德水平和道德风貌。

（一）思想素质要求

1.正确的人生价值观

树立正确的人生价值观是衡量新型职业农民人生态度和人生价值的重要方面。要从客观实际

出发，采取科学求实的态度来想问题和办事情，认清人与自然、人与社会的关系，克服挥霍浪费、摆阔气、讲排场的不良风气，把个人致富与集体致富、勤劳致富与勤俭持家有机结合，抵制和反对拜金主义、享乐主义、极端个人主义，具有热爱农业、献身农业的良好品质，树立幸福、乐观的人生观，对人生抱有积极乐观的态度。

在新时期，新型职业农民的价值观应该是理性的，是用来评价自己合意的目标的准则，是对周遭社会存在的反映，要正确地对待金钱、权力、地位，正确处理理想与现实的关系。避免盲从、理性消费，量入为出、适度消费，以群体和社会的利益为中心，努力为农村的建设作出贡献，以实现自己的人生价值。社会主义新型职业农民应成为思想观念新、创新精神强、科技知识精、致富信息灵的新农村建设领跑者。

2. 较强的集体主义精神

集体主义是社会主义精神文明建设主旋律的重要组成部分。它凝聚着广大农民群众投身建设社会主义新农村的全部力量，是培育社会主义新型职业农民的基本要求。新型职业农民要能够认清社会主义制度的优越性，坚持共同富裕的发展方向，教育、引导周边广大农民群众发扬团结互助的集体主义精神，并能正确认识和处理国家、集体、个人三者之间的利益关系。认清国情，坚定社会主义信念，只有爱祖国、爱集体、爱新农村，才能在建设新农村精神的感召力下感受社会主义制度的优越性。

3. 较好的民主法制观

一个国家公民法律水平的高低，反映了国家法制化、民主化的程度。法律素质是指人们所具有的法律知识、法律意识以及自觉应用法律处理问题、解决问题的基本能力。它由法律知识、法律心理、法律观念、法律理论、法律信仰等要素整构建而成。具有较强的民主法制观念，是新型职业农民的重要特征之一。在农村，建设民主法制事关农村经济发展和社会稳定，是社会主义新农村建设必不可少的重要工作。民主和法制能充分保障农民当家做主的权利，是农民合理表达自己意愿的有效方式。新型职业农民应是具有较好民主法制观念的农民，要积极参与农村基层民主法制建设，学法、知法、懂法、守法、普法，学会用法律武器保护自己的权益。

在民主方面，要依据国家的政策和法令以主人翁身份直接参与决策，参与管理农村社会生活领域的各项事务，从而树立起较强的民主意识和法制观念，养成良好的民主习惯。共同制定村规民约，具有较强的政治参与意识、自我表达意识、自我管理意识以及主人翁意识，积极主动地参与民主选举、民主决策、民主管理和民主监督，学会珍惜自己拥有的民主权利，通过合法途径表达自己的愿望和民主诉求，保障自身的民主权利。

在法制方面，树立法制观念，提高依法办事的能力。要以农村的实际情况为基础，做好普法宣传工作，使广大农民了解与自己的生产生活有关的法律法规，了解应有的权利和义务，做到正确行使权利，自觉履行义务，遵纪守法，提高维护社会稳定的自觉性。

4. 较强的市场竞争观和效率观

社会主义市场经济已经初步建立，并在逐步完善中。农村市场经济作为市场经济不可缺少的部分，正随着建设社会主义新农村的进程不断完善。改革开放四十余年来，市场与市场经济已经逐渐深入我们的经济生活，农业活动也在其中。市场经济是竞争经济，竞争就必须按优胜劣汰的规律行事。

新型职业农民要适时打破与当前市场经济不相适应的传统小农经济，提升竞争能力和应变能力。新型职业农民应该树立与市场经济和社会化大生产相联系的竞争观和效率观。要适应市场经济发展的需要，农业生产也必须以市场为导向，摆脱传统农业那种自给自足的生产状态，摆脱安于现状的小农意识和"重农轻商"的传统观念，掌握市场经济运作的规律，根据市场的需求，生产适销对路的产品。只有这样才能有利于捕捉各种新的信息，随时掌握市场动态，对市场规模、需求情况、发展趋势等作出科学预测，按照市场需求组织生产，积极地参与市场竞争，从而更好地促进农业和农村经济的发展。

5. 敏锐的信息观、政策观和创新观

信息化时代，一个人的思想观念只有不断更新，才能与时俱进。观念决定着发展的思路，思路决定着发展的出路，出路决定能否在市场经济中致富。新型职业农民应当关心国家大事，了解党中央关于农村经济建设和发展方面的各项政策，真正理解社会主义新农村建设的宏伟蓝图。这些对于搞好生产、劳动致富具有重要的指导意义，只有了解了国家相关的农村政策，农民才能根据国家和社会的需求来计划自己的生产，把国家和社会的需要同自己的生产紧密结合起来，这样才能做到有的放矢。新型职业农民通过经常性的形势和政策的学习，联系国际形势、国家大局，能够正确地观察和分析形势，全面准确地理解党的政策。在形势好的时候，看到问题，不盲目乐观；在遇到困难和挫折的时候，看到光明，不悲观失望。

（二）道德素质要求

1. 热爱农村，有主体责任意识

农业是国民经济的基础。我们的农民世世代代劳动、生息、繁衍在农村，从事着农业生产，他们依靠自己勤劳的双手，发展生产、扩大经营、战胜灾害、克服困难，为国家提供了大量的粮食和农副产品，为工业的发展提供原料、劳动和资金积累，奉献社会，服务人民。因此，新型职业农民应该喜欢农村生活，热爱农村，了解中国农业的现状，并能认识到，扎根农业、从事农业、干好农业，是一项光荣而崇高的事业，从而树立发展农村经济的主人翁的责任感和事业心。

2. 诚实守信，恪守职业道德

诚实守信是对公民道德的基本要求，不仅是中华民族的传统美德，也是当代农民应具有的品质。应把职业农民的诚信教育摆在突出位置，作为新一轮农民职业道德教育的总要求，使诚信文化渗透农民工作、学习、生活的方方面面，增强全体农民的信用意识。尤其是在市场经济发展的今天，诚信显得更加重要。农业已从封闭落后的半自给自足的产品经济逐渐转向开放的、活跃的

商品经济，职业农民的生产已不是主要为了满足自身需要的自给自足的生产，而是为了创造更多用来交换的商品。现代市场经济是交换的契约经济，更是诚信经济。在以诚信作为维系条件的市场经济中，应坚持货真价实、童叟无欺，不以次充好、掺杂使假、坑蒙拐骗，坚决制止、杜绝任何假冒伪劣商品。在经济往来中讲信用、重信誉，遵循市场交易既定的规则，恪守各种经济合同的约定，不违反各种经济原则，不偷税漏税，自觉依法维护农业市场经济的正常运行秩序。诚信是现代市场经济健康运转的不朽灵魂，诚实守信、恪守职业道德是市场经济条件下新型职业农民必须具备的道德素质。

3. 文明高尚、摒弃封建迷信思想

在社会生活中，新型职业农民要展现现代意识，具体体现在思想观念、精神风貌、移风易俗、民主选举、提高修养等方面。社会主义新农村的一个重要标志就是乡风文明，因此，要加强农村精神文明建设，净化社会风气，营造文明风尚，破除封建迷信思想，让健康、文明、科学的生活方式自觉融入家庭和农村社区。可以通过在农村建立文化站、图书室，引导农民自觉抵制低级趣味、庸俗和迷信的活动，优化农村道德素质建设的外在环境。创造一个农民群众安居乐业、物质文化生活丰富多彩、邻里之间和睦相处的良好环境是建设社会主义新农村的重要目标，新型职业农民要在这一过程中发挥主导作用。新型职业农民应摒弃自给自足、墨守成规、循规蹈矩的生产生活方式，脱离对土地的严重依赖心理，树立创造新生活的愿望和勇气，重视农业科技创新，推进高产、高质、高效的农村农业经济模式。

4. 保护环境，有强烈的环保意识

当前，环境问题已成为全球人类关注的重要问题，环境保护的问题已经成为衡量一个人道德水平高低的重要尺度。保护环境，就要做到正确处理经济发展与保护环境二者之间的关系，深刻认识资源的有限性和环境污染的危害性，特别要意识到浪费资源、污染环境最终会殃及自己和子孙后代。我们当前进行的社会主义新农村建设就应该以科学发展观为指导，坚持可持续发展原则。

新农村建设的要求中重点提到"村容整洁"，涵盖了农村生态环境建设的相关内容。伴随农业经济发展，要特别注重保护农村生态环境，树立环保意识是农业生产要依靠农业科学技术而非扩大种植面积的方式来增加产量，严禁大面积的森林砍伐；严禁过度放牧而导致草地被毁，丧失保持水土的功能；合理控制使用农药化肥，保持土地质量。同时，农村生活方面要树立良好的生活习惯，不将生活垃圾直接扔到河边、村头、庄稼周围，保护农村水质与空气质量，禁止将污染型企业引入农村，以免加剧农村环境的恶化。

社会主义新型职业农民应当具有生态意识和绿色环保意识，要认识到保护自然环境、维护生态平衡是每个社会成员包括新型职业农民应尽的社会责任和道德义务。

二、科学文化素质

（一）科学素质

科学素质是公民素质的重要组成部分。农民的科学素质通常是指其所具备的科学知识水平以及农民掌握和运用科学技术知识的能力。农民科学素质高低的主要标志是农民懂得专业科技知识的广度和深度、科技兴农意识的强弱、对科技知识的需求欲望大小等。

通过教育培训和科学普及，使广大农民的科学素质明显提高，在广大农村形成崇尚科学、移风易俗、学法守法、勤劳致富的新风尚；着力提高农民掌握和运用先进实用技术发展生产、增收致富的能力，提高农民节约资源、保护环境、建设生态家园的能力，提高农村富余劳动力向农村产业和城镇转移就业的能力，提高农民经营管理和创业发展的能力，提高农民学习科学知识、适应现代文明、改善生活质量的能力。

（二）文化素质

农民的文化素质一般是指其所具备的文化知识水平，反映农民接受文化知识教育的程度和掌握文化知识的多少，也包括农民的思想观念、情感意志、文化艺术素质等人文素质。一个国家或地区的农民文化素质状况，主要是采用农民接受文化知识教育的平均年限——文化程度指数来衡量。文化程度指数越高，说明接受文化知识教育的时间越长，所能达到的文化素质水平就越高。

同时，农民的文化素质还包括农民在生产生活实践中学习、磨炼、陶冶所形成的反映农民综合素质的、体现农民时代特征的精神品格和内在涵养，农民文化素质的高低对社会主义新农村建设有重大影响。

三、创业素质

（一）农民创业的主要特点

农民作为社会主义市场经济的主体，在四十余年的改革发展与创业致富的实践中已经呈现出多层次、多领域、多形式、多渠道创业的新格局，形成了一个庞大的创业群体。具体来说，这种群众性的创业活动有三个特点：

1. 创业主体的多样性

既有家庭成员共同创业的家庭经营形式，如家庭工厂、家庭作坊、家庭农场、个体工商户等，也有集体创业和合作创业，如创办集体企业、发展合作经济、组建农民专业合作社等，还有股份制企业创业，如有限责任公司、股份有限公司等。

2. 创业水平的多层次性

农民的创业基础、创业素质、创业经验、创业历程不同决定了农民群众创业水平的多层次性。既有农民以解决生存生活为目的的依靠自己的家庭资源、传统劳动技能为主的创家业的基础性创业，也有以追求更大的赢利和发展机会为目的的依靠社会资本、社会资源的企业化创业，还有以追求共同富裕和社会责任为目的的依靠组织起来的集体力量、社会力量、政策支持和高科技等创业要素实现更高层次的社会化创业。每个人的能力不一样，思想境界不一样，掌握的社会资源不一样，可以自主地选择适合自己的创业形式、创业领域和创业层次。

3. 创业领域的广泛性

既有农业生产领域的创业，也有工业生产领域的创业，还有第三产业领域的创业；既有农村就地创业,也有异地创业,还有进城创业,同时还有到世界各地创业。

(二)创业素质的构成

创业是极具挑战性的社会活动,是对创业者自身智慧、能力、气魄、胆识的全方位考验。一个人要想获得创业的成功,必须具备基本的创业素质。创业素质就是创业行动和创业任务所需要的全部主体要素的总和,它包括以下方面内容:

1. 创业意识

创业意识也可以称为创业理念,它是一个创业主体的人敢于去从事创业活动的思想基础。提高农民的创业意识就是要使广大农民群众懂得创业是创富的源泉,只有自主创业才能把自己的聪明才智转化为现实生产力,才能为自己赢得发展的前途和幸福的人生。同时,也要使广大农民群众意识到创业有风险,创业有艰辛,创业有曲折,只要敢于创业,就有可能获得创业的成功,也就是要树立敢想敢为的创业意识,要有自信、自强、自立的创业观念,克服"等、靠、要"的思想和自卑消极畏难的情绪,要相信"有志者,事竟成",努力通过创业为自己创造美好的前途。

2. 创业精神

创业精神是指创业者的精神意志、人格特质。成功的创业者都有胜不骄、败不馁的精神气质。浙江的农民群众在发展乡镇企业和创业致富的过程中表现出来的想尽千方百计、历尽千辛万苦、走遍千山万水、说尽千言万语的"四千"精神就是比较形象的创业精神。

3. 创业经验

经验是人们经由实践活动对客观事物的直接了解,是在感性认识过程中形成的,是人与客观事物直接相互作用的结果。经验有直接经验和间接经验之分。创业经验一是要靠自己在创业的实践活动中去摸索积累,二是要通过向他人借鉴和在学习创业实践活动中获得。

4. 创业技能

创业知识与创业技能是创业的基本要素之一。在市场经济条件下,创业致富的机会无处不在,但创业的机会只会青睐有准备者。掌握创业的技能和知识是实现创业最重要的准备工作。

作为创业的基本素质之一的创业技能和知识,大致有三类:一是创业成功所需要的专业技术知识和能力。在某一个行业领域里创业,就必须掌握从事这一行业生产经营活动所需要的相应的生产、技术、产品开发、市场营销等专业技术知识;二是创业所需要的经营管理知识和法律知识,即要掌握创业企业、创业实体的生产经营管理、人力资源管理以及运用政策法律等知识与能力;三是与社会各方面交往所需要的社会知识和交际能力。创业活动也是一个社会交往的过程,必须学会与不同的社会群体打交道,必须具备一定的社会交际能力、公关能力和营销策划能力,努力为创业活动的成功创造良好的发展环境。

四、礼仪素质

(一)礼仪素质的内涵

在社会主义新农村建设中"乡风文明"的要求能否最终实现与提高农民的文明礼仪素质紧密

相关。文明的农村、开放的农村、和谐的农村需要文明礼仪。礼仪是人们在社会交往和网络交往过程中形成的并得到共同认可的各种行为规范，它是人们在共同生活和相互交往中逐渐形成的，以一定的程序、方式来表现的律己、敬人的完整行为。它体现了一个国家、一个民族、一个地区的道德风尚和人们的精神面貌。礼仪随着人类社会的产生而产生，随着经济的发展、社会的进步而不断前进。礼仪象征着文明，是和粗野相对立的，衡量着一个人的道德情操及文化涵养是人际交往过程中外在的表现形式和规则的总和。礼仪素质是指一个人在日常工作、生活和社会交际活动中，自觉遵守社会通行的礼仪准则的一种自控能力和文明素质。它的形成是人们根据一定的交际礼仪原则和规范自觉地进行学习和训练，最终使自己养成一种时时事事按礼仪要求待人接物的行为习惯的过程。

（二）文明礼仪的内容

1. 文明礼节

文明礼节是人们在交际过程中逐渐形成的约定俗成的和惯用的各种行为规范的总和。文明礼节是社会外在文明的组成部分，具有严格的礼仪性质。它反映了一定的道德原则内容，反映着对人对己的尊重，是人们心灵美的外化。现代文明礼节主要包括：介绍礼节、握手礼节、打招呼礼节、鞠躬礼节、拥抱礼节、亲吻礼节、举手礼节、脱帽礼节、致意礼节、作揖礼节、使用名片礼节、使用电话礼节、约会礼节、聚会礼节、舞会礼节、宴会礼节、网络礼节等。这些文明礼节总体上体现了人对人的尊重和友谊，使人在交往过程中做到不卑不亢、彬彬有礼、和睦相处。

2. 文明仪表

仪表指人的外表形象。文明仪表是人在日常工作、生活中体现出来的具有文明素质的人的仪容、服饰、体态等。文明仪表属于美的外在因素，反映人的精神状态。文明仪表是一个人心灵美与外在美的和谐统一，美好得体的仪表来自高尚的道德品质，它和人的精神境界融为一体。文明仪表既是对他人的尊重，也是自尊、自重、自爱的表现。

3. 文明礼貌

文明礼貌是指人们在社会交往过程中良好的言谈和行为。它主要包括口头语言的礼貌、书面语言的礼貌、网络语言的礼貌、态度和行为举止的礼貌。文明礼貌是人的道德品质修养最简单、最直接的体现，也是人类文明行为最基本的要求。在现代社会，使用礼貌用语，态度和蔼，举止适度，尊重他人，已成为人们日常的行为规范。

4. 文明礼俗

文明礼俗，即由传统的民俗礼仪延续至今，并被人们广泛接受和通行的礼俗，它是文明礼仪中具有鲜明的地区、民族特色的一种特殊形式。文明礼俗是由历史形成的，普及于社会和群体之中并根植于人们心里。不同国家、不同民族、不同地区在长期社会实践中形成了各具特色的风俗习惯。"十里不同风，百里不同俗"，每一个民族、地区，甚至一个小小的村落都可能形成自己的风俗习惯。"入乡随俗"指的就是外来的人们要尊重当地的风俗习惯，形成当地人所接受的文明礼俗。

5. 文明仪式

文明仪式指行礼的具体过程或程序，它是礼仪的具体表现形式。文明仪式是一种比较正规、隆重的礼仪形式。人们在社会交往过程中或是在组织开展各项专题活动过程中，常常要举办各种仪式，以体现出对某人或某事的重视，或是为了纪念等。常见的文明仪式包括成人仪式、结婚仪式、安葬仪式、凭吊仪式、告别仪式、开业或开幕仪式、闭幕仪式、欢迎仪式、升旗仪式、入场仪式、签字仪式、剪彩仪式、颁奖授勋仪式、宣誓就职仪式、交接仪式、奠基仪式、捐赠仪式等。仪式往往具有程序化的特点，这些程序有时是人为地约定俗成的。

第三节 新时期新型农民队伍建设与管理

一、新型职业农民培育工程

新型职业农民培育就是在一定的培育环境下，培育主体借助培育工具和信息技术，以多样化的培育方式将农业知识、技能、现代观念等内容传递给农民，使普通农民和有志从事农民职业的人成为新型职业农民。为了全面推进新型职业农民的规模扩张和成长壮大，国家实施了包括新型职业农民培育工程、新型职业农民学历提升工程、新型职业农民信息化建设工程三大重点工程，其中新型职业农民培育工程是重中之重。

（一）目标和任务

1. 构建新型职业农民队伍

以服务现代农业产业发展和促进农业从业者职业化为导向，着力培养和构建一支有文化、懂技术、会经营的新型职业农民队伍，为发展现代农业提供强有力的人才支撑。

2. 探索建立培育制度

适应现代农业发展要求，建立适合我国国情的新型职业农民培育制度，通过教育培训提高职业农民综合素质和生产经营水平，通过规范管理引导农民走上职业化发展道路，通过政策支持提高职业农民自我发展能力。

3. 建立健全培育体系

充分发挥各级农业广播电视学校（以下简称"农广校"）（农民科技教育培训中心）的作用，创新运行机制，统筹利用好农业职业院校、农技推广服务机构、农业高校、科研院所等公益性教育培训资源，并积极引导农民合作社、农业企业、农业园区等社会化教育培训资源参与培育工作，构建新型职业农民培育体系。

（二）基本原则

1. 坚持政府主导

新型职业农民培育具有公共性、基础性和社会性，坚持政府主导，加强统筹协调，制定扶持政策，加大经费投入，改善培育条件，营造良好氛围。

2. 发挥市场机制的作用

发挥市场在资源配置中的决定性作用，尊重农民意愿，满足农民需求，调动农民参与培育积极性；建立各类主体参与培育的有效机制，增强培育活力，规范培育行为，提高培育质量。

3. 立足产业培育

把服务现代农业产业发展作为培育新型职业农民的出发点和落脚点，围绕农业供给侧结构性改革工作主线，以绿色发展为导向，以提质增效和农民增收为目标，着力培育壮大新型农业经营主体，加快推进农业转型升级，促进主导产业、特色产业和优势产业做大做强。

4. 突出精准培育

着眼构建新型职业农民队伍，科学遴选培育对象，分产业、分类型、分层级、分模块实施教育培训，强化跟踪服务、政策扶持和规范管理，把新型职业农民培养成建设现代农业的主导力量。

二、加强农民继续教育的管理

（一）基地管理

目前，我国开展农民培训的基地层次多、种类多，既有教育部门、农林部门、人力资源和社会保障部门举办的，又有社会力量举办的。针对农民开展的培训，既有不同层次的学历教育，又有不同等级的职业培训。因此，我们必须按照实事求是、服从需求、坚持标准的原则，对各类办学机构进行分类管理。

1. 中等教育层面基地管理

（1）中等学历教育类型

据农业部门固定观察点抽样调查显示，我国农业劳动力年龄主要集中在40岁以上，占全部从事农业生产人数的75.9%，平均年龄接近50岁，部分地区甚至达到55岁以上。据有关资料，在全国4.9亿农村劳动力中，高中及以上文化程度的只占13%，初中文化程度的占49%，小学及小学以下文化程度的占38%，其中不识字或识字很少的占7%。鉴于我国农村劳动力的现有文化知识结构呈初中及以下学历者占多数的现状，很多地区开展农民继续教育，还须从初等或中等文化知识的补偿教育起步。

一是小学后学历延伸教育（初中文化知识的补偿教育）。目前，在一些农村经济和教育欠发达地区，在基本扫除青壮年文盲后，将农村成人教育的重点放在了小学后的学历延伸教育（初中补偿教育）。一般情况下，这项工作是通过教育部门举办的乡镇成人文化技术学校协调当地中小学和乡村来组织实施的。这种由当地义务教育段全日制学校提供师资和教材，借用全日制学校的校舍或在村民学校组班开展教学的方法，既是农村成人教育的传统方式，又受群众欢迎。在长期实践中，这种小学后学历延伸教育（初中文化知识的补偿教育）的方式，较少在办学资质的认定上引起争议。

二是初中后学历延伸教育（中职或成人高中的文化知识补偿教育）。从全国各地的实践来看，开展对农村人群初中后的学历延伸教育,主要途径是成人高中学历教育、中职学历补偿教育,或者是与职业技能培训相结合的"学历+技能"成人高中"双证制"教育。这种类型的办学主体一般是中等职业学校或乡镇成人文化技术学校。

(2)办学资质管理

一是中等职业学校的资质管理。农业人才的培养以往依赖于中等或高等涉农院校来培养相关专业学员,并通过政策引导其毕业后进入农村工作。现在,国家鼓励广大中等职业学校从"离农"转型为"向农",让已务农的农民"回炉"职业学校,培养职业农民,无疑为中等职业学校赋予了历史重任。通常来看,各地中等职业学校面向成人,尤其是面向农民开展中等职业教育,都是采取结合职业技能的培训进行的。这对于全日制中等职业学校来说,办学资质应该不成问题。需要强调的是,中等职业学校开展农民继续教育或新型职业农民培育,并开展相应的学历教育,也须经过严格的资质审核。对不具备招生条件、办学资质存在严重问题的学校应依法取消其招生、办学资格。由此说明,中等职业学校开展新型职业农民中等职业教育或农民继续教育,在专业设置、师资配置、教学条件配套等方面,都应达到相应的资质条件,并得到主管部门的许可。

二是乡镇成人文化技术学校的资质管理。乡镇成人文化技术学校是在20世纪80年代我国农村经济体制改革和农村教育体制改革中应运而生的农民学校。乡镇成人文化技术学校一般由乡镇政府举办和管理,专职管理人员和教师一般由教育行政部门派遣,成人教育业务也在上级教育行政部门的指导下开展。这类学校通常称作教育系统的乡镇成人文化技术学校。目前,全国各地的乡镇成人文化技术学校办学条件参差不齐,学校规格、建制标准和办学层次也不尽相同。因此,不同办学条件不同建制标准的乡镇成人文化技术学校,其办学资质也是不同的。如上海、江苏、浙江等经济发达地区,乡镇农村成人文化技术学校有的是按高级中学建制标准设立的,这些学校举办成人高中学历教育的资质毋庸置疑。但很多地区的乡镇成人文化技术学校,即使是教育部门举办的,由于受办学条件限制,多数不具备高中阶段学历教育办学资质。这些学校大多基础设施和办学条件比较简陋,没有专门的师资,办学经费投入少,学校运转比较困难。有的仅有一两名管理人员,没有固定的校舍,还在乡镇政府院内办公。

(3)加强乡镇成人文化技术学校基础能力建设

乡镇成人文化技术学校是农村成人教育基础,可以说是农民继续教育的生力军。农民继续教育不是短期的阶段性任务,而是发展现代农业、建设新农村的长期任务。

第一,建设标准化的乡镇成人文化技术学校。全面推进乡镇成人文化技术学校的标准化建设是推动农民继续教育的治本之举。以浙江省为例,为全面推进成人继续教育,完善农村成人继续教育网络,从2006年始,在全省实施成人继续教育推进工程。其内容涉及乡镇成人文化技术学校标准化建设、新型农民素质培训示范基地建设、成人"双证制"教育培训、农村预备劳动力职业技能培训、成人继续教育网络课程和精品教材开发等方面。

第二,建设高标准的乡镇成人文化技术学校。开展标准化的乡镇成人文化技术学校建设是面向全体成校的一项基本要求,建设高标准的乡镇成人文化技术学校则是打造龙头性、高端化农村成校的示范性工程。一般而言,建设高标准、示范性的乡镇成人文化技术学校,应在提升内涵、扩大辐射上起示范引领作用。其示范性一是体现在新型职业农民培养和终身学习的理念上;二是体现在学校办学体制机制的突破和创新上;三是体现在所开展的教育服务的质量效益上。通过建设高标准的乡镇成人文化技术学校,从而在农村形成一批办学水平高、设施先进、成效显著、特色鲜明、具有典型示范作用的现代化、骨干性乡镇成人学校,使其成为促进当地现代农业发展、提高农民综合素质和生活品质的教育培训中心、资源建设中心和农民学习中心。

第三,建设农村成人教育集团化学校。可以以中等职业学校为依托,建设乡镇成人学校集群。以中等职业学校为依托,联合乡镇成人文化技术学校,形成办学网络,是近阶段开展农民继续教育的有效措施之一。这种模式的前提条件是中等职业学校要有统一的专业教学标准,有专门的师资条件,有统一的课程实施方案,并有统一的考试考核等认证条件。乡镇成人文化技术学校作为中等职业学校的教学点,负责学员的招生工作和教学班的日常管理。否则,不具备成人高中学历教育认证条件的乡镇成人文化技术学校独立开展新型职业农民中等职业教育或农民继续教育,其资质和质量都会受到社会的质疑。

第四,推动农村成人学校的格式化办学。对于不具备高中学历教育资质的农村成人学校,可在上级教育行政部门的整体规划下开展学历教育的格式化办学。即由省或地(市)教育行政部门统一确定学习项目的课程和标准,统一提供教材,统一组织考试,统一进行学习认证。其中,各地乡镇成人文化技术学校只是在统一的规划下组织生源、组织教学活动,完成相应的教学任务。浙江省实施的"双证制"教育培训便是一例。

2. 高等教育层面的基本建设

培育新型职业农民与农业高校的发展是相辅相成和互相促进的。涉农高等院校与农业、农村和农民有着天然的联系,是农业教育的龙头,应该也必须成为农民继续教育的龙头。

(1)构建涉农高校农民继续教育体系

新型农民培训,不仅要着眼于对现有农业生产者的生产经营能力培训,更要着眼于对农民继承者的培育,高等农业院校应该根据自己的人才优势、学科优势和科研优势,从新型农民的本质和内涵出发,分层次、多方位构建农民继续教育体系。

第一,整合学科专业,构建农民继续教育体系,着眼于对"未来农民"的培养。这包括两个方面:一是修改现有的农科类大学生培养目标和培养方案,加强创业教育,将农科类大学生培养成"将来时的新型高级农民",让他们成为了解国内外农业最新动态,受过高级专门训练,掌握和能够运用农业高新科技,将来可以成为农业产业大军的领军人物,在提高农业产品数量与质量以及提升农产品科技含量中发挥重大作用。二是努力探索农村劳动力学历教育培养的新模式,以农村从事农业生产的青年农民和欲回乡从事农业的年轻劳动力、农业大专院校和中等职业学校毕业学生为主要对象,通过成人高考在职或者脱产培养农科类大学生,采取文化与专业技术、理论与生产实践相结合的教学办法和要求,加快培养适应新农村需要且适合农村、留得住、用得上、能发展、会带动的农村实用人才,并不断提升农村青年农民的学历层次和受教育程度。

第二,整合资源,构建农民继续教育的职业培训体系。这一体系的构建主要是依托高等农业院校设置专门机构来支持和开展农民职业教育和技术培训。其培训对象是在农村从事农业生产经营活动的一线生产人员和技术人员,特别是种养大户、农民专业合作社带头人或理事会成员以及农村经纪人、龙头企业管理者等,其目标是培养"现在时的高级职业农民"。通过开展各类职业技能培训和经营管理知识培训,提升接受培训者的专业生产技术能力以及综合素质和发展能力,培育一大批能够适应现代农业发展需求的高级农民。与现有高等农业院校开展的农民培训不同的是,它不再只是继续教育范畴中的一小部分,而是有自己专门的组织管理机构和教学服务体系,并且拥有相关的职业技能认证资格,能够整合高等农业院校人才优势和资源优势,为新型农民的培训提供更加专业也更加完整的新途径。

(2)创新培训方式

一是高校集中授课和基层培训相结合,方便农民。在校授课好处很多,如教学条件更好,教师授课更方便,学员脱离原有的生产生活环境,能专心地投入培训,还可以更好地利用和挖掘高校的教育资源,等等,但是对很多学员的生产和生活也造成了不便。到县或乡镇设立课堂,能更好地方便农民,使更多的农户接受培训。

二是课堂讲授和现场指导相结合。融理论与实践为一体,解决农民在生产经营中的实际问题。高校的课堂讲授往往偏重于知识的普及和观念的转变,但缺乏针对性。到农业生产第一现场进行指导和培训,更能发现农民生产经营中存在的问题,给出农民直接的有针对性的指导建议,培训的效果将会更好。

三是面对面交流与远程交流相结合,随时随地为农民生产经营中遇到的问题答疑解惑。要充分利用高校的远程教育和培训平台,建立农民培训的远程跟踪机制,对农民生产经营中遇到的各种问题进行追踪,确保培训的连续性和持续性。

四是将高校的教学科研和社会实践活动与农民培训工作相结合,形成高校和农业生产第一线的良好互动。可通过加强对大学生村官培训,使其更好地利用自身知识和资源为农业生产近距离服务;可通过大学生下乡、走基层活动展开农民培训,使农科类大学生学以致用;可通过高校科研示范基地和生产教学实习基地建设对农民开展现场培训等。

(3)加强教材建设

第一,专业标准建设。专业教学标准是开展专业教学的基本文件,是明确培养目标和规格、组织实施教学、规范教学管理、加强专业建设、开发教材和学习资源的基本依据,是评估教育教学质量的主要标尺,同时,也是社会选人用人的重要参考。涉农高校应牵头组织相关学校与当地农业技术专家相结合,遵循实用性、标准化原则,编制出符合新型职业农民培育特点的专业教学标准,并组织对专业教学标准的学习、研究和实施工作。同时,积极总结教学改革的经验,及时组织开展师资培训和教研活动，促进教师转变教育教学观念，提高运用专业教学标准的能力。

第二，培训教材建设。涉农高校应积极鼓励和组织专业教师与当地农业技术专家相结合，遵循实用性、通俗性原则，编制出符合农民学习特点的创业培训教材、岗位技能培训教材以及农业生产实用技术培训教材。这类培训教材应强调理论联系实际，突出实践环节，语言通俗易懂，注重培训对象实际操作能力的形成和提高。同时，考虑到现阶段农民的文化程度参差不齐，且普遍偏低，应该既有文字教材，也要有声像教材，文字教材最好能图文并茂，以使不同文化程度的培训对象也能学习到相关知识。

（二）教学管理

1. 教学计划编制

（1）工学结合原则

一是要积极服务于农业生产劳动和社会实践相结合的学习模式，把工学结合作为教学计划设计的重要切入点，带动专业教学标准建设，引导课程设置、教学内容和教学方法改革；二是重点考虑教学过程的实践性、开放性和职业性，与农业、农业企业和新农村的社会需求相匹配，重视职业素质的培养；三是根据农业生产的季节、流程设计教学计划，安排好相应的实验、实训、实习等关键环节。

（2）互动性原则

农业行业的职业特点不同于其他行业，一是农业生产周期长，受气候环境、地理位置、土壤状况以及病虫害等影响比较大，很多因素是不可控的，影响农业生产的因素往往是综合作用的，是比较复杂的；二是农业职业分化程度比较低，工种划分比较模糊；三是农业产业附加值低，农业企业规模不平衡，经营不稳定。因此，农民继续教育过程中，要充分考虑教学活动的安排与农业农时的互动结合。即应根据学员生产经营实际和农时季节特点组织教学，上课作息时间要符合农民生产生活规律，理论教学与实践教学交替进行，农忙时多实践指导生产，农闲时多安排理论教学。

（3）一致性原则

一是制订教学计划要重视学员的理论教学、校内学习与实践教学、实际工作的一致性，校内成绩考核与实践环节考核相结合，探索理论教学与实践教学的一体化；二是积极开发和制定相关标准，服务于订单培养，服务于工学交替、任务驱动、项目导向、顶岗实习等有利于增强学员能力的教学模式，努力提升教学质量；三是以职业农民的身份，加强对学员的生产实习和社会实践管理，保证理论教学学时数与实践教学学时数的比例达到1∶1至1∶2。

2. 教学大纲编制

（1）一致性原则

即课程教学大纲要准确体现教学计划中对人才培养的规格要求，符合农民继续教育的教学目标、培养规格对教学内容的基本要求。同时，各门课程的教学大纲都要服从课程结构和教学计划的整体要求，相同课程在不同专业的教学计划中应根据各自课程结构的要求有所区别。

（2）成人性原则

即突出成人教育特点，构建以学习为中心的教学大纲。组织编写教学大纲，首先应紧扣成人教育人才培养模式，在制定编写教学大纲的指导意见中提出切合成人教育教学实际的规范要求。特别是要以人为本、更新观念，在具体内容、形式上融入对成人学员的教学要求、学习内容。如遵循农业生产规律，与农时季节紧密结合，遵守理论学习与实践教学、自主学习相结合的基本原则。成人教育形式多样，应因学时不同，授课内容的广度、深度不同，在教学方式上有所不同。如强调对自主学习的指导，提供更多的综合信息，增加学习资料、学习方式，日常作业、成绩评定等项目。

（3）评价性原则

每门课程都要有相应的知识、能力和职业素质测试标准与考核方法。这样既能帮助教师按照教学大纲实施教学，努力提高教学质量，又为新型职业农民的评价与认证提供客观依据。

（4）前瞻性原则

课程教学大纲应较好地反映本课程在现代农业发展中的先进成果及其发展趋势，充分体现现代性、职业性，并为学员终身发展打好基础、留出空间。

（5）动态性原则

随着科学技术、社会经济和现代农业的不断发展，农民继续教育的人才培养方案会适当调整。随着人才培养目标的变化，课程教学大纲也要适时调整、更新，以充分体现其在教学中的规范和指导作用。因此，必须利用教学大纲编制系统，对课程教学大纲实施动态管理，及时修订，以确保教学大纲的适应性。

（6）必需、够用原则

课程教学大纲既要明确本课程在教学计划中的地位、作用和任务，又要符合职业能力分析和行动导向的要求，课程内容的选取、深度与广度的把握，都要以"必需、够用"为度。技术课要加强针对性、实践性，强调技术应用能力的形成和职业素质的养成。

特别是对于实践教学课程，教学大纲要明确具体的基本结构与内容。一是实践课程的性质、目的与任务，指出本课程实践环节的具体实际训练内容，应掌握哪些基本操作和技能。二是实践课程教学的基本要求应按应知、应会、掌握三个层次写明实践课程的主要内容和要求。

第七章 乡村振兴战略下"智慧农业"的发展路径

第一节 乡村振兴战略与"智慧农业"发展

一、实施乡村振兴战略与发展"智慧农业"

（一）实施乡村振兴战略的必要性

1. 有利于实现农业可持续发展

农业可持续发展是指在保证农业稳步发展的情况下，实现农业资源的节约、环境的保护，实现经济发展和生态环保协调统一。马克思所提出的"物质变换"理论和恩格斯的"两个和解"理论都蕴含了可持续发展的思想，实现了人与自然的物质交换，使人类从自然界夺取的东西能返还到自然界，实现物质循环与发展。中国农业和农村发展面临很多困境，如人口众多，农业资源相对匮乏。我国人均耕地面积占有量少，这就决定了我国只能走集约高效的农业发展道路。合理地利用农业资源、改善农业生态环境、发展生态农业，符合我国基本国情，加强农村基础设施建设、弘扬优秀的传统文化，这些对于乡村振兴战略实施具有重要的意义。

2. 有利于保证农产品质量和安全

我国农产品种类多，能够基本满足国内的需求，为了提高产量过度使用农药和化肥等化学产品，导致农村环境污染和农产品的污染。在农药的使用中，农作物吸收一部分，剩余的会进入土壤，最后污染地下水，土壤自我修复能力下降，导致土地状况不良等问题。一些有害物质在循环过程中会无形回到人类的身体之中，也影响人们的健康和生活。乡村振兴战略就是竭力改善生态环境，依靠先进技术，追根溯源，保证农产品质量安全。

3. 有利于提升国际竞争力

中国改革开放和加入世界贸易组织以来，对外贸易繁荣发展，成为农产品贸易大国。国际市场竞争激烈，各国设置的绿色贸易壁垒给我国农业出口带来了严重的影响。绿色贸易壁垒导致国外消费者对我国产品信心不足，对我国出口贸易带来了长期的影响。为了解决所面临的一系列问题，发展生态农业是必然选择，能够促进农业发展、增加农民收入、发展农村经济，还能够保护生态环境、提高农产品质量和出口能力。党的十九大报告指出，要"确保国家粮食安全，把中国人的饭碗牢牢端在自己手中",表明了国家对粮食问题的重视。粮食产量是一个重要的问题,同时粮食的质量也要达到标准,不管是产量还是质量都得牢牢把握在自己的手上。

（二）"智慧农业"与传统农业的区别

"智慧农业"是农业发展史上的重要阶段,也是实现农业现代化的重要模式,它不再局限于传统的农业种植类型,而是包含了第一、第二、第三产业的融合发展。传统农业的发展在信息技术盛行的今天,劳动力成本的优势不再明显,不能适应现代社会的发展要求,必须改变传统的农业发展结构,走现代化农业之路。

1. 技术含量不同

在传统农业社会中,主要依靠人力或简单的操作工具来助力农业的发展,农业机械的应用和推广也会受到抑制。"智慧农业"是用现代科学技术武装起来的农业,其要素大都是由农业部门外部的现代化工业部门和服务部门提供的,以比较完善的生产条件、基础设施、现代化的物质装备为基础,合理分配物质投入和劳动力投入,从而提高农业生产效率。

2. 经营目标不同

传统农业生产技术落后,生产效率低下,农民抵御自然灾害的能力不足,受自然环境的影响较大。为了预防自然灾害给人们的生活和生存带来威胁,农民尽量地多生产、多存粮以备急需,因此传统农业的生产目标主要就是产量最大化,通过产量的增加获得收入。"智慧农业"的经营目标是追求利润的最大化,以一定的投入获取最大限度的利润,让农业成为高度商业化的产业。"智慧农业"突破了传统农业或主要从事初级农产品原料生产的局限性,实现种养加、产供销、贸工农一体化生产,使农业的内涵不断得到拓宽和延伸,农业的链条通过延伸更加完整,农业的领域通过拓宽使得农工商的结合更加紧密。尤其是食品供给的链条越来越长,环节越来越多。一种食品从开始种植到利用,要经过生产、加工、流通等诸多环节,食品的供给体系越来越复杂化以及国际化。

3. 规模化程度不同

传统农业是一家一户式分散经营,不具有规模化,农业生产效率和农民收入都不高。社会生产力发展到一定阶段,原有的农业发展模式已显示出弊端,农业的发展日益走向现代化、智慧化。农业中的某些产业受到集聚规模效益的驱动,向特定农业资源的地理区域集中,从而形成具有一定规模、地域特征明显的"智慧农业"产业集聚区。"智慧农业"按照区域比较优势原则,突破行政区划的界限,使分散农户形成区域生产规模化,实现资源的优化配置。"智慧农业"的发展注重产业规模化,具有一定的产业化经营水平和潜力,能够从根本上解决农村经济发展落后问题。

4. 管理方式不同

"智慧农业"广泛采用先进的经营方式、管理技术和管理手段,从农业产前到产后形成比较完整的、有机衔接的产业链,具有很高的组织化程度。高效、稳定的销售渠道,具有较高素质的农业经营管理人才和职业化农民,这些构成了"智慧农业"发展必备的现代农业管理体系。

（三）发展"智慧农业"与实现乡村振兴

现在我国社会的主要矛盾就是人民日益增长的美好生活需要和不平衡、不充分的发展之间的矛盾。现阶段，我国的城市化和工业化发展势头正旺，但是农村农业的现代化发展相对比较缓慢，城市和农村发展差距依然存在，帮助农民摆脱贫困的问题还是非常艰巨的。只有重视建设农业农村现代化，并且有效地推进农业农村的平衡、充分、现代化发展，才能够真正实现社会主义现代化强国的目标。走中国特色的减贫之路，需要乡村振兴战略，这是一个综合性战略，能够改善民生，精准扶贫。加快发展现代高效农业，促进第一、第二、第三产业融合，增加农民收入，这是实施乡村振兴战略的要旨。发展"智慧农业"应与实现乡村振兴相互契合。中国社会科学院财经战略研究院研究员李勇坚认为，互联网发展给中国乡村带来了以下几个方面的机遇：一是农产品有了更广阔的市场空间，为乡村发展注入新的活力；二是有利于改善农村的商业消费环境，提高乡村消费水平；三是有助于乡村精准扶贫；四是有助于农村金融的发展；五是有助于提升乡村治理水平。李勇坚同时表示，以互联网发展促进乡村振兴需要多措并举，一是需要农产品上行与工业品下行同时发力；二是要加快推动农村各类服务互联网化；三是利用互联网挖掘贫困地区的各类资源价值；四是利用互联网发展乡村公共服务，传播乡村特色文化；五是利用互联网发展与"三农"相关的金融服务。

互联网的不断发展、信息化技术的广泛使用促进了"智慧农业"的产生，农业日益走向网络化、智能化，"智慧农业"成为乡村振兴发展的重要路径。苏宁控股集团董事长张近东表示，农业发展是乡村振兴战略的基础支撑。伴随着互联网等新技术的加速涌现，数字农业、"智慧农业"应运而生，农业发展迈入了"新的春天"。"智慧农业"高效率、智能化、精准化等一系列特点，对解决我国人多地少的现实国情和全面建成小康社会具有重要的现实意义。

1. 乡村振兴战略为"智慧农业"发展引导方向、拓展思路

（1）乡村振兴战略的提出，为"智慧农业"注入活力

源于乡村振兴战略，各类资本投入农业的兴趣将被再度激发，新一轮农业投资热潮迎面而来。政府对农村和农业的高度关注与科学规划，再加上充足社会资金的投入，使农村农业面临发展的重大机遇，"智慧农业"自然被注入了无限活力、激活了无限潜力。

（2）乡村振兴的政策体系，为"智慧农业"指明道路

随着乡村振兴战略的提出，中国从上到下倍感振奋，各级政府部门抓紧时间出台规划和各类政策，为农业供给侧改革明确新的方向。

（3）乡村振兴的成效，为"智慧农业"夯实基础

政府规划和引导、农民以及全社会积极参与，中国的农村将要实现农业强、农村美、农民富的美好愿景。在乡村振兴逐步深入推进的过程当中，一些问题如农村农业基础设施差、部分农村居民思想滞后、科技力量欠缺等障碍将被大力破解，为"智慧农业"的发展夯实基础。

2. "智慧农业"发展给乡村振兴提供助力、提供保障

产业兴旺是实现乡村振兴的重要内容，发展"智慧农业"是产业兴旺的核心，就是依靠信息技术和科学手段推动农业、林业、牧业、渔业和农产品加工业转型升级，提升良种化、科技化、信息化、标准化、制度化和组织化水平。随着农村改革的不断深化，除了农业这个根基之外，延伸出来的农村第二产业、第三产业也不断地发展起来。要大力发展新型职业农民，调动广大农民的积极性、创造性，形成现代农业产业体系，推进农村第一、第二、第三产业融合发展，促进农业产业链延伸，保持农业农村经济发展鲜活的生命力。"智慧农业"可推动农业产业结构的优化升级，一些传统资源、农业废弃物被综合利用，新模式的农业蓬勃发展；在稳定传统农业的基础上，不断拓展农业其他功能，实现现代先进科技与农业产业的融合发展。

生态宜居是提高乡村发展质量的保证，发展"智慧农业"是生态宜居的持续。在过去很长一段时期，我国农业发展主要是粗放式经营，追求高产是目标，虽然带来了丰富的农产品，但对生态环境造成了一定的破坏。随着经济的发展，人们的需求越来越高，不仅要提供优质的农产品，还要提供生态产品以及具有乡情、农耕文化的精神产品，满足这些需求，离不开生态宜居的良好环境。"智慧农业"主要秉承保护自然、顺应自然、敬畏自然的生态文明理念，提倡绿色生态理念，不断完善基础设施建设，注重人与自然和谐共生，让乡村人居环境绿起来、美起来，实现乡村振兴。

治理有效是实现乡村振兴、乡村善治的核心。治理越有效，乡村振兴战略的实施效果就越好。我国具有悠久的农耕文化和乡村自治传统，在农村中人们使用共同的资源、共同的环境、共同的秩序，有自己的行为规范。随着农业生产方式的改革，农村社会结构分化，大量农村劳动力外出打工，有些村子成了"空心村"，丧失了自治能力，因此，乡村治理就尤为重要。应建立健全现代乡村社会治理体制，完善乡村治理体系，加强基层民主和法治建设，确保农村更加和谐、安定、有序。

生活富裕是乡村振兴的目标，乡村振兴战略的实施效果要用农民生活富裕程度来评价。生活富裕就是要让农民增收，要发展农业新产业、新业态，打破城乡二元经济，推动第一、第二、第三产业融合，延长农业产业链，对农产品进行深加工，把农业附加值留在农村内部。同时，发展农村电商，合理布局生产、加工、包装、品牌，打造完整的农村电商产业链。发展"智慧农业"能够实现产业化经营，有利于提高农民收入，缩小城乡居民收入差距，最终达到共同富裕。

二、"智慧农业"的并行模式——"互联网+现代农业"

（一）"互联网+现代农业"的主要特征

为了更好地理解"互联网+现代农业"，我们把"互联网+现代农业"的特征总结为"八化"，即品种良种化、布局区域化、生产智能化、经营产业化、服务信息化、农产品品牌化、农民职业化、发展国际化。

1. 品种良种化

关于良种的作用，毛泽东曾经说过一句话，"有了优良品种，既不增加劳动力和肥料，也可获得较好的收成"。纵观现代农业生产的发展和进步，无一不是良种在起着关键性的作用。要实现农业的现代化，一是要提高良种覆盖率，二是要不断进行品种更新。"互联网＋现代农业"就是运用互联网技术、大数据分析等对农作物的育种、生长环境等方面实现有效控制，做到品种良种化，有利于提升农产品品质，实现农业产出高效。

2. 布局区域化

每一个优良品种，都有自己最适宜的栽培区域，只有把它放在最适宜的地区栽培，才能充分发挥其作用。所谓布局区域化，主要是指把优良品种安排在最适宜的地区集中栽培，以发挥其最大的的潜力和比较优势。"互联网＋现代农业"，就是运用现代信息技术、大数据分析，使农业资源优化配置，形成优势农产品生产区和产业带，提升农业发展效益和产业竞争能力。

3. 生产智能化

靠天、靠经验的传统农业生产方式已不适应时代发展的潮流，在"互联网＋"时代下，应充分利用互联网技术、云计算、大数据分析，提高农业生产效率，实现农业生产的精细化。农业生产者可通过物联网技术、3S技术（遥感技术、地理信息系统、全球定位系统）、生态环境监测系统等，注重农业生产的智能化，提高农业资源利用率，实现农业现代化的快速发展。

4. 经营产业化

农业产业化经营要充分运用互联网技术、大数据分析、开放平台来组织现代农业的生产和经营。"互联网＋现代农业"对农业和农村经济实行区域化布局、精准化生产、网络化服务和在线化管理，形成产、供、销"一条龙"的经营方式和产业组织形式，推动农业的发展日益呈现出规模化、产业化的特征。

5. 服务信息化

"互联网＋现代农业"基于农业大数据共享平台、大数据分析等，可实现农业生产、农业流通、农业管理过程中服务的精准化、共享化，帮助农业生产者获取农作物生长信息、市场信息、物流信息、农业发展动态信息等，提升农业的市场竞争力，振兴乡村经济，加速农业现代化的进程。

6. 农产品品牌化

国际环境的变化对我国农业产业的发展产生了深刻的影响，农产品市场的竞争异常激烈。从一定意义上讲，没有品牌和商标的农业，不是现代化农业，也无法适应市场经济。好的品牌，意味着好的质量、好的价格，有利于农业增效、农民增收。因此，建立和培育农产品品牌已经成为我国农产品生产经营者提升市场竞争力的必然选择，成为我国农业产业化和现代化进程中不能回避的重要环节。互联网开放、透明、共享的特性，倒逼着农企更加注重品牌。借助互联网技术，建立农产品质量安全追溯平台，保证农产品质量和安全，树立农产品品牌，有利于平衡农产品供需结构。

7. 农民职业化

"互联网+现代农业"的发展，从根本上讲，最终取决于科技的进步和劳动者素质的提高。加快农业现代化的实现，适应"互联网+现代农业"发展的需要和应对市场经济的挑战，就必须高度重视和加速农民职业化的进程，培养更多的知识型农民、职业化农民。在"互联网+"时代契机下，迫使农民转变传统农业思维，塑造农民职业化身份。

8. 发展国际化

当今世界，正面临着工业化、信息化、城镇化、市场化、国际化深入发展的新形势。要实现农业的现代化，就必须有国际化的大视野，实现国内农业生产、流通、消费与国际的对接。"互联网+现代农业"充分利用现代信息技术，注重农业生产的智能化、信息化、规模化，降低农业生产成本。农业产业不断升级与优化，提高了农产品的科技含量，农产品品牌日益国际化，与国际接轨，有利于夯实我国农业发展的国际竞争力。

（二）"互联网+现代农业"创新发展体系

"互联网+"使传统农业向生产科学化、经营产业化、销售精准化、服务信息化等方向转型升级，由此构建了一种基于"互联网+"背景下农业的创新发展体系，以生产—经营—流通—深发展为主线，用"互联网+"串起现代农业的发展链条，有利于解决我国的"三农"问题，促进农业经济的繁荣发展。"互联网+现代农业"创新发展体系主要包括生产体系、经营体系、流通体系、"服务+管理"体系以及可持续发展体系五大体系。这五大体系相互联系，不可分割，以互联网、大数据、云计算等信息技术手段为媒介，渗透于农业的各个方面，促进农业经济全面现代化的实现。"互联网+现代农业"生产体系可从源头上提高农业经济的竞争力，互联网技术进入育种、栽培、灌溉、收割、加工等农业生产环节，促进农业生产精细化、专业化，基于物联网、大数据等手段提升农业生产各个环节的智能化水平。"互联网+现代农业"经营体系主要以土地为基础，融合现代互联网信息技术，实行土地改革，改变以家庭联产承包责任制为主的经营体制，形成"互联网+现代农业"发展的适度规模化、产业化优势。"互联网+现代农业"流通体系主要解决农产品的销售问题，实现农业生产与需求之间的精准对接，主要通过农业电子商务体系达到供需平衡，提高农民收入，实现精准扶贫。"互联网+现代农业"可持续发展体系可实现农产品深加工、各产业融合、生态环境保护、创意农业等，保障"互联网+现代农业"的长远发展。"互联网+现代农业"的"服务+管理"体系贯穿于生产体系、经营体系、流通体系、可持续发展体系中，基于信息化手段和信息共享平台提供技术服务、社会化服务等，使各个体系相互融合，实现农业、农村现代化治理。

（三）"互联网+现代农业"发展维度探析

1. 从国家宏观维度上加强顶层规划设计，引导"互联网+现代农业"

"互联网+现代农业"是现代信息技术与农业深度融合的战略性思维，对农业现代化的实现有重要的推动作用。但是在国家宏观维度上尚缺顶层规划设计和一些政策引导，导致"互联网+

现代农业"呈现出局部性或片面性发展，各自为政，影响了我国农业现代化的实现，对农业国际竞争力提升也大打折扣。因此应加强"互联网＋现代农业"顶层规划设计，尽快出台"互联网＋现代农业"发展规划，借助大数据、云计算等手段，制定"互联网＋现代农业"的发展目标、任务和步骤，统一布局、统一协调、稳步推进，在国家宏观指导下具体开展"互联网＋现代农业"的实施性工作，在省市县尽快出台"互联网＋现代农业"发展方案，确定技术发展思路图，加强关键技术和基础领域在互联网与农业深度融合上的实践与创新。加强政策引导，在政策制定和扶持上适度倾斜"互联网＋现代农业"，如加大农业智能化技术研发补贴、加大农村科研经费投入等，为"互联网＋现代农业"发展提供资金支持；完善"互联网＋"时代下一些"惠农"发展机制，为"互联网＋现代农业"的实现提供有利条件。建立健全激励机制，成效突出的示范区可加大支持力度，对成效不突出或发展缓慢的地区要减少或暂停相关政策项目支持。

2. 从农业生产维度上提高农业生产智能化水平，促进"互联网＋现代农业"

提高农业生产智能化水平，是新时代条件下提高农业大国竞争优势和提升政府治理能力的有效路径。"互联网＋现代农业"重视农业生产的信息化、智能化，倒逼出"精准农业"，能够节约成本，提升农产品的品质，提高农业发展效益，增加农民收入。利用大数据、云计算、物联网等技术，在育种、栽培、生长、灌溉等环节，做到科学种植、合理生产，不断提升农作物生产的效益。可重点推广节水、节药、节肥、节劳动力的物联网技术，提高农业生产的劳动生产率和土地生产率。在农产品生长环节，充分利用大数据、云计算精准获取农作物生长信息、环境信息等，选择优良的品种，保障农作物生长的安全和质量，有利于调节农产品的供应，避免供应过剩，满足人们的需求。将大数据分析、云计算运用到农产品质量安全监管的全过程，加强农产品质量溯源管理，满足人们对"舌尖上的安全"的渴求，打造特色农产品品牌，树立品牌意识，推进地区精准扶贫。

3. 从经营方式维度上鼓励农业适度规模化经营，推动"互联网＋现代农业"

农业适度规模化经营是"互联网＋现代农业"的必经之路，只有农业适度规模化经营才能有效地把互联网技术、先进的大数据分析应用到农业经济中，提高产量、降低经营成本，实现农业产业化发展。农业适度规模化经营，首要破除农民"视土地为命根"的思维，依法推进农村土地使用制度改革，规范、合理地促进土地承包经营权的流转。促进农业适度规模化经营，可采取多种方式，如可实行联户经营、树立统一标准的规模化经营、涉农组织带动的规模化经营等，不断创新适合"互联网＋现代农业"发展的规模化经营模式。

4. 从基础设施建设维度上深度融合农业现代信息技术，发展"互联网＋现代农业"

"互联网＋现代农业"发展的关键在于与现代信息技术的深度融合，必须加快农村互联网基础设施建设，"宽带中国"战略的推进有助于我国信息基础设施建设水平的提升，着重解决宽带"村村通"问题，缩小城乡互联网普及率差距，降低农村互联网资费标准和使用成本，逐步扩大信息网络在农村的覆盖范围，优化农村信息服务环境。加快建设农业大数据工程、大数据中心，是农业实现跨越式发展的动力。全面采集农业信息，整合全方位信息服务，让农民能够了解农业大数据信息的使用，可确保农业信息及时、准确、有效，提高农民使用农业信息资源利用的效率，为顺利实现"互联网＋现代农业"的科学发展提供信息保障。在农产品流通渠道上深度融合农业现代信息技术，积极推动农村电商发展。发展农村电商是实现"互联网＋现代农业"的重要手段，有利于实现农产品的供应与消费者需求的精准对接，也是实现农民创业创收的重要方式。要推动农村电子商务平台的建立，增加较完善的电商平台在农业方面的投入力度，如加大对阿里巴巴、京东的投入等，还要培养、鼓励一些涉农企业或组织建立电商平台，让农产品可实现线上线下同步交易。加强农村物流基础设施建设，提升农产品物流配送体系，降低农村物流运输成本，保障农产品的运输和配送，从而不断提高农村电商的盈利水平，拓宽农村网购市场，带动农村服务业的升级与发展。

5. 从经营主体维度上培养新型职业化农民，践行"互联网＋现代农业"

"互联网＋现代农业"的发展，各参与主体都要逐渐转变传统农业意识，尤其是农民。国家、政府要不断宣传"互联网＋"在实现农业现代化发展中的重要作用，同时也要积极培训农民，逐步渗透"互联网＋"思维观念，让农民真正领悟到、感受到"互联网＋"带来的利益，能够践行"互联网＋现代农业"，实现农业农村经济的现代化发展。

"互联网＋现代农业"真正地落地生根，需要大批新型职业化农民，不仅能懂农业，还会利用网络技术管理农业，他们是实现"互联网＋现代农业"建设的人力支撑。以农业适度规模化、产业化为抓手，推进农民职业化发展，提高农民的职业素养，建立新型职业农民队伍，构建智能化、移动化的新型职业农民培育体系，具体落实新型职业农民教育培训体系的构建工作，为"互联网＋现代农业"发展提供智力支持。鼓励和引导大中专毕业生、返乡农民工、各类科技人员等到农村践行"互联网＋现代农业"，发挥他们的推动作用，提高涉农人员素质。尤其是农村中的中青年，他们接受新鲜事物比较快，对互联网的操作和使用比较熟练，应做好扶持工作，鼓励他们回农村、在农村中工作，带动农业农村经济现代化的实现。

6. 从发展长效维度上拓展农业发展多种功能，提升"互联网＋现代农业"

由于农业资源的有限性、环境的污染性以及人们需求的无限性，拓展农业发展多种功能是提升"互联网＋现代农业"的重要手段，有助于农业农村的长效发展和农村环境的改善。要利用现代信息技术、大数据分析、云计算等，推进农业与文化、教育、科技、生态、康养、旅游的融合，提高农产品附加值，提升农业持续竞争力。要利用农村天然禀赋优势，如自然生态环境、人文景观等积极开发农村旅游业、休闲农业、文化创意农业，推动农村服务业的发展，减少对农业农村环境的污染。利用农村地区优势，积极建设美丽田园，培育各具特色的地方品牌，形成别具一格的农业发展模式，加强宣传，走向国际，提高农业综合收益。融合新技术、新手段，鼓励农民、联合社会各类组织对农业进行改造和创新，充分发挥出农业的优势，挖掘出农业的多种功能，实现乡村振兴。

第二节 乡村"智慧农业"的发展路径选择

一、加强顶层规划设计，完善"慧农"发展机制

"智慧农业"发展要求农业生产的规模化和集约化，必须在坚持家庭承包经营基础上，建立和完善对农业的支持保护体系和补偿机制，减少土地撂荒现象，积极推进土地经营权流转，加快农村土地流转机制，因地制宜发展多种形式规模经营，可采用"连片耕种"方式，提高农业产业化水平，实现农业规模化经营。在农业农村农民的综合治理中，大力推进信息化、网格化和智能化的治理。为此，国家需要倾注农业科研经费投入和加大科技攻关力度，尽快进行农业科技创新机制改革，不断提高我国"智慧农业"的研发能力和应用水平，引领我国农业向现代化、智慧化发展。可在全国层面设立"智慧农业"发展专项资金，纳入财政资金预算，发挥专项资金的引导和放大效应；各省市应从实际出发，争取资金支持，用于基础设施建设、系统升级、技术开发、信息服务等方面，为"智慧农业"发展提供强大的资金支持。建立省、市、县各级农业物联网综合应用服务平台，切实抓好农业信息方面的服务，加强信息流通与共享机制，为实现"智慧农业"的发展提供便利。"智慧农业"发展必然经过一个培育、发展和成熟的过程，因此，当前要科学谋划，制定出符合中国国情的"智慧农业"发展规划及地方配套推进办法，为"智慧农业"发展描绘总体发展框架，制定目标和路线图，从而打破我国"智慧农业"虽然发展多年但却各自为政所形成的资源、信息孤岛局面，将农业生产单位、物联网和系统集成企业、运营商和科研院所相关人才、知识科技等优势资源互通，形成高流动性的资源池，形成区域"智慧农业"乃至全国"智慧农业"发展的"一盘棋"局面。

（一）加快农村土地流转机制

1.赋予农民土地承包权有效的法律保障

土地作为一种不能再生的、稀缺的自然资源，是农民最根本的生存保障，是农民的"命根子"。要积极探索土地承包关系保持稳定并长久不变的具体实现形式和有效途径，引导土地承包经营权规范流转，切实充分保障农民切身利益及经济利益。我国已经进入工业反哺农业、城市支持农村的新阶段，在国家惠农政策指导下，淡化土地所有权，强调土地使用权，以法律的形式确定农村土地所有权与使用权的永久分离。要通过加强立法，加快修订完善土地相关法律法规和规章，如《土地管理法》《农村土地承包法》《基本农田保护条例》《农村土地承包经营权流转管理办法》等，进一步明晰农村土地产权主体、强化承包经营权的物权性质、规范复杂多样的土地经济关系。在执法上要加大力度，发挥司法权对行政权的制约作用。要加大法律法规的宣传力度，提高基层政府和干部的法制意识，提高农民的法律意识，鼓励农民运用法制武器保护自身土地权利。

2. 加快推进农民土地承包权的确权、登记、颁证工作

推动农村集体资产确权到户，通过对农村耕地、林地、牧地等资源性资产颁发相应承包权证书，实现物权保护。明确集体经济组织成员身份，来保护集体经济组织成员的财产权利不受侵犯。明确设置集体股和个体股，合理划分股份。做好股权管理，明晰产权归属，确保权责明确，进而有效维护农村集体经济组织成员的物质利益和民主权利，尽量实现"量化到人、确权到户、户内共享"的集体经济组织发展形式，壮大集体经济组织的同时促进个体经济的发展。

3. 积极探索土地流转新形式

家庭承包制实行几十年以来，已经发挥了它极大的作用。目前，一部分农民已经离开土地从事其他行业，一部分农民在进行土地规模经营，大部分农民仍然要依靠土地解决温饱问题。因而，土地经营制度不可变革过快，应坚持稳定土地家庭承包制度，在此基础上探索土地经营新模式。农业经营的方式，可以是家庭式的，可以是集体式的，也可以是股份制式的，这要根据具体的情况而定。另外，我国疆土辽阔，土地资源分布区域差异性明显，农地类型多样，各农地经营的外部环境也是极不相同的，比如我国东、中、西部地区不仅土地资源条件存在差异，各地区的经济社会发展水平也有着极大的差别。这就决定了我国农地经营制度必须多样化，因地制宜，适应各地区发展需求，实现农地经营制度共性与个性的结合。要培育健全的中介组织，在土地供求信息、规则政策和办理流转手续等方面发挥重要作用，为土地流转提供市场服务，进一步实现土地资源的优化配置。

4. 强化土地流转相关机制

最近几年的农地流转表现出流转层次低、流转规模小、流转区域发展不平衡等现象，主要原因是没有科学有效的规范流转运行机制，影响了我国农地流转有序、健康发展。首先，建立科学的土地价格形成机制。科学合理的农地价格的形成是进入农地市场运行的前提条件，只有进入市场，才能通过优胜劣汰的市场竞争，实现农村土地资源间的优化配置。其次，建立市场化的土地流转机制。土地承包制造成土地使用分散化严重，难以实现规模经营，当前土地流转机制的缺乏也妨碍了土地规模经营，降低了农地使用效率，因此要在坚持土地公有的基础上，使土地经营使用权商品化，促进农村土地流转市场发育，建立市场化的土地经营使用权流转机制，实现土地转让的公平性和竞争性。再次，健全和完善"农民自主、政府协调、社会服务"的土地流转机制。由于农地产权不清晰，在对农民承包土地的调整、征用和补偿过程中，有些乡领导、村领导很可能以土地所有者地位自居，损害了农民的土地权益。因此，建议建立有效的监督制约机制，因为农村土地流转一旦缺乏有效的制度组织管理约束，极易出现乱收费、乱摊派等问题，因此，应规范地方政府对土地的使用权限，限制或解除农村基层干部对土地的控制权。必须建立健全农村土地流转各项制度，保障农民土地利益不受侵犯，加强农村基层民主制度建设，建立健全村民自治制度，积极创造途径让农民参与集体公共事务管理。

5. 培育新型经营主体，创新农业经营体系

为了激发我国农业生产活力，发挥农业土地经营制度潜力，鼓励发展家庭农场经营，加强农民科技职业教育，培育新型职业农民。按照当地实际情况，培育一些种养殖大户，在此基础上适度发展规模化经营的家庭农场，以此加强自主经营的市场竞争力和专业化，紧跟时代步伐，实现农业经济的发展。由于我国农村土地细碎化现象比较严重，农户多年来都是分散式自主经营，影响到了我国农业规模化、产业化的发展。因此，需要将分散的农户组织起来，按照当地主要经营农作物的特点，成立专业合作社，指导兴办生产、加工、销售等不同类型的合作组织，提高农民的组织化程度，促进生产设施完善，提供市场信息、科学技术等服务，形成产销对接的经营服务链条。要办好农业合作社，还必须严格建立相关制度规章，规范整个运作流程，尽量满足社员要求，得到社会认可，促进整个农产品生产、销售、服务的标准化、一体化。

（二）完善农村产业化经营机制

农业产业化一经提出，就受到了各级政府、理论界和中央领导的高度重视。农业产业化是我国继农村家庭联产承包责任制、乡镇企业大发展之后的又一次大规模的改革，是推动传统农业向现代农业过渡的必然选择，是我国农业和农村经济发展的有效形式，也是发展"智慧农业"、实现乡村振兴的必经之路。

农业产业化经营就是从经营方式上把农业产前、产中、产后等环节有机结合起来，实现加工、包装、销售等一体化经营。把一些"小户""散户"资源整合起来，面向"大市场"，推动农业和其他产业的结合，形成产业链，焕发农业的生机。不断完善农业经营体制机制，构建新型农业经营体系，对于推进农业现代化建设和实现乡村振兴具有重要的作用。农村产业化经营要结合农村实际情况，鼓励多方力量参与，如农村专业合作社、农产品行业协会、龙头农村企业协会等。农村专业合作社是实现农业产业化经营的中坚力量，具有一定的引导作用，应鼓励其发展，推进第一、第二、第三次产业融合发展，促进产、加、销一体化经营，强化对区域农业产业链的带动能力。此外，鼓励农产品行业协会、龙头农村企业协会同地方政府合作，协力推进农业产业化经营，充分发挥它们的推动作用；加强农业产、供、销平台建设，不断推动农产品品牌构建，提升农业产业化经营发展能力、竞争能力以及创新能力。

（三）健全农村信息流通与共享机制

发展"智慧农业"的关键环节是运用信息技术手段，促进信息的使用、传播、共享，推动农业的不断发展。农业农村信息化工作是农业经济发展的关键保障，随着农业和农村信息化基础设施建设的加快，农业信息技术创新的不断发展，涉农信息资源的整合和共享问题也会得到有效解决，电子政务和电子商务工作深入开展，农民能够方便地获得有效的生产和生活信息，农村信息化"第一公里"问题将得到缓解。健全农村信息流通和共享机制，有利于促进农村信息化发展，缩小数字鸿沟，实现经济结构的战略性调整和促进社会全面进步；有利于提高产品竞争力，促进农业增效、农民增收；有利于推进农村教育事业的发展，全面提升国民素质。

1. 强化政府的主导功能

政府在农村信息基础设施建设和完善信息化工作过程中起着重要的助推作用，能够统一规划、统一布局，从国家层面推动农村信息平台的建设，积极与涉农部门沟通和协调，促进资源共享，推动各级部门从农村实际出发，从信息实际应用出发，有针对性地为农民提供有用的、标准的信息。

2. 整合信息资源，实现优势互补

农村科技信息共享与服务平台建设重点是抓好做好供求信息自动对接平台、农村科技网上培训平台、农村劳动力资源与就业平台、咨询服务专家系统平台和通信工具信息传递服务平台等。服务项目从农业向农村延伸、从农业生产向生活延伸，服务内容从目前的技术、咨询、市场价格和供求信息服务为主扩大到农村政策法规、农副产品加工储藏、劳务输出、农村工业发展、农产品标准、医疗卫生、农村教育、环境保护、建设规划等全方位涉农领域服务。建立统筹协调、部门互动、区域联动、部门及社会各方面共同参与的信息采集、交换、共享、发布和管理沟通机制，充分利用各部门现有的网站有关栏目，提供有价值的信息资料，实现双方的互动交流和信息资源共享、优势互补。

3. 加强信息应用培训平台

信息应用培训关系到信息化工作能否顺利实施，在此过程中，要提高基层干部和农技人员信息服务和指导能力，提高经济主体利用信息化手段发展经济的能力，才能推动农村信息化建设。按照分级负责、分级管理原则，采取集中培训、远程教育等方式，全面开展农村信息应用培训，例如，实施农民素质工程、加强农村党员远程教育培训等，培训的重点对象是乡村农业技术人员、农村种养和营销专业大户、农民专业合作社和农业龙头企业的相关人员等。让他们学会使用计算机和网络，会操作应用，能够掌握信息采集和发布等基本技能，达到会收集、会分析、会传播信息的基本要求。

（四）加强农村社会保障服务机制

一些发达国家如美国、德国、英国、日本等，基本上已经完成了城市化进程，它们将研究的重点放在不断完善农村社会保障服务体系上以及提高现有福利待遇，扩大农村社会保障服务资金的来源并且加大补贴力度，其农村地区的社会保障服务体系建设十分健全。而新兴工业化国家，如韩国，开展了数十年的"新村运动"，其农村也基本实现了现代化，也拥有先进而科学的农村社会保障服务体系。还有印度、巴西、南非、埃及等一些国家，它们与中国有着某些相似的情况，如农业人口多等。我国存在着"三农"问题，国外的先进经验可以借鉴，但需要从国情出发，实事求是。我国农业人口众多，又是一个农业大国，需要重点放在加强农村社会保障服务机制上，建设一个公平、公正、科学、合理的农村社会保障服务体系上，从而保障农民的根本利益，实现乡村振兴。加强农村社会保障服务机制有利于保障农民基本生活权益，缩小城乡差别，实现社会基本公平，促进劳动力的合理流动，推动土地适度规模经营，有助于实现农业现代化。

1. 完善农村最低生活保障制度建设

农村最低生活保障制度是国家和社会为保障收入难以维持最基本生活的农村贫困人口而建立的社会救济制度。建立农村最低生活保障制度不仅是改革与完善农村社会救济制度的重大举措，而且也是尽快建立农村社会保障制度的关键所在。因此，要建立与完善农村社会保障制度，应以建立农村最低生活保障制度为战略突破口，全国各地都必须尽快建立起农村最低生活保障制度。完善农村最低生活保障制度，必须正确理解和准确把握党和政府关于全面建立农村最低生活保障制度的政策，从整个社会发展的大视野审视和界定农村最低生活保障制度的公平原则，科学地确定保障线标准，选择合适保障对象，合理筹集保障资金，分层分类、有序解决农村的贫困问题。建立科学的财政出资结构，创新筹资渠道，国家和地方财政成为农村最低生活保障支出的主力军，而各县区财政则应集中精力于具体的农村最低生活保障实施效果的完善。在习近平总书记的领导下，全国各地都在积极响应实施"精准扶贫"的号召，在农村最低生活保障制度运行中结合相关政策，完善农村最低生活保障救助条件，保障低保金精准到位，同时根据农村最低生活保障对象的实际情况进行针对性的救助，通过扶贫开发推动农民一些利益的实现。加强农村居民家庭经济状况核查，努力克服当前农村社会的特殊性制约因素，倡导通过政府购买社会服务的方式，将家庭经济状况核查交给有资质的第三方组织具体开展入户核查工作，切实提升精准识别专业化能力，保障农民生活和生产的顺利进行。

2. 完善农村社会养老保险制度建设

我国农村老人最多、贫困率最高，成为扶贫攻坚的主攻点。在农村传统观念中，农村养老主要靠子女负担，但是家庭养老正面临严重挑战，社会的进步和家庭成员思想的变化，导致家庭养老可持久性比较差，也易受到意外事件影响，养老问题社会化是一个必然趋势。西方发达国家基本上都通过立法的形式建立起了社会保障制度。到目前为止，还没有一部专门规范社会养老保险的立法，其他一些法律对农村社会养老保险问题只是做了零散规定。各地在推行农村社会养老保险的过程中更是"摸着石头过河"，不利于农村社会养老保险事业的顺利进行，说明我国关于农村社会养老保险的立法工作相对滞后。因此，要健全农村社会养老保险法律制度，让农民有法可依，安心从事农业工作。完善农村社会养老保险机制，为农村人员提供保障，在缴费机制方面要有动态性，个人根据收入情况选择不同的缴费档次；对多缴费、长缴费的，实行阶梯形的补贴标准，注重激励；设计灵活的缴费时间，为一些不方便人员、外出打工人员参保提供便利条件；实现基础养老金的动态化调整，以应对外界环境带来的变化。在公平机制方面，由于我国农村养老环境较为复杂，地区差异较大，建立适用地域更加广泛的统一的补贴标准，但对不同人群，应当给予不同的补贴标准，向弱势群体倾斜，力求公平发展。政府应当增加对贫困地区养老保险的资金补贴，应当根据区域发展不均衡采取不同层次的差异化措施；加强对贫困地区集体经济的基础性投入，为当地经济发展和农民增收创造条件；帮助集体经济组织改善经营状况，推动其产业发展，壮大集体经济；鼓励和引导社会慈善公益组织和企业实施对贫困地区的资金捐助，缓解集体补助不足。

　　农村社会养老保险可采取多形式、多渠道开展，一方面减少政府的压力，另一方面推动各方力量参与农村社会养老保险，发挥个人、企业、社会组织等的作用。加大对农村养老保险的宣传力度，使农村充分认识到参加养老保险的必要性，提高农民参保的自觉性和积极性。应鼓励农民购买商业保险，以提高保障力度，推动农村社会养老保险制度的多元化发展，提高其社会性。还可以加强农民养老保险基金投资运作，比如美国通过购买国债实行保值增值；也可发行社会保险福利彩票，推动完善农村社会养老保险。

　　随着信息化工作的开展，农村信息化也逐渐普及开来，要加快农村社会养老保险的信息化建设，运用先进信息技术手段，建立一个功能齐全、覆盖面广、规范透明的农村养老保险信息网络，做到软件统一、硬件设备配置较高、数据传输方式统一的信息采集制度。完善省级基本养老保险信息数据库和信息管理系统，实现省、地、县三级业务联网和数据实时共享，保障养老数据的全面性和及时性。加强普及农村社保卡的使用率，为参保人员的养老金的缴纳、领取工作、查询工作提供了便利。建立农村居民户籍动态信息沟通和信息联查机制，确保农村社会养老保险参保人员户籍信息的准确完整，能够及时享有农村社会养老保险。加快地方社会保险经办机构建设，实现基层服务平台全覆盖。根据实际工作需要配备农村社会养老保险人员力量和必要经费，提高农村养老保险工作的专业化水平，适时引进专业社会工作者参与农村养老保险工作，细化养老保险对象的基本情况以及农村养老保险基金的缴纳、记录、核算、支付、查询等服务。加强业务人员培训，提高人员经办能力，建立农村居民参保缴费和领取待遇情况档案，确保经办业务规范有序，顺利开展农村社会养老保险工作。

　　3.完善农村医疗保险制度建设

　　社会保障制度是保证社会公正、维护社会稳定和促进经济发展的重要制度安排，关系着每一个家庭的福祉，而面向我国广大农村地区的社会保障体制无疑是整个社会保障体系中的重中之重。农村人口收入水平普遍较低，享有的社会保障程度不高，而作为广大农村居民普遍关注的农民医疗保障问题，不仅是社会急需解决的重大问题，还关系着亿万农村居民的健康水平和农村的各种矛盾的缓解，完善农村医疗保险制度建设对于解决我国"三农"问题，构建和谐社会具有重要意义。在农村医疗保障方面，随着农村土地家庭联产承包责任制的推行、财税体制的变迁和市场经济的浪潮，原有的农村合作医疗制度因失去了资金筹集的制度基础和组织基础而迅速衰落，农民的健康保障问题逐渐显现，因病致贫或因病返贫的现象在农村地区司空见惯。

　　目前我国农村的医疗保险，大体上有合作医疗、医疗保险、统筹解决住院费及预防保健合同等多种形式，其中合作医疗是其最普遍的形式。实践证明，多种形式的农村合作医疗是农民群众通过互助共济，共同抵御疾病风险的好举措，也是促进我国农村卫生事业发展的保障。首先，政府要给力，在资金方面要强力投入。我国新型农村合作医疗制度的推行，是一种符合我国国情、具有中国特色的医疗保障形式，具有公益性的特征，是社会福利的体现，因此，政府要给予农村医疗保险制度最大程度上的财政支持，提升对新型农村合作医疗的补助标准，同时由于地区之间的差异性，要设定合理的补助标准，与当地实际相适应和协调，保障广大农村居民看病无忧。还需要加大对农村医疗定点机构的经费投入，特别是村级卫生所、乡镇医院的投入，这些机构往往是农村居民看病最多的地方，改善其卫生医疗条件及设施设备，加强基层医疗机构基础设施建设，积极调整基层医疗卫生单位，保证它们合理分布设置，改善新型农村合作医疗的就医条件，从而保障定点医疗机构能够满足农村居民基本的医疗需求，逐步实现城乡医疗资源、条件的均等化目标。在制度方面让农村居民有所保障：其一，要不断完善新型农村合作医疗的制度与法律体系，确保农村医疗保障服务的稳定，特别是能够有效保障农村地区居民的医疗保障水平，维护农民的基本生活权益，通过具有权威性与稳定性的法律法规体系来给予保障。其二，完善农村医疗保障管理体制，这是保障农村医疗发展的重要环节。加强农村医疗卫生体制的改革，理顺管理层级，完善管理机构，明确管理职能。例如，日本的社会医疗保险模式，不仅具备健全的监督体制，而且还具有明确与清晰的管理层级。强化我国医疗卫生体制改革，尤其是农村地区，要明确医疗机构职能、合理界定医疗机构管理权限、创新医疗机构管理方式等；完善医疗卫生项目的监管与审查机制，强化对补偿与购置项目等的监管与审查，加强对重大与重要医疗卫生服务设备购置的监管与审查，要坚持有效、实用的原则添置设备。长期的医药体制分开的改革与探索并未取得令人满意的结果，特别是在农村地区，要有效实现医药分开，严密控制对药物的滥用与乱用。其三，创新管理机制。加强人员管理，降低管理成本，严格按照岗位设置要求和需求选人用人，避免乱用人的现象存在。同时，明确相应岗位职责，合理选用那些素质高、业务能力强的人员，确保选用的每名人员都能够胜任相应工作；在运行过程中，引入绩效考核机制，加强对人员的能力考核，奖罚分明，督促管理人员保质保量地完成工作。此外，加强新型农村合作医疗信息系统完善，提高工作效率，不断完善村镇卫生所和县级新型农村合作医疗工作的管理信息系统设施，对工作人员加强相关知识培训，提高软件的应用能力，保证工作人员熟练运用软件操作系统进行费用审核和监督，确保实现新型农村合作医疗管理工作的信息化、网络化，进而提高管理效率。其四，通过社会力量增加筹资渠道来弥补新型农村合作医疗筹资不足的问题。可采取与商业保险结合的方式，每年从新型农村合作医疗的募集资金中抽出一小部分，为参合农民购买可保大病的商业保险，使患大病的参合农民在享受新农合报销之外，还可以享受商业大病保险的二次补偿，降低参合农民因大病致贫的风险，减轻农民的经济负担；也可以寻求民政、慈善、工会等多部门的支持，通过民政救助资金和社会公益资金等方式，增加筹集资金的总数，保证参合农民都能享受到更大的新型农村合作医疗报销的比例，促进新型农村合作医疗的和谐有序发展。

农村医疗是一个国家对那些因为贫困而没有经济能力治病的公民实施专门的帮助和支持。它通常是在政府有关部门的主导下，社会广泛参与，通过医疗机构针对贫困人口的患病者实施的恢复其健康、维持其基本生存能力的救治行为。农村医疗救助是政府对患重大疾病、农村特困居民实行救助的救济制度，是农村社会保障体系的重要组成部分，是一项新型的社会救助制度。资助贫困人口参加当地组织的合作医疗或其他医疗保险，组织医疗救助志愿者无偿为贫困疾病患者义诊，直接发放医疗救助金等。针对一些孤寡老人等特殊群体，政府要加强对他们的关注，可以专门针对他们设立相应的特殊救助制度，设置特别关爱基金，为他们减免参合费用，确保这些更需要医疗救助的人能够顺利享受新型农村合作医疗服务，保证他们能在患病时，得到及时有效的救助。

（五）推动农业发展创新机制

1. 农业融资创新机制

国家一直十分重视农业发展问题，因为关系到百姓的生存问题以及国家的经济发展。在农业发展的过程中还存在着诸多问题。比如说农业融资不足，我国农业发展比较晚，规模也不大，目前农业发展的融资方式大多是农民自己出钱，而且只有小部分农民有融资的意识。另外，我国农业发展的融资方式与其他国家相比，也比较单一，只能靠小部分的农业贷款来支持，还有农民的自筹资金，资金上的限制导致农业的发展很缓慢。美国的农业合作社成为美国融资的一个非常好的渠道和方式。在农业合作社这个组织里，由社员缴纳股金，这些资金大约占到融资金融的一半，29%～50%股金形成的权益结构，对于降低合作社的融资风险非常有利。

鼓励农村金融创新，加快发展村镇银行，继续深化农村信用社产权制度改革，加快组建农村商业银行和农村合作银行，积极争取各类银行开展农业产业化金融创新的试点试验。建立农业产业化担保基金，用于开展涉农担保业务，最大化保护农民的利益，积极发掘具有发展潜力的龙头企业。另外，需要建立政府引导、政策支持、协同推进、市场运作的政策性农业保险制度，健全农业再保险和巨灾风险分散机制。

2. 农业科技创新机制

建立以科技为支撑的政府引导、企业运营的参与机制，鼓励更多的企业与投资商参与到"智慧农业"中来，引入市场竞争，倡导市场化经营，提高农业产业化龙头企业的市场竞争力，更好地推动农业生产、培育、销售等环节实现质的飞跃。

农业科技是农业发展的第一推动力，我国的农业发展自中华人民共和国成立以来取得了跨越式的发展，从一开始的刀耕火种、小农经济到后来的包产到户、机械化种植和生产，再到现在的信息化覆盖农业生产。但是与发达国家相比仍然有一定的差距。第一，政府应制定相关的优惠政策。鼓励农业新科技的发展，把农业科技创新发展纳入国家发展规划中。第二，应该与各类院校、科研机构与企业形成联盟，共筑合力，共同研发利于农业发展的技术。利用科研单位的有利资源，不断提升我国的科技实力。第三，要学习其他国家先进的农业科学技术，比如日本的观光农业、特色农业，将农业与观赏于一体。美国高度重视现代化农业以及区域化发展，而且重视农业资源的保护，值得我国借鉴、合理采用，建设符合中国特色发展规划的农业科技之路。

农业科研投入体制的改革是一项系统工程，受多方面因素的影响，必须在增加投入、注重科研创新机制和改善外部环境等方面采取一些措施。

（1）加大农业科研的投入力度

科研投入不足是导致我国农业科技进步迟缓的主要原因。科研投入主要力量来自政府，首先，明确政府农业科研投入的主导地位，加大对农业科研投入力度。我国作为世界上最大的发展中国家，又是一个农业大国，发展农业需要政策、科技、投入等来解决，最终落脚点是依靠科技解决问题，因此，需要政府加大对农业科研的投入力度，逐步缩小同科技投入的差距。中央财政应通过项目或基地形式予以重点支持农业发展成果，各省级农业科研机构，以应用研究为主，可适当安排一些基础研究工作，突出特色和重点，着重解决本地区农业现代化中方向性、关键性的重大科技问题。其次，鼓励企业等社会力量增加农业科技投入，形成以政府投入为主导、全社会广泛参与的多元化、多渠道的农业科技投入体系。在国家科技立法的基础上，制定知识产权保护法，以法律形式明确科研成果的产权关系及收益分配关系。要通过税收、补贴和贴息等财政政策，鼓励各类经济主体包括国际组织和国外企业投入农业科研，设立科技创业基金和高新科技风险基金。利用资本市场进行直接融资，也是高科技农业获取低成本资金支持并分散投入风险的重要途径。最后，以法律的形式保证农业科研投入的比例，随农业的发展而稳步增长，对政府的投入及其增长率等作出具体而明确的规定，切实保证农业科研投入的及时足额到位，并较快增长。

（2）改革科研课题的分配体制

首先，改革科技立项制度。可在综合性农业主管部门内设立国家农业科研基金委员会，负责制定中央政府出资支持的中长期科研规划和课题计划，以及科研课题的设立、招标和定标，旨在组织协调有关社会力量，对农业和农村改革与发展的重大问题开展多部门、跨学科、综合性研究。其次，科研课题的分配实行招标投标制。打破行政分配的传统做法，坚持"公开、公正、公平"的原则，引入市场机制和个人资格准入制度，面向整个社会（包括科研院所、科技型企业和大型企业等）对科研项目和课题进行公开招标，保障信息的透明性，更利于科研成果的公平性。再次，完善成果评价和使用制度。完善专家评议程序以及市场评价指标体系。科研成果的评审，要考虑市场需求和社会效益，引入社会中介评估制度。明确科技成果的产权关系及其商品属性，确立规范的农业科技成果有偿使用制度。

（3）推行农科教结合

农科教结合的实质是农业科研、教育以及技术推广各部门，在农业发展的基础上，各自发挥自己的优势，建立协调机构，制定整体发展规划，加强协调功能，明确产业部门是农科教结合的主体和龙头，以适应教育、科研和推广为农业生产和农村经济发展服务的客观要求。鼓励农业科研、教学、推广机构合并或联合运行，鼓励科技人员在不同机构兼职和流动，共同推动农业科研的大力发展。

3.农产品质量安全追溯管理机制

近年来，农产品质量安全追溯管理受到消费者广泛关注，建立农产品质量安全追溯体系，是创新农产品质量安全监管的一个重要措施。通过对农产品溯源追踪，从生产到销售，每一个环节都公开透明、了如指掌，保障了农产品的质量安全，使得消费者更加信赖所生产的农产品，也使得生产者自己能够了解产品的销售，以获得及时的反馈信息，可以扩大再生产。

国家农产品质量安全追溯管理信息平台成功建立，已经在一些省份上线试运行，不断优化完善平台的功能和设计。农业农村部也已印发农产品质量安全追溯管理办法，制定了国家追溯平台主体注册、标签使用等五项配套制度和七项基础标准，谋划建立追溯实施的保障机制。追溯管理是加强农产品质量安全的一个重要手段，重点抓好规模生产经营主体，以点带面，逐渐扩大，加快推进国家追溯平台的推广应用。

二、优化农业可持续发展环境，推动农业服务业发展

"智慧农业"的发展，坚持以生态为基础，不但要充分尊重原有的自然生态环境，同时也要避免农村生产活动对生态环境造成不可逆的影响。生态环境对农业生产和人们生活有重要影响，良好的生态环境是农业生产和实现乡村振兴、提高人民幸福感的重要保证。农业的可持续发展就是要在生态环境可承受最大限度的条件下满足人们的生活需求并提高人们生活的幸福感。如果一味追求经济上的利益，自然环境将遭到破坏，最终人类必将自食其果。从我国农业发展现状看，生产、生活废弃物随意丢弃、农药和化肥粗放使用、水资源严重浪费、生活污水无序排放、乡镇企业废弃物直接排放等问题日趋严重，不但污染了生态环境，而且影响了农业的可持续发展能力和人们的身体健康。如果继续采取这种掠夺式的粗放型增长，不考虑自然环境的承载力，生态环境就会遭到报复，不利于生产、生活的可持续发展。因此，应发展"智慧农业"，倡导绿色、生态、有机、循环等理念。

首先，可持续发展的农业必须是能够保护生态环境的农业。要对山水林田湖加以保护，采取更为严格的措施来保护绿水青山，严禁违反规划对自然资源的不合理开发，对生态脆弱地区更要严禁开发。对由于过度开发而造成的地下水漏斗区、土壤重金属污染区，必须下决心采取根治性措施，使其逐步得到恢复。其次，可持续发展的农业必须是资源节约、环境友好型的农业。在发展过程中不仅要尊重经济规律，还要尊重自然规律，充分考虑资源、环境的承载能力，加强对土地、水、森林、矿产等自然资源的合理开发利用，保护生态环境，促进人与自然和谐相处，实现可持续发展。农业资源与环境压力促使农业从业者努力寻求一种在继续维持并提高农业产量的同时，又能有效地利用有限资源、保护农业生态环境的可持续发展的农业生产方式。我国进入了高度信息化时代，信息技术的发展使农业的传统观念和管理技术产生了巨大的变革。"智慧农业"的发展有着其独特的优越性，利用信息技术手段、智能技术对生态环境、质量安全问题有所监控，做出改善。"智慧农业"不仅能提升产品品牌价值，提高作业效率，提升市场占有率的经济效益；还能促进农村产业结构的调整，满足人民对美好生活追求的社会效益；更重要的是有保持水土、调节气候、改善环境、促进生态平衡、节约人工、节约水电的生态效益。

（一）不断优化农业可持续发展环境

农业可持续发展的生态环境是"智慧农业"发展的重要物质条件，良好的农业生态环境有利于提高"智慧农业"的产出效益。利用现代信息技术，基于云计算、大数据分析，建立完善的农业环境信息监测系统，准确获悉农业生产环境的有关信息，对农作物生长、施肥、灌溉、土地资源的利用状况、质量安全追溯等方面做到有效预警和精细化控制，不断优化农业可持续发展环境，实现人与自然和谐共生的现代化。"智慧农业"利用多样传感器集存储、分析、联动与远程监控于一体，且通过智能数据处理，使各种数据掌控在手中，可以基本实现零失误。借助"智慧农业"的全过程监测技术，实时监测施肥、施药全过程，同时实现数据的采集与传送，遇到问题时，农民可以随时与在线专家取得联系，及时解决问题。充分发挥"智慧农业"在提升农产品的质量、降低烦琐的种植程序以及实时监控农作物的施肥、除虫全过程的优势。"智慧农业"可以通过环境监测对空气中的温度、湿度、土壤温度、营养值达到精准的监控。对农作物的通风、遮阴、加施肥、喷药，通过数据控制，保证在安全数据以内，随时随地进行智能诊疗专家指导，这样生产出来的商品，消费者可以通过检标溯源进行查询，以保证农产品的绿色与安全。利用电子标签技术，在农产品流通环节对农产品包装进行信息识别、自动追踪、数据传输，实现种植、采摘、加工、包装、存储、运输、终端消费等各个环节的透明性。在优化农业生产效率的同时，实现农业的平稳发展。

互联网技术应用于土壤成分分析、水资源品质提升、自然灾害预测等方面，应该借助传感技术，收集、比对、分析不同类型的农业生产经营方式的各类数据，建设废弃物、排放物循环使用闭路系统。在某些山区发展耕作业是很难达到百分之百利用土地的，因为地形的不便利，导致了很多可用的土地资源被浪费，而智能的耕作制度节能技术，是为实现农业生产过程中用地和养地相结合，保证农作物全面持续稳定增产及保持农业生态平衡而建立起来的一种技术体系。它涉及的技术很多，包括免耕覆盖节能技术、现代轮作节能技术、现代间套复种节能技术、立体种养、设施农作节能技术等，这些技术的广泛运用，为建设节能循环型农业提供了有力保障。

（二）推动农村服务业的发展

将"智慧农业"与美丽乡村建设结合起来，积极践行生态文明理念。运用当代先进的科学技术，使人类与自然协调、和谐发展；运用生态学理论将农业发展成为无废弃物、无污染物、高效能量多层次利用可持续的创新、绿色、安全的新型农业，是农业发展的大势所趋。充分利用自然生态环境、人文景观、地方特色产业等农业天然禀赋优势，积极奉行乡村振兴战略，开发农村旅游业，建设美丽乡村，发展休闲农业、都市农业，减少对农业环境的污染，实现农业副业向农业服务业的转型升级，推进农村服务业的发展和农村环境的改善。

1. 生态旅游农业

国外的实践经验表明，农业、农村是乡村旅游的基础，必须注重农业多功能性的发挥。为了更好地促进生态旅游农业的发展，将生态农业与生态旅游充分结合，农业与环境结合起来，依靠先进的信息技术，发展以农业和农村为载体的新型生态旅游业，促进农业的可持续发展。农民利用当地有利的自然资源、农业禀赋、人文特色来开发和设计乡村旅游产品，吸引游客，增加农民收入，促进农村发展。在开发产品过程中需要注重消费者的个性化需求，注重游客的体验性，有的消费者是为了想体验农家生活，有的是为了欣赏田园风光，有的是为了躲避城市喧嚣、放松身心，有的是为了休养身体，享受乡村清新空气，需求不同，对旅游的目的性就不同。生态旅游农业应尽可能做到创新，一些带有休闲功能的传统项目，如采摘、垂钓、体验耕种、嬉戏等活动要改变，推出更能符合消费者需求的旅游项目和旅游产品。如在各项旅游项目开发的同时融入文化和艺术气息，提高旅游精神高度，不断寻找适合自身发展的经营模式，通过推进人文性和自然性的结合，打造出多样化、复合型的旅游产品，推进乡村旅游业差异化、深层化的发展，如乡村度假游、风情游、体验游、观光游等。加强改革创新，建立农业生态旅游胜地，引领健康时尚生活，通过农业现代化技术的实施，展示现代技术带来的农业生产方式的变革，让消费者体验高效节水、循环生产、有机农业的强大生命力。此外，在产品开发过程中，还需要加大区域合作，实现产品交流，树立品牌意识，避免市场同质化竞争。发展生态旅游农业，需要加强旅游规划和监管，为创设良好的农业旅游环境提供保护。坚持长短结合，注重旅游与生态环境的协调，有计划地开发农业生态旅游项目，注意合理开发自然资源。规划、环保等部门要加强监管，避免景区和游客出现破坏生态环境的行为。可通过悬挂标语、导游讲解、播放宣传片等途径，在旅游中大力宣传生态环境对人类的重要作用，推行生态文明和绿色生产方式，提高游客保护生态环境的自觉性和必要性。

2. 特色农业

发展特色农业要防止过度开发，同时兼顾生态环境保护，在保护中谋开发，在开发中促保护，促进特色农业可持续发展。在信息技术的影响下，一些科技要素也在农业中应用，不仅可以激活传统特色产业，也可以继续改造一些特色产业。特色农业，就是将区域内独特的农业资源、区域内特有的名优产品，转化为特色商品的现代农业。特色农业的关键在于"特"，这种"特"应以保护环境和资源为底线，不必过于急功近利地盲目改造特色农业。①农产品特色。强化农业新品种、新产品、新技术的开发，不断优化农产品品质，为产业化经营、提高综合产出效益奠定基础。要加强品种选育和新品种培育引进，为生产环节搞好供应。②农产品品牌化。要充分认识品牌的价值，打造地方特色农产品品牌。依托当地的能人、名人或龙头企业，寻找当地农业发展优势，进行差异化定位，凸显自己的特色，与其他地区形成差别，建立核心品牌。推动农产品的深加工，塑造农产品特色形象，铸造其品牌，提高我国农产品的附加值。③特色营销。制定合适的营销模式，针对城市中忙碌、追求自然的人群，从他们的需求出发，发展特色产业，不仅要考虑区域的资源环境承载力，更要考虑特色产业的产品去向，考虑消费群体的购买意愿和购买能力。推出具有吸引力的特色乡村旅游项目，在拉动当地经济发展的同时，提高旅游产业的知名度，实现长期稳定发展。

国家正在制定一系列政策致力于完善公共交通、卫生服务和乡村建设基础设施等。通过促进农村金融体系发展，加大对特色农业开发的投资力度，改善农村整体环境，帮助农村经营者健康有序发展；通过加大投资力度，还可以为特色农业产品"走出去，请进来"开辟新的渠道。例如，以特色农业带动农业旅游、乡村旅游等相关产业的发展，进而增加特色农产品的生产与销售，增加农产品的附加值等。

3.文化创意农业

我国很多地区虽然农业资源丰富，但乡村旅游往往比较单调，在旅游产品设计上比较单一，部分地区的重游率较低，主要以"农家乐"形式呈现，大部分是观光或采摘等活动，文化传承性、知识趣味性等没有被发掘出来。发展农业、乡村旅游，是深化农业服务业产业链价值的重要体现，要想更好地实现乡村旅游的快速发展，就必须加强对乡村文化的研究，将农业旅游与文化深度融合，形成自身品牌旅游特色。农业自身的文化特质与旅游产业交汇，是产业融合发展的主要方向，基于农业的发展现状，立足区域农业资源优势，整合自然资源、文化创意和技术手段，形成具有特色的农业文化景观，发展文化创意农业，将改造传统的农业旅游模式，带来新农村经济增长点。

（1）以文化为特质，整合农村资源

我国是一个农业文明古国，有着丰富的农业资源，农村地区的文化特色十分鲜明，要以乡村本地文化资源为基础来发展文化创意农业，同时需注意不能过度开发，主要是整合优势文化资源，在合理开发的前提下做到重点开发，使文化创意农业不断增强竞争实力。在农业与文化创意产业融合过程中，易出现同质化现象及缺乏地域特色的重复建设，从而减弱了对游客的吸引力。需要找准自身的文化地位，发展出以文化内涵吸人眼球、以具体服务体验打动人心、独具一格的特色休闲农业园区。围绕当地名人文化、特色建筑文化、民间手工艺文化以及非物质文化遗产等，将资源与产业发展结合起来，形成独特的农村名片。农业与文化创意产业的融合，注入了艺术和文化等元素，被赋予了更多的文化符号和艺术特征，更好地满足消费者需求的变化和市场的供给，也可以为农业发展带来文化价值、经济价值和社会价值。一些具有单一功能的农产品可做成具有艺术形象的产品，对产品的包装进行改进，融入艺术元素，增加文化故事，使得产品更具有欣赏、纪念和收藏功能。通过与地方农业特色和历史文化相关的节庆来展示和宣传，是农业与文化创意产业融合发展的重要形式之一，可以很好地体现文化价值、艺术价值和经济价值。

（2）文化创意农业与科技相融合发展

现代农业的发展需要基于信息技术、数字技术和网络技术的基础上进行发展，进行农业场景的虚拟设计，实现数字化整合营销传播，驱动农村经济的跨越式发展。在产业融合的过程中，不仅要凸显文化创意为核心的融合优势，也要发挥技术向农业领域渗透带来的成本优势。基于科学技术、现代手段对农业自然资源进行改造和开发，充分挖掘区域农业资源，树立农业文化旅游专属品牌，扩大影响力，塑造创意农业产业链，形成具有传统文化内涵的现代农业产品，提升农业经济的附加值。要充分发掘当地乡村文化，乡村中遗存的老宅大院与历史遗址，乡村中流传的民间故事，乡村中独特的手工技艺和传承手艺的老艺人，乡村中丰富的农耕文化、饮食文化和民俗活动，都是体现乡村文化价值的重要载体，要通过现代科技手段和艺术手段进行包装和宣传，提高乡村文化的渲染力。借助文化创意理念，运用技术通过对景观的科学和生态设计，提升区域内的景观视觉形象，使得农业自然景观发挥文化魅力，让游客更好地体验农业文化。在设计农产品时，要借助科技的优势，在产品展示和交易环节更好地进行农业文化的宣传和普及，实现农村文化产业发展的数字化。

（3）文化创意农业的产业化发展

文化创意农业要想拥有强大的竞争实力，就必须加大市场开发力度，合理开发农业文化创意产业资源，构建完善的农业文化创意产品市场体系。乡村文化向着产业化转变，创新出更多具有当地乡村文化特色的旅游项目和农业产品，不但加大了当地乡村文化的宣传和推广，还增加了农村经济效益。

4. 村居旅游农业

我国地域辽阔，传统村落因所处的地理环境不同、社会文化因素存在差异、受城镇化影响程度不同等形成不同风格、各具特色的村居个体。自20世纪80年代起，由于城镇化与工业化的快速演进，现代化与科技化的进步，在一定程度上对传统生活方式造成了冲击，导致大量"空心村"的出现，使得民居闲置率大大上升。由于经济发展水平的提高以及现代生活节奏的加快，越来越多的人想亲近自然，感受不同的风土人情，人们对传统生活与居住有了返璞归真的想法，从而促使乡村旅游业的出现和不断发展。而许多西方发达国家的游客来中国旅游的动机，一个很重要的热点就是仰慕中国悠久的名胜古迹以及遗留下来带有特色的村落。因此，村居与农业结合起来，发展村居旅游不仅能提高村居价值，还能够增加农民收入，推动乡村文明建设，创造人与自然和谐相处的居住环境。传统村居因经济基础薄弱、基础设施落后以及村民生活习惯、传统观念等原因存在脏、乱、差、散现象，需要从改善农村环境入手，增加农村排污设施、硬化进村道路和串户步道、设置灯光照明等，但要注意与当地环境相协调，保持民居特有的风韵。要延续维系村民情感的传统文化，要让传统农耕也能成为富民新途径，倡导利用传统村居文化遗产资源发展特色产业，提升种植养殖业，制作各种各具特色的本土化手工艺品，促进村民就业，使原住村民在村落内从事生产经营活动，增加村民收入。

村居旅游以村落自然景观和人文事象为旅游吸引物，强调旅游者对村居原生态自然与人文资源的尊重和保护，目的是通过对村居整体环境的保护，实现当地生态、文化、经济、人口的可持续发展。村居旅游既利于保护传统的历史建筑遗产、保障居民正常的生活秩序、维持村落传统风貌的完整性、保持村落民俗文化的原真性等，又可满足旅游者的游览需求，实现遗产资源保护与旅游利用之间的协调互动。建筑风貌是传统村落的外在标志，要注重对传统民居的整体保护，保留村庄特有的民居风貌、农业景观、乡土文化，防止"千村一面"；同时新民居建设应延续传统民居风格，色彩、建材的选择与整体村落协调一致；强调闲置民居院落的旅游化、度假化利用。在着力发展农村经济，努力实现产业兴旺、生活富裕的同时，各级乡镇政府更需要下功夫，提倡为留在村里的居民提供多方面的扶持或奖励补贴，传承好乡土文化中的美学理念，建设好传统建筑基础上的美丽乡村，让农村拥有个性和品位，让农民在参与建设的过程中，逐步树立自信，实现乡村全面发展。

三、加快农业与现代信息技术融合，推进农业智能化发展

"智慧农业"是借助于计算机技术、互联网、大数据分析等，提高农业生产效益，实现农业现代化发展的重要方式。因此，在"互联网+"新时代背景下，应积极倡导农业发展互联网思维，强化互联网技术在农业发展中的广泛应用，实现对传统农业的升级改造，推进农业智能化发展。

（一）农业物联网技术

农业物联网技术是发展"智慧农业"的关键技术，物联网技术可为农业生产调控提供科学依据，例如，提供农作物生长的环境状况数据、农业生产过程的智能化控制、农业操作远程服务等。农业物联网技术有利于改善农产品品质、增加产量、提高经济效益，从而促使"智慧农业"往更高效、更优质、更生态的方向发展。实施农业物联网技术，可采用"以点带面"的形式，先建设一批农业物联网示范基地，通过农业物联网示范工程，发挥其引领作用，逐步应用到全国农业中，发展"智慧农业"。

物联网本身是一个框架，主要包括传感器技术、标识技术、网络和通信技术、数据分析和处理技术等。物联网技术是新一代信息技术的重要组成部分，是世界高速发展的重要推动力，也是实现各种智慧应用的基础技术之一。物联网与农业的有机结合是实现"智慧农业"的开端，物联网的发展为"智慧农业"的发展奠定了基础。物联网通过传感器设备对农作物进行感知和测量，并转化成数据，人们可以快速、方便、准确地了解到农业生产的实时状况。目前，物联网技术主要体现为农业生产中的环境监测和信息追溯。农作物的生长对于环境要求较高，温度过低或过高都会对农作物的正常生长带来影响，将环境温度控制在合适的范围内对农作物的生长有着很好的促进作用，要充分利用物联网技术精准测量环境温度，提高农作物生产效益。水产品的生长环境如水中的温度、溶氧量等都可以利用物联网技术得到监测，避免造成水产品的损失。另外，通过物联网技术全程追踪农产品种植、禽畜养殖状况，用于农产品质量的追溯应用，实现从田间、养殖场到居民餐桌各个环节的监测，确保食品安全。

（二）农业机械化

随着农业和农村经济的不断发展，农业机械化的地位日益显著，在农业生产、农村经济、农民收入中发挥了越来越重要的作用。大型农业机械对坡耕地实施大规模的综合治理，退耕还林还草，开展农业水土保持工程；大量的农机工具具有抢收抢种、打药治虫、抗旱防涝、大搞农田水利基本建设等方面的重要作用，提高了农业抵御自然灾害的能力，极大地减少了灾害造成的损失。农业机械化能显著地减轻劳动强度，提高劳动生产率，使大量的农村劳动力从传统农业转向第二、第三产业并向小城镇建设转移，有力地促进了农村经济的全面发展，为农民增收带来更多的机会，促进农业的持续稳定发展。农业机械水平是衡量"智慧农业"效率高低的重要因素，需要提升农业装备、关键核心技术工具在农业中的应用，加快发展大型化、自动化、智能化等高端农业设备，

提高农机装备信息整合、精准作业等能力，突破主要农业经济作物全程机械化"瓶颈"。国家要加大对高端农机设备的政策补贴和扶持力度，大力推广科学技术在农业中的运用，推进农业生产的智能化发展，不断提高农业作业效率。

农业机械化是我国实现特色农业现代化的必经之路，对于大量的农业机械设备，怎样进行有效的使用和管理，如何更好解决农业发展中存在的问题以及提高生产效益，需要从以下几个方面出发：第一，因地制宜制定发展农业机械化的策略。我国地大物博，各个地区之间自然资源、经济发展状况都有所不同，存在着较大差异，要想同步发展农业机械化是有一定难度的。所以，在农业机械化发展的过程中要因地制宜、讲求实际，采用不同的方法来发展机械化。从发展步骤来说，应该根据不同地区的自然环境、劳耕方式和经济状况，采取相应的技术支持和政策扶植，推进不同地区农业机械化发展，鼓励有条件的地方率先实现农业机械化。第二，有选择、有侧重地发展农业机械化。农机化发展的重点首先是加快实现主要生产环节、主要粮食生产区以及经济作物的机械化。农机化的科技发展范围比较广，为了能够率先解决问题，就要有选择性地突破，然后再全面发展。而全面发展，就要在重点问题基本解决以后，联合多方面的力量，加大科技攻关力度，带动农业机械化全面协调发展。第三，鼓励农业机械化技术的创新，完善配套服务体系建设。农机化的发展本质是机械技术在农业发展中的应用，带动农业经济的改造升级，使得新型农业机械能够更好地促进农业生产与发展。除了生产技术的创新之外，还要建立相关政策措施和服务机制，完善农业机械社会化服务机制，提高农业机械利用效率和效益。加强农机社会化服务体系建设，培育和发展农机市场，推进农机服务的市场化、社会化、产业化进程，重点是推行合同制、股份合作制和承包经营制等，鼓励发展农机行业协会等专业性的农机服务组织和专业户、农机合作社、机具租赁公司和中介组织。第四，需要农机信息化工作的支持。农机化信息工作是农机管理工作的重要组成部分，是反映农机化水平的重要手段。目前我国农机信息化建设得到了一定发展，信息网络服务也逐步开展，但农机信息的收集、发布、传输、处理都不是很完善，许多信息资源未得到充分利用和开发。因此，需要加强农机信息化基础设施建设，完善农机化信息系统，才能进一步增强对农业机械装备的管理和有效使用，不断推进农机机械化和农业现代化服务。

（三）农村信息基础设施建设

"智慧农业"发展需要逐步有序地完善农村信息基础设施的建设，加快信息基础设施在农村的普及，缩小城乡互联网普及率的差距，重点解决宽带入村、网络覆盖、信息通畅问题，研发和推广一些适合农民操作和使用的信息终端设备，降低信息资费标准，为推进"智慧农业"发展提供坚实的信息基础设施。农业信息化的发展是不均衡的，需要根据全国农业信息分布和农业信息部门发展情况，合理规划农业信息化发展的近期、中期、长期目标；建成一批具有相当规模的、适宜实用的、能定期更新的农业信息化基础数据库，发挥战略数据库的作用。通过大力建设农业信息数据库，最大限度地发挥农业信息资源的优势。要以农村实际需求为核心，整合和集结多种信息技术和信息资源，形成复合的、系统的农业信息服务体系，提供智能型、服务型、高效型的信息服务，使现代农业转移到提高资源利用率和可持续发展能力的方向上来。

1. 大力加强农村信息化基础设施建设

依据不同地区的不同情况，紧密结合农村的实际，因地制宜，分类指导，分步骤进行农村信息化基础设施建设，充分利用多种媒体手段，使信息服务更加实用有效。

（1）统筹规划，保证基础设施稳定发展

要充分认识到加强农村信息化建设是解决"三农"问题的有效途径，积极推进农村信息化是新农村建设的突破口，用信息化推动农村经济，用信息化提升农民素质，这是实现乡村振兴战略的必由之路。农村信息化建设是一项系统工程，必须强化政府的主导作用，尤其是县、乡两级政府必须对农村信息化建设承担起主要责任。建立市（县）、乡镇、村信息网络规划，加大资金投入，保障信息基础设施能够有序、稳定发展。不断完善基层农业信息化工作，与国家农业部门的信息化建设工程相协调，尽量做到与"金农工程"等国家扶持项目配套，尽可能提高信息网络的质量和效益。

（2）分类指导，加快网络建设步伐

在经济落后地区，可依靠普及率高、覆盖面广的广播电视网和电话网，考虑自身经济发展水平，提高传统信息传递的利用率；在经济发达地区，可积极利用网络技术、逐步建立统一标准的宽带网络，做到互通互联，不断提高网络技术以服务于农业的效益。

2. 加快农村信息资源的整合与共享

农村信息化建设的重要内容是农村信息化资源的整合和共享，通过资源的优化配置和合理分配，有效地提升农村信息化建设服务。围绕农业生产产业链和农民生活需求，重点开发和整合市场、科技、农资、气象、水产、生态环境、质量安全等信息资源，注重开发利用特色农村信息资源，加强面向农业产前、产中、产后各阶段的信息服务功能。农业数据库建设是农业信息化建设的重点，农业信息数据库主要包括农业自然资源、农业生产管理信息、农产品市场信息、农业实用技术信息以及农业相关政策法规信息等数据库的开发。要从资源整合、协调发展的角度出发，建立信息资源共享中心，实现对数据信息的实时分析和统计应用。在不断扩大现有数据资源的基础上，把农业信息触角扩展到农业的各个领域，收集各方面的信息，不断充实现有数据库的内容，建立起大型综合数据库，通过信息技术传递给千家万户，实现农业信息资源的共建共享。重视解决横向"信息孤岛"和纵向"网站内容雷同"的问题。通过制度化建设，改变信息重复采集、分割拥有、垄断使用和低效开发的局面。建立完善的信息采集指标体系，开发适宜的信息采集平台，实现"一站式"发布，全系统共享。减少共性涉农信息资源的重复开发，根据实际需要，建设集约性、共享性的涉农信息数据库，面向农业、农村、农户的需求，加强对涉农信息资源的深度加工处理，为用户提供有效的信息服务。

（1）不断强化政府主导建立的信息服务站

近几年，国家加大资金投入，重视农村信息站的建设，如社区服务中心、农民之家、政府便民服务点等，这些站点可为农民上网提供免费信息服务，政府要对这些网站不断地实时更新，以便更好地为农民服务。农业农村部也建立一些农业信息服务平台和乡镇农村经济信息服务站，不断向农村延伸。政府建立的农村信息服务站，需要不断强化，不仅能够提供农业信息服务，还具备提供文化交流与传播、培训宣传、政务公开、社会服务与保障等多种功能。

（2）重视电信运营商承建的信息服务点

中国的电信运营商在农村信息化建设中起着重要的作用，如中国联通"农业新时空"信息工作站、中国移动"农信通"信息服务站，充分发挥它们的枢纽作用，为农民提供信息化服务。

（3）农村合作社的信息服务点

农村合作社在农村信息化建设中起着顶梁柱的作用，在农民心中，农村合作社更是他们依靠的组织，在农村合作社的统一指挥下，农民不断接触信息化知识。农村合作社要完善自身的功能，以便为农民提供更多的资源，加快农村信息化建设的实现。

（4）充分发挥第三方参与的信息服务点，鼓励企业、农户等积极参与农村信息化服务建设

从政策上鼓励他们参与，可采用公私合作的市场化运作方式，不断培育农村市场。农业"龙头"企业对所在区域的农业生产有明显的带动和示范作用，农业"龙头"企业需要大量的市场信息，并且还会反过来影响市场信息，要重视农业"龙头"企业在信息服务建设中的重要力量。各种农产品的中介组织在农业信息系统建设中也起着重要的引导作用。农户在农业信息系统建设中也是重要的参与者，农户在利用农业信息过程中所反馈的信息可以修正农业信息系统中已发布的信息，形成新的需求，对于更好地发挥农业信息系统的社会效益具有重要的作用。

四、加快农村电子商务发展，建构起农业产供销网络

"智慧农业"在破除农业农村发展遇到的信息服务障碍和市场流通困难，解决农业供给、需求、市场之间平衡，提升农业农村经济竞争力方面具有重要意义。因此，必须加快农村电子商务发展，深度融合农业信息化技术，提高农产品流通效率，增加农民收入。阿里巴巴、京东、苏宁等一些电子商务企业已深入农村中，着力推动农村电子商务的发展。要携手一些电子商务企业，不断创新农村电商商业模式，充分发挥农村多个部门的作用，鼓励"多元主体参与、多元平台借力、多种模式发展"，建构起农业产供销网络，大力推进基于大数据和云计算的可追溯技术的应用。一是做到农产品质量过关，提供农产品质量安全可追溯数据；二是农产品精准推广，满足"互联网+"新时代背景下消费者呈现出的多元化、碎片化、个性化的需求，量身订制产品和服务供给，实现精准营销，提高农产品销售量；三是做到农产品销售价格合理、公开、透明，制定符合消费者需求的精准价格。未来农产品电子商务发展，必须走标准化、品牌化之路，创立新时代背景下的特色农产品品牌。

阿里巴巴集团 CEO 张勇表示，如今已经没有纯粹意义上的实体店，所有实体店都可以在网上销售，都可以将顾客数字化，"零售商业在所有产业中，走在最前面。今天拥抱互联网并非要不要的问题，而是必须完成的工作。只有完成这个工作，才能成为下一代数字化的实体店"。近

年来，我国农村电商飞速发展，在促进农民增收、精准扶贫，带动农村创业就业，建设美丽宜居乡村，实现农业现代化建设方面有着重要的意义。但当前农村电商发展面临着一些"瓶颈"。针对这些"瓶颈"应完善农村流通基础设施建设，健全农村电商发展的信息共享平台，加强农村电商人才的培养，推进农产品的品牌化和国际化战略，扩展农业产业的延伸价值等，积极发展农村电商，实施乡村振兴战略。

（一）发展农村电商的重要意义

1. 有利于促进农民增收，精准扶贫

农村电商是推动农村地区农产品销售的一种信息化扶贫手段，也是实现精准扶贫的重要方式。当前我国农业供给存在着数量上的结构性失衡，有的农产品严重过剩、仓库爆满，有的农产品却存在短缺；质量上不能满足消费者消费结构转型升级的要求，高品质产品、绿色的、有机的农产品供不应求，低品位的、大路货农产品又供大于求；信息不对称、销售渠道单一导致的市场没打开、农产品"卖难买贵"等问题，致使农民收入不高、农村经济发展缓慢。解决这一问题的重要途径就是大力发展农村电商，扩大农产品的销售渠道，精准营销，满足消费者的需求。发展农村电商有利于拓宽农民增收的渠道，助力精准扶贫。

2. 有利于带动农村创业就业

我国农村市场发育很不充分，很多领域有待于开发，是各大电商企业争抢的"蓝海"，近几年国家也非常重视农村市场的发展，无疑为农村创业就业提供了更广阔的发展空间。农村创业具有租赁土地成本低、劳动力成本低、竞争力小等优势。农村电商具有很强的产业相关性，能够带动相关产业发展，如农产品深加工、包装、住宿餐饮等，间接带来大量创业、就业机会。

3. 有利于推动美丽宜居乡村建设

农村电商发展空间巨大，是推动美丽宜居乡村建设的重要力量。电子商务把美丽乡村的一些农产品、特色农产品积极向全国推介，不断丰富商品种类，销往全国各地。农村电商应当充分利用自身的特色农产品和农业天然禀赋优势，形成以电子商务驱动的农业发展新业态，发展休闲旅游、观光农业、都市农业，使农业发挥其应有的生态价值、文化价值，实现传统农业产业的改造升级，有利于农村绿色化、生态化和美丽宜居乡村的建设。

4. 有利于实现农业现代化建设

农村电商的发展依赖于农村信息基础设施的完善、农民素质的提高以及农业产业化的迈进，这些也是农业现代化建设的重要内容。农村电商触及了农村产业结构的调整与升级，催生着农业现代化建设的实现，让农民摆脱分散化的耕种模式，逐渐发展成为产业化、组织化的小微企业运作，农民的思想意识发生极大转变，新型职业化农民日益增多。

（二）我国发展农村电商面临的"瓶颈"

1. 农村流通基础设施建设不足

流通基础设施主要体现在信息基础设施，物流设施建设，交通基础设施等方面。第一，当前我国农村信息基础建设比较落后，政府在农村地区的财政投入有限，大量的信息技术设备得不到普及和使用。农村在信息基础设施方面也面临着信息覆盖面窄、信号差、网速慢、资费高等问题，严重影响了农村电商的发展。

第二，农村物流设施建设不完善，物流体系不发达，不仅制约了农村电商的发展，而且也影响了农村地区传统产业的战略升级。很多物流公司，除中国邮政EMS外，只能配送到县级或者乡镇级，农村一级由于交通不畅等问题，几乎无法实现配送。农村物流体系不发达，物流网络不够完善，缺乏现代化的技术装备保障农产品的运输与配送。农村物流配送与城市相比，配送成本比较高，物流速度比较慢，信息技术含量低，耗时耗力，这使得农村电商的发展受到了极大阻碍。

第三，与城市相比，农村交通设施比较落后，一些比较偏远的乡村根本无法实现便捷的交通。农村交通设施比较落后，导致农产品物流运输与配送受到了限制。由于农产品具有生鲜性、易腐烂、易破碎等特性，如果农村交通状况不加以改善，农村电商的发展就会出现"肠梗阻"。

2. 农村电商发展的信息统一平台缺乏

农村电商在积极发展的同时，也面临着发展不畅、竞争力小等问题，关键原因在于缺乏农村电商发展的信息统一平台。农业信息共享程度低，信息条块分割化现象严重，农业生产者、经营者不能获得及时、有效的农业资源、市场、生产、销售、服务等信息。更新不及时，时效性欠佳，导致农村电商从起点到终端都无法正常地进行协作，发展不畅。此外，整个农村电商发展中也缺乏高效的信息传递系统，信息传递不畅导致农村电商与消费者以及商业平台之间联系受阻，无法发挥农村电商的巨大潜力，降低了电商可持续发展的效率和效益。

3. 农村电商人才缺乏

开展农村电商，需要农民具备一定的网络操作技能，否则会使农村电商举步维艰。而农村人口中很多有知识、有能力、有体力的年轻人都选择了进城务工，农村对年轻人的吸引力不大，留守农村的人口大部分是中老年人。这些中老年人，受教育程度比较低，学习能力不强，接受新知的能力比较弱，思想较保守，对农村电商略知一二，不懂得如何操作和使用，这就造成了农村电商人才的缺乏，势必影响农村电商的发展。

4. 农产品品牌化程度低，销售困难

长期以来，我国农业的生产主要依赖于家庭小户式的经营方式，农民各自为战，生产出来的农产品少而散、良莠不齐，也没有统一的标准衡量产品的质量，再加上农产品本身具有周期性、季节性的特性，致使农产品出现了卖不出去、卖不上价的现象，究其根源就在于农产品没有品牌，难以开展电子商务。此外，农产品在生产过程中大量地使用化肥、农药、激素，农民认为农产品外观上好看，就能获得消费者的认同和好的价格，这就降低了消费者对电商销售农产品安全性的信任感，导致农产品销售困难，进一步延缓了农产品电商的发展。

（三）乡村振兴下发展农村电商的路径选择

1. 完善农村流通基础设施建设

（1）加快农村信息基础设施建设

缩小城乡之间互联网普及率的差距，重点解决宽带进村入户、信息覆盖、网络通畅问题，研发和推广一些适合农民操作和使用的信息终端设备，降低信息资费标准，让广大农民都能够用得上、用得起、用得会，为推进农村电商发展提供坚实的保障。

（2）健全农村物流配送设施，加快实施快递下乡工程，这是农村电商发展的重要关卡

加强农村物流配送体系建设，建立物流配送大数据中心，提升农村物流配送能力，做好农产品的配送与销售，让农民能够真正开展电子商务，培育现代服务业新增长点。整合利用多方资源，积极探索促进农村电商发展的物流配送模式，优化农村物流配送方式，降低物流配送成本。

①国外的农村物流发展经验

第一，加强农村物流的组织化程度。日本农村合作社用实际行动把集中分散的小农产品形成大市场，注重集中物流，提高了农村物流的运作化程度。我国在提高小农经济的组织化程度方面存在着一定的难度，应该结合我国国情和农村经济发展现状，借鉴日本国家发展农村合作社的方法，建立生产基地，鼓励农村经济扩大经营，发展专业化协作，引导农户和农产品进入市场，促进农业物流顺利发展。

第二，完善物流政策和管理体制。根据发达国家的农村物流经验，完善物流的服务机构和管理体制，建立物流职能部门和当地政府的一体式管理。可以借用发达国家物流审批程序简化的优质方法，把流通效率和管理效率提高到一个新的层次，这就为物流企业提供了优越的外部条件。在国外，在税收、贷款、土地等政策的制定上，更倾向于物流产业，这也是值得我国引起重视的方向，要不断提高我国的物流技术，使之达到信息化、现代化、专业化、国际化。

第三，加强物流基础设施建设。加强物流基础设施是发展物流经济的基础保障，发达国家农村物流之所以能够发展得如此迅速，就在于物流基础设施比较坚实，而且发达国家愿意投入大量物流设施来保证物流产业的发展。物流基础设施中农村道路和农产品仓库以及交通运输工具、农产品批发市场等设施相对而言是非常重要的，这些设施的完善和加强可以确保农产品的运输畅通和储藏达到优质。

第四，大力支持第三方物流进入。随着经济的发展，物流产业越来越重视外包的经济实效性，这将是物流发展的趋势之一，这一点已成为国外发达资本主义国家农村物流的显性特征。要打造物流产业的外包就要有第三方物流的介入，形成大规模的农产品经济流动。没有规模保障，物流的利润少，第三方物流就很难占据一定额度的利润空间。因此，我国可以培养和确立高度组织化的第三方物流，在第三方农产品物流的协同作用下，农产品的数量会有一定的保障。而且，第三方物流可以使交易成本降低，并且及时地供应物流农产品，对农产品流通量和流通半径都会有所改善。

第五，减少物流环节。控制物流路程是物流产业发展的重要趋势，物流交易利润的多少是由农产品的成本决定的，降低农产品的交易成本，扩大物流主体规模，以达到利润追求。美国和日本农业规模小且分散，国家极力解决大小市场之间的矛盾，减少物流环节，使农产品流通快速、高效。

第六，提高信息化程度。现代物流之所以蓬勃发展离不开信息化程度高的因素，信息化是物流产业的基础保障，发达国家尤其如此。而信息化却影响了我国农村物流发展，应借鉴发达国家经验完善我国的物流信息体系，利用网络功能，提供优质信息，整合优势，建立跟踪信息，全程控制物流，提高物流效率。

②健全农村物流配送实施的主要措施

其一，强化对农村物流的顶层规划，在"互联网+"时代的机遇下，充分利用大数据等信息技术手段对农村物流配送进行完善和优化，为城乡物质及信息资源的共享，创设更加便利的通道，从而实现城乡之间的全面快速交流，促进农村经济的快速发展。国家、政府做好导向性和政策性支持，对物流所涉及的方面进行全面部署和规划。政府应积极完善农村道路交通、仓储等基础设施建设，大力支持农村物流园建设，制定相关优惠政策，帮助物流企业做好农业物流园区的选址、建设，实现农业物流园区的合理布局与功能整合，促进农村现代物流向现代化方向发展；由于农产品的特点和性质特别是要完善冷链物流发展。在政策上积极引导物流企业进入农村市场，通过相关税收减免、适当补贴等多种方式吸引物流企业的进入，也要积极引导精通电子商务、现代物流的技术人才和管理人才到农村就业、创业。此外，要从法律法规上制定农村现代物流的发展规划及规范，加强对农村现代物流发展的引导和市场监管。

其二，加强农村信息化服务管理。农村现代物流是带动农村经济发展的重要力量，发展好农村现代物流，不仅能为农民创收，更能在农村提供更多就业、创业机会，推动"智慧农业"发展，实现乡村振兴。农村物流在农村市场中难以成规模，发展比较缓慢，主要原因在于农村信息化服务能力较低，因此要与电商企业积极合作，提升农村地区的信息化服务水平，拉动农村物流的发展。首先要搭建和完善农村信息化服务平台，建立支撑农村电商发展的现代物流信息平台。物流信息在现代物流应用中起着十分重要的作用，某种程度上来说农村电商的成败关键在于物流。政府可以积极推进搭建覆盖面广、时效性强的农村物流信息共享平台，让电商企业共享信息平台，之后可发展成移动物流信息平台，让农村电商企业使用信息平台更加快捷、方便。构建一体化的农产品信息平台，实现农产品与电商、物流的有效结合，实现农产品信息的共享，有利于农产品的推广，打造品牌，从而推动农业物流产业的发展。加强农村物流信息化系统的优化，缩小城乡之间的距离，在城市与农村地区建设成立农业生鲜产品保鲜中转站和绿色运输通道等，在农村地区设立相应的快递配送站点或农产品配购中心，有条件可以适当建立"分拨中心或物流配送站"，为农村电子商务的发展提供畅通渠道，从而提升农村整体经济水平。搭建城乡间双向物流流通渠道，实现信息流和物流的双向传递，双向信息流实现供应链上下游信息的对称，降低信息传递与信息失真的成本，使得通过成熟的虚拟交易平台进行交易的机会增多，形成持续增加的闭环供应链。双向流通渠道缩短了供应链的长度，大幅减少了信息传递成本，同时还避免了农村末端配送中的"空车"现象，增加了农村末端配送价值，让农产品进城更加容易。城乡双向物流渠道使得物流体系的价值被充分挖掘，利用率大幅度提升。

其三，创新农村物流商业模式，拓展农村物流服务功能。随着我国"互联网+"发展战略的不断深入实施，互联网电商产业发展迅猛，已经成为经济增长的新动力，应积极向农村地区引入新技术与发展模式，创新农村物流商业模式。我国农村物流运营主体比较单一，受运营成本的影响，物流企业在农村市场中获利比较少，无法形成有效的规模效益。因此，需要增加农村物流运营主体数量，通过丰富经营主体的方式，创新农村物流商业模式，以更多优质的服务增加农村物流企业的收益。例如，各地农村信用社、农业银行或者村镇银行可以针对农村物流建设推出相应的融资产品，通过降低利率、折扣利息等方式助力农村物流业发展。充分发挥物流产业的服务性质，在我国发展现代化农村的背景下，积极与新农村建设相融合，推出具有当地特色的服务内容，以拓展农村物流企业服务内容与对象。例如，开展休闲农业、乡村旅游、有机农作物采摘等项目。其中，当地政府负责农村特色建设与发展，农村物流企业负责对外推广与宣传，将物流业务与其他产业进行深度融合，以实现农村物流企业业务增值，增加企业收益。

（3）重视交通基础设施的建设，加强农村道路建设

交通基础设施的改善，能够促进农村地区及边远地区的经济社会发展。习近平总书记提出，交通基础设施建设具有很强的先导作用，特别是在一些贫困地区，改一条溜索、修一段公路就能给群众打开一扇脱贫致富的大门。通畅的交通网络，可以为实现农村电商发展提供稳固的交通运输保障，能够提高农产品的运输效率，提升农产品的附加价值，带动农业农村经济的发展。

2. 健全农村电商发展的信息共享平台

信息共享平台是发展农村电商的"晴雨表"，有利于打破农村地区信息闭塞的不良状态。因此，有必要健全农村电商发展的信息共享平台，加强对农业信息的采集、发布和传播，建立健全信息网络，提高市场透明度，这样有助于克服市场信息不对称带来的弊端。在农产品生产信息方面，要完善农产品生产系统，有利于产品信息的发布与传递，避免同质产品的再度开发，实现产品的优化配置。在农产品销售信息方面，农民需要根据有效的信息及时对产品的销售、供给、营销战略做出调整，精准销售，满足消费者的需求。在农产品服务信息方面，电商需要通过消费者反馈的信息以及物流信息，及时调整和改善自身的产品和服务，打造"互联网+"时代下更吻合消费者口味的产品。

3. 加强农村电商人才的培养

一是转变农民的思想观念。农村电子商务的发展，首先必须转变农民的思想意识，提高农民使用信息技术的意识，让他们认识到电子商务给他们带来的益处，破解农产品通过传统交易方式获得收入的固化意识，强化对农村电商的认识。二是要加强关于电商的教育培训。政府应鼓励相

关技术人员进村对农民进行电商培训,积极让农民认识电商、发展电商交易。政府也要与各大电商加强合作,对从事电子商务的农民进行免费培训,可以免费使用一些农村电商交易平台,让他们真正会操作和运用电商,培养他们成为农村电商人才,实现电商对农民生活方式、农村面貌的改造。三是鼓励年轻人回乡创业,发展电子商务。鼓励大学毕业生等回乡创业、众筹众创,积极培育农村新一代电子商务人才,带动农村电子商务的发展。

4. 推进农产品的品牌化和国际化战略

完善符合农产品电商发展的标准体系,建立和培育农产品品牌,成为我国农业产业化和现代化进程中不能回避的重要环节,是农产品提升市场竞争力的重要支柱,也是农村电商发展的重要利器。在"互联网+"时代下,借助互联网技术,建立农产品质量安全追溯平台,保证农产品质量和安全,树立农产品品牌,着眼于国际化标准。通过农村电商、跨境电商,不断提高农产品的国际竞争力。

5. 扩展农业产业的延伸价值

扩展农业产业的延伸价值与发展农村电商互为推动,共同促进。利用电子商务,深度挖掘农业的商业价值、生态价值、文化价值,推进农业与其他产业的深度融合,大力发展休闲农业、民宿旅游、森林康养,打造富有文化特色的乡村旅游线路。例如,秦皇岛市北戴河艺术村落的"一弦一住",形成了颇具特色的专业村。不断丰富乡村旅游业态和产品,推动农产品的发展适应个性化、多元化与服务化的农业新业态,进一步推动农村地区现代化电子商务的发展,创新"互联网+"现代农业电子商务模式,奋力实现乡村振兴。

(四)农村电商的主要形式

1. 成熟的农村电商网站

依靠第三方建立的比较成熟的农村电商网站,其信用体系比较完善,信用制度和可信度都较高;有比较完善的购物流程,客户认知度较高;有一定的规模,流量较大,有利于农产品的推广;直接利用平台已有的庞大用户资源,可帮助企业节省自建及维护电子商务网站的费用和长期的推广费用。

(1)农村淘宝

农村淘宝是较早进入农村的电商项目之一,在阿里的支持下发展迅速。阿里巴巴与各地政府深度合作,以电子商务平台为基础,搭建县村两级服务网络,充分发挥电子商务优势,突破物流、信息流的"瓶颈",实现"网货下乡"和"农产品进城"的双向流通功能。据了解,阿里巴巴在农村进行了千县万村战略布局,建立很多个县、乡镇运作中心、村服务点。

(2)京东

2014年以来,京东农村电商大力实施工业品下乡、农产品进城、乡村金融战略,从无到有,快速发展。京东已经成为全国农村电商领域覆盖范围广、涉及领域宽、地方政府放心、农村居民满意的互联网企业。京东整合农业资源,实现农业生产各环节对接,形成了农牧林业全产业链生态运作模式。在农资业务上，京东拥有自营的供应商、基层网点、物流等资源，并在全国很多个县建设服务中心，积极培养乡村业务推广员。京东农村电商项目主要为3F战略、京东便利店和京东帮服务店。其中京东便利店用京东商业理念赋予的线下门店，提供优质货源，输出品牌、模式和管理。京东帮服务店则是主营大家电配送与安装服务，盈利模式包括配送服务费用、安装服务费用、代客下单佣金等。

（3）苏宁

苏宁在2015年就开始了农村电商布局，开展"智慧农业"业务，苏宁将目标设定在三级与四级县镇的农村市场，通过全国县镇1万个服务站带动农产品进城；同时，依托苏宁易购互联网平台，建立了农村公益扶贫与众筹项目，进一步为"智慧农业"的发展提供资金支持。同时在扶贫方面与电商相结合，做出了自己的特色，上线了中华地方特色馆。

2. 自建农村电商平台

自建农村电商平台没有佣金负担；网站空间容量不受限制，可以任意展示更多的商品，提供更好的用户体验；可拓展性高，网站无论是框架还是风格内容全都由自己掌控；结合自身和用户的特点，可以贴合用户使用习惯和消费习惯来提供个性化服务；在销售和服务流程中，可以采用比第三方电商平台更高的标准来要求自己，提供更好的服务；通过自建电商网站，对企业的长期健康发展非常有益。缺点是成本超大，要达到效果，超出中小企业或个体承受的范围，仅是开通域名、租用空间、购买服务等手续下来费用至少是万元以上，规模越大费用越昂贵。基于农村电子商务的巨大发展潜力，政府有关部门应将农村电子商务作为县域经济发展的强力引擎和实现精准扶贫的重要手段，以引导贫困农民科学地脱贫致富，进而提高农民的生活水平。

3. 新媒体营销平台

在移动互联网快速发展的今天，新媒体取得了巨大的发展，对很多领域产生了影响。新媒体是一种新型的媒体营销形式，以互联网微平台，可以让所有用户对自身信息、新闻信息等进行传播。在电子商务领域中，新媒体的出现带来了较大的影响。对于农村电商来说，在新媒体时代下，拥有了更多的农产品营销渠道和营销手段，互联网让企业与客户实时沟通成为可能，不少农业企业的微信、微博平台已经获得了良好的粉丝量，通过利用微信平台等提高了农产品的销售量。基于成形的"粉丝"团，进行针对性的产品调研，甚至发挥"粉丝"的力量参与产品研发，新产品也就有了更好的市场基础。微信营销朋友圈分享，作为一种比较常见的新媒体营销形式，对于农村电商是一个很大的启发。消费者购买使用某种产品之后，会通过微信进行文字、图片、视频的分享，而这些分享将会给农村电商的潜在消费者带来更大的关注和了解的兴趣，通过更深层次的互动、交流，促使消费者采取购买行动。在朋友圈当中，大部分人都是熟悉、认识的亲朋好友，通过新媒体发布了某种产品的正面评价，并分享自己的使用体会之后，也会使其他用户的认可度、信任度提升。农村电商通过新媒体，容易形成较强的口碑作用，对于农村电商的发展很有帮助。在农村电商营销当中，可充分利用新媒体建立品牌，形成品牌效应。在注重品质的同时，也要注重品牌营销,建立官方网站,利用新媒体大力宣传,逐渐在消费者当中形成品牌意识,让消费者在购买中更注重品牌效应,从而带动农村经济的发展。

五、加强"三农"人才队伍建设,促进农民职业化发展

实现"智慧农业"的发展,需要大批农业科技人才的推动以及新型职业农民的实践。要大力培养优秀的农业科研创新人才、农业技术推广人才、农业产业化"龙头"企业带头人等,建立人才激励机制,为发展"智慧农业"提供强大人才保障和广泛智力支持。尤其要大力培养一批农业物联网专业技术人才,能够创新和应用农业物联网技术、农业现代化信息技术,为"智慧农业"发展提供相关人才保障。与此同时,国家应加强对农村教育的支持,加大资金投入,保证农村基本教育的顺利完成,缩小城乡"教育鸿沟",提高广大农民的受教育水平,提高他们的知识水平和应用能力,能够掌握"智慧农业"发展所需的相关技能和使用一些高端、智能设备。以农业产业化为契机,推进农民职业化发展,建立新型职业农民队伍和农业创新体系。尤其是农村中的中青年,他们接受新鲜事物比较快,思维灵活,应做好扶持工作,鼓励他们回农村工作,带动农业农村经济的现代化发展。

高素质的农业科技人才,是农业发展的基石,可以将农业发展这层大楼建得更高、建得更牢。第一,农业的发展自然最接近农村及乡镇地区,而这些地区正是农业科技人才缺乏的地方,所以需要政府提供一些高科技人才向这些地区的农民提供相应的知识,或者组成乡村镇农业科技小组,共同研讨农业的发展问题。此时也需要国家的科技院校以及科研企业在科学技术知识上提供足够的支持,做到研究与实践相结合,产、学、研相结合。第二,政府提供相应的科技政策,把握好社会的发展方向,在社会上形成一种良好的农业发展氛围,鼓励农业科技的发展,政府在资金方面也需要大力支持,可以奖励优秀的个人或者优秀的科研机构,以鼓励他们在农业发展上所作出的贡献,不断改进不合理的人力资源结构,不断加强农业人力资源的管理。第三,"智慧农业"对人才有更高的要求,新型职业农民是"智慧农业"发展的推动者,国家要重视相关法规和政策的制定实施,为农业资金投入和技术知识产权保驾护航,维护"智慧农业"参与主体的权益。把培育新型职业农民纳入国家教育培训发展规划,形成系统的职业农民教育培训体系。

新型职业农民培育是推动农业产业转型升级的关键,在乡村振兴战略中担负着重要使命。应赋予农民现代产业意识,推动产业兴旺,进而实现生活富裕;增强农民环境保护意识,确保生态宜居;提升农民精神风貌,助力乡风文明;培养农民民主法治意识,实现治理有效。要借鉴国外职业农民培育的成功经验,以优化法治环境为保障、以加大投入力度为驱动、以加强信息基础设施建设为抓手、以构建现代农业经营体系为基石、以创新培育体系为依托,为乡村振兴目标的早日实现提供合格的主力军。

第八章 新时期乡村振兴与城乡融合的发展

第一节 城乡二元体制的生成和演化

一、城乡二元结构的形成和固化（1949年10月—1978年12月）

所谓"二元结构"是指一个国家的内部，城市中的富裕社会（R社会）与农村中的贫穷社会（P社会）同时并存。从中华人民共和国成立至党的十一届三中全会的召开是城乡二元结构的形成和固化时期。这一时期国家通过计划经济体制建立起的统购统销制度、户籍管理制度及人民公社制度三位一体的制度框架，使城乡分割的二元结构逐渐形成、拓展和强化。

（一）1953—1985年的统购统销制度形成工农产品剪刀差

随着经济建设步伐的快速推进，以及城镇和工矿区人口迅速增加，全社会对商品农产品的需求迅速增加。但当时分散的小农经济使得农民增加生产和提高商品率的能力有限，加上农民有惜售心理，农产品购销形势严峻，进一步加剧了粮食供求矛盾，商品粮食购少销多直接导致1952—1953年粮食紧张。国家决定改变光靠市场收购农产品的办法，通过对农产品的指令性定价和指令性征购计划，在农村向余粮户实行计划收购——统购，对城市居民和农村缺粮户实行粮食计划供应——统销。从1951年1月起对棉纱实行统购，紧接着1953年11月起对粮食、植物油料实行统购，1954年9月起对棉布、棉花实行统购。与此同时，国家对工业产品全国统一定价，对城镇和工矿区人口实行定量配给的新供应办法，按照户籍对城镇居民推行粮油供应、公费医疗和养老保险以及就业等制度。通过国家行政命令切断了农民跟市场的联系，农民被强制性规定低价出售农产品、高价购买工业品，这种"工农业产品价格剪刀差"扭曲的产品价格体系，使整个计划经济时期农业部门为工业发展做出巨大牺牲，打击了农民生产积极性的发挥，严重限制了价值规律在农业生产中的作用和农村商品经济的活力，进一步抑制了农村和城镇居民生活水平的改善和提高。

（二）从1958年起户籍管理制度的形成固化了城乡居民身份差异

中华人民共和国成立初期我国的经济发展状况呈现出典型的二元经济结构特征，"现代性工业大约只占10%，农业和手工业占90%左右"，国家实施了重工业优先发展战略。此外，在计划经济体制条件下，只有依靠限制人口城乡流动的城乡分割的二元户籍制度才能保障农产品统购统销制度的有效实施；只有实行二元户籍制度才能达到控制人口流动、保证物资供应之目的。为了阻止农村人口向城市"盲目流动"的苗头，缓解城市粮棉油供应的压力，1953年4月17日，政务院发出《关于劝阻农民盲目流入城市的指示》，规定未经劳动部门许可或介绍者，不得擅自去农村招收工人。1954年3月，内务部与劳动部又发出《关于继续贯彻＜劝止农民人口盲目流入城市＞的指示》，重申对农民向城市流动与迁徙的限制。1955年11月，国务院颁发《关于城乡划分标准的规定》，明确了"农业人口"和"非农业人口"作为人口统计的标准。至此，中国的户籍人口由此分为"农业人口"与"非农业人口"两种。此后，国务院相继发出了《关于防止农村人口盲目外流的指示》《关于防止农村人口盲目外流的补充指示》《关于防止农民盲目流入城市的通知》，一再强调不得从农村私自招工。1958年1月9日，全国人民代表大会常务委员会第九十一次会议通过了《中华人民共和国户口登记条例》，第十条规定："公民由农村迁往城市，必须持有城市劳动部门的录用证明，学校的录取证明，或者城市户口登记机关的准予迁入的证明，向常驻地户口登记机关申请办理迁出手续"；第十五条规定："公民在常住地市、县范围以外的城市暂住三日以上的，由暂住地的户主或者本人在三日以内向户口登记机关申报暂住登记，离开前申报注销；暂住在旅店的，由旅店设置旅客登记簿随时登记。"至此，该条例以具有法律文件性质的形式把限制农民迁往城市的制度固定下来，并对城乡居民的流动与迁徙进行严格限制，标志着城乡分隔壁垒的户籍制度正式确立。这一条例和与其相关的法律、法规、条例、政策结合起来，共同构建起了中国独特的户籍制度体系，成为中国城乡二元体制和城乡二元社会结构的重要制度基石。城乡二元户籍管理制度是城乡二元体制的核心制度安排，城乡居民在就业、入伍、上学、选举、赔偿等多个方面设置了等级森严的制度屏障。

（三）1958—1984年人民公社制度从所有制变更和组织管理进一步强化了城乡二元社会结构

1958年北戴河会议通过的《中共中央关于在农村建立人民公社问题的决议》，全国迅速形成了人民公社化运动的热潮，仅用了1个多月的时间就基本上实现了人民公社化。《人民公社六十条》的颁布固化了农村居民对土地的人身依附关系，通过人民公社运动，国家从生活到生产、从思想到行动等全方位全面强化了对农村和农民的组织控制。

在20世纪六七十年代的工业化进程中，我国城乡二元体制进一步拓展和强化，导致城乡在基础设施、户籍制度、社会保障、工农产品交换价格等方面的差距呈现出巨大鸿沟。在基础设施建设方面，城市有公共财政投入，而农村主要依靠集体经济组织和农民自己投入；在工农产品交换方面，国家优先发展重工业的战略下工农业产品价值的不等价交换导致的工农产品交换价格"剪刀差"；在社会保障方面，城市的单位制为市民提供了较为完整的社会福利待遇，而农村除占比极少的五保户供养、合作医疗由集体经济组织负担费用外，社会保障几乎为零。城乡之间的关系表现为非竞争市场的关系，妨碍了劳动力等要素在全国范围的自由流动，致使农业劳动生产率提高缓慢、农业比较劳动生产率持续下降，农村公共产品供给和公共服务提供严重滞后，农民收入长期难以提高。

二、城乡二元体制的松动和改善（1978年12月—2002年11月）

党的十一届三中全会至党的十六大期间，我国破除城乡二元结构取得明显进展，城乡二元体制很大程度上得到松动和改善。改革开放后乡镇政权的建立，结束了长达20多年的人民公社体制，农产品购销市场化改革的推进，工农产品交换关系逐步从"剪刀差"到平等交换转型，户籍制度开始松动，农村剩余劳动力得以自由流动，极大地解放了农村生产力，并为城乡经济发展带来活力。但这一时期城乡二元体制矛盾依然突出：①城乡土地权利与市场存在明显的分割，不利于保护农民土地财产权利、促进农村集体存量经营性建设用地效率提高，导致城乡间发展权不平等、流转权不平等及物权保护不平等；②城乡之间和城市内部劳动力市场"双重二元结构"依然明显，不利于农民工权益保障和劳动力再配置效应充分释放，导致进城农民工与城镇户籍职工之间存在巨大的制度性差异，表现为就业机会不平等、社会保障不平等及合同保障不平等；③城乡之间金融制度安排存在明显差异，不利于农民获得普惠的金融服务，表现为城乡抵押权利不平等、城乡资金价格不平等及城乡金融服务不平等；④城乡之间公共资源配置失衡，不利于农民获得均等化的基本公共服务。

三、城乡二元体制进入全面破除阶段（2002年11月—）

从党的十六大首次提出"统筹城乡经济社会发展，建设现代农业，发展农村经济，增加农民收入，是全面建设小康社会的重大任务"，标志着党和国家开始从全局的角度正视城乡二元结构、系统破除城乡二元体制。党的十六届三中全会通过的决议明确要求"建立有利于逐步改变城乡二元经济结构的体制"。党的十六届五中全会强调坚持"多予少取放活"，加大各级政府对农业和农村增加投入的力度，扩大公共财政覆盖农村的范围，强化政府对农村的公共服务，建立以工促农、以城带乡的长效机制。十七大提出建立以工促农、以城带乡长效机制，形成城乡经济社会发展一体化新格局。十七届三中全会提出了"五个统筹"，强调尽快在城乡规划、产业布局、基础设施建设、公共服务一体化等方面取得突破，促进公共资源在城乡之间均衡配置、生产要素在城乡之间自由流动，推动城乡经济社会发展融合。党的十八大报告强调，"城乡发展一体化是解决'三农'问题的根本途径""加快完善城乡发展一体化体制机制，着力在城乡规划、基础设施、公共服务等方面推进一体化，促进城乡要素平等交换和公共资源均衡配置，形成以工促农、以城带乡、工农互惠、城乡一体的新型工农、城乡关系"。通过加大户籍制度改革力度、促进农民工市民化、基本公共服务向农村覆盖、深化农村金融改革、开展征地制度改革试点等，城乡二元体制开始进入全面破除阶段。

党的十九大报告首次提出"乡村振兴战略"，并将"乡村振兴战略"列为决胜全面建成小康社会需要坚定实施的七大战略之一，同时还提出按照产业兴旺、生态宜居、乡风文明、治理有效、生活富裕的总要求，建立健全城乡融合发展体制机制和政策体系。城乡融合与过去的城乡统筹和城乡一体化有质的区别，乡村振兴为我国指明了"中国特色的乡村发展道路到2020年，乡村振兴取得重要进展，制度框架和政策体系基本形成；到2035年，乡村振兴取得决定性进展，农村农业现代化基本实现；到2050年，乡村全面振兴，农业强、农村美、农民富全面实现"。

总之，我国城乡关系发展思路从"城乡二元"到"城乡统筹"再到"城乡一体"最终到"城乡融合"的根本转变，十九大确立了全新的城乡关系，充分体现了我国城乡关系发展思路的与时俱进。

第二节 城乡发展一体化挑战与对策

以舟山为例，阐明城乡发展一体化是舟山群岛新区"先行先试"战略机遇下实现率先发展的必然要求。随着经济发展进入新常态化，舟山面临着资源要素制约加大、渔农业基础薄弱、渔农村"半城市化"状况长期存在、城乡发展一体化投入任务更加艰巨等瓶颈制约。新形势下以强化城乡一体规划为龙头，以发展新型城镇化为主题，以促进渔农民增收为核心，推进供给侧结构性改革，健全城乡一体保障服务网络体系，是当前舟山推进城乡区域协调发展、构建具有特色的城乡发展一体化先行区的有效途径。

一、舟山市推进城乡发展一体化的重大意义

舟山市位于浙江省舟山群岛，目前处于全面建成小康社会并率先向基本实现现代化迈进的关键时期。推进城乡发展一体化进程，对舟山加快经济社会转型、促进城乡经济社会互动发展，增强区域整体实力，激发渔农村发展的巨大潜力，克服当前经济下行压力具有重大现实意义和深远战略意义。

（一）城乡发展一体化是舟山转变发展方式的重要途径

当前舟山经济发展形势同全国一样，正面临需求不足、经济下行、通货紧缩等问题。主动适应经济发展新常态，既是全面深化改革的重要任务，也是应对经济增长速度换挡的重要途径。推进舟山城乡发展一体化进程，有利于推动发展转型，使发展方式由规模速度型向质量效益型转化，全面加快城乡互动的新型城市化进程；有利于加速城乡接合部及渔农村服务业发展的步伐，提高城乡接合部及渔农村服务业比重，补齐服务业存在的"短板"，推动形成以服务经济发展为主的产业结构。这就需要破除城乡二元体制以释放改革红利，提高城乡发展一体化程度以释放经济增长潜力，进一步优化城乡空间布局，抓抢先机补短板，提质增效树标杆，引导资源要素向渔农村集聚，加快基础设施和公共服务向渔农村延伸，不断提升渔农村在舟山新一轮发展中的地位，形成城乡共同推动经济社会发展转型的良好格局。

（二）城乡发展一体化是舟山着力改善民生的迫切需要

关注民生、重视民生、保障民生、改善民生和促进社会和谐发展，成为新时期指导经济社会发展的重要方针。推动城乡发展一体化，从法律、制度、政策上努力营造公平正义的环境，从收

入分配、劳动就业、社会保障、公共服务等方面采取措施，着力解决广大农村居民最关心、最直接、最现实的利益问题，使农民安居乐业、生活富足，使广大农村安定有序、充满活力。推进舟山城乡发展一体化进程，有利于从根本上解决长期以来城镇化发展模式粗放带来的诸多矛盾和问题，使城市基础设施向渔农村延伸、公共服务向渔农村覆盖、现代文明向渔农村传播，同时可以化解城市内部新的二元矛盾，构建和谐共生的城乡关系。推动舟山城乡发展一体化进程，大力实施民本民生工程，促进发展要素向渔农村集聚，有利于提高中心城市的带动力、增强区域发展的协同性，让广大群众在统筹城乡发展中真正受益得实惠，共享改革发展成果，实现城乡社会共同发展、全面进步，使全体人民共享现代文明成果。

（三）城乡发展一体化是新区实现率先发展的必然要求

加快推进城乡发展一体化，是落实"四个全面"战略布局的必然要求，也是新区实现率先发展的基本方向。舟山群岛新区建设的要素很多在渔农村，为确保各种要素在城乡之间的流动，需要推进城乡发展一体化，破除城乡二元结构。舟山作为国家级群岛新区，要着力打造在长三角地区世界级城市群中，具有海岛特色、城乡一体、山河秀美、生态和谐的群岛型港口宜居城市，必须在推进城乡要素平等交换和公共资源均衡配置上取得重大突破，给渔农村发展注入新的动力，让广大渔农民平等参与改革发展进程、共同享受改革发展成果，是舟山的历史使命。当前，新区建设迫切要求将推进新型城镇化和城乡发展一体化摆在更加突出的重要位置上，为推进经济持续健康发展和城乡区域协调发展提供强大引擎，必须进一步加大改革创新的力度，努力实现率先发展。加快城乡发展一体化是舟山适应新形势、增创新优势、实现新跨越的重要举措，必将助力群岛新区建设，并为新常态下走在全省城乡统筹发展的前列，率先形成城乡一体化发展新格局提供有力支撑。

二、当前舟山城乡发展一体化面临的历史机遇

习近平同志在中央政治局第二十二次集体学习时指出，要把工业和农业、城市和乡村作为一个整体统筹谋划，要继续推进新农村建设，使之与新型城镇化协调发展、互惠一体，形成双轮驱动。

国家对舟山群岛新区战略定位为管理体制机制创新实践区，为舟山城乡发展一体化指明了方向。2011年国务院批复舟山建设国家级群岛新区，要求新区成为国家海洋战略的示范区，这一定位明确了新区是管理体制机制创新实践区，新区建设要完成全国全省示范引领的使命。《浙江舟山群岛新区发展规划》提出要推进统筹城乡综合配套改革，加快推进城乡发展一体化步伐。在新区背景下加快推进城乡一体化进程，符合实践新区建设"先行先试"的要求，有利于提升海岛经济社会发展层次，有利于城乡资源优化配置和集约利用，有利于城乡居民共享新区发展"红利"。当前，国家实施"一带一路"、长江经济带和建设海洋强国战略，舟山在保障国家经济安全、先行探索海洋开发保护中的地位更加突出。推进新区的城乡一体化，既要总结和延续前段工作的有益经验，又要从新区完成全国全省示范引领的使命出发，走出一条具有海岛特色的城乡融合发展道路。

城乡发展一体化需要法治引路，全面推进依法治国为舟山推进城乡发展一体化提供法律保障。习近平同志强调，凡属重大改革都要于法有据。城乡发展一体化在土地资源、新型城镇化、财政转型、要素流动等众多研究领域都需要突破法律的框架和界限，而诸多难题的破法改革尚需全国人大授权，需要先修改法律，通过立法转化为顶层设计，以法治引领保障改革，而不是以改革突破法治。此外，开展法律、政策、财政、税收、金融、管理、渔农村经济等诸多方面变革时，都需要依法治国起到法律保障和引领作用。十八届四中全会后，国家层面加快立法进程，实现立法和改革决策相衔接，立法主动适应改革和经济社会发展需要，及时修改、废除与经济社会发展新常态不相适应的规定，为市场在资源配置中起决定性作用、为推进城乡发展一体化提供了有力的法律保障。

舟山城乡居民收入差距小、城乡融合发展程度高，为加快城乡发展一体化奠定了坚实基础。舟山经济基础好，城镇化水平较高。近年来舟山开展新渔农村建设，以海洋产业为龙头带动渔农民就业增收，城乡居民收入差距持续缩小，收入比位居全省并列第二，进一步夯实了城乡一体化的发展基础；此外，舟山城乡融合程度高，群岛新区的成功推进使城乡统筹成为全市共识。随着舟山大开发大建设的条件正在形成，急需探索建立征地拆迁和城乡一体化互促共进的良好机制，促进建设成果全民共享。当前，城乡一体化进入产业融合推动城市化发展的攻坚阶段，按照新区建设"三大定位、五个目标"和"四岛一城"规划功能区规划建设目标，需要重新审视城乡资源，加大城乡统筹开发的力度，不断推进渔农村综合配套改革工作，形成城乡一体的新格局。

三、舟山加快城乡发展一体化需突破的体制机制瓶颈

在新常态下，舟山推进城乡发展一体化也面临着如何破解城乡要素交流障碍、集约节约利用土地、产业集聚集约、推动渔农民集聚，以及推进公共服务和基层治理机制一体化等方面瓶颈，如何在城乡发展一体化上发挥示范引领作用是新时期舟山面临的重大现实任务。

宏观经济环境尚处于疲软状态，经济发展进入新常态化使城乡发展一体化投入任务更加艰巨。当今世界经济仍将在深度调整中曲折复苏。从全国来看，经济长期向好的基本面没有变，但在宏观环境复杂性、三期叠加阶段性、政府调控主动性的综合作用下，增速换挡、转型发展将成为新常态，一些制约经济社会发展的矛盾和问题将更加凸显。受宏观经济下行带来疲软态势的影响和挑战，舟山市产业生产经营仍面临不少困难和挑战：支柱产业支撑力下降，工业增长后劲不足带来的增速下滑的挑战；传统制造业转型缓慢，新兴产业发展滞后面临动力断层的挑战；稳增长与调结构并行，引资扩量、引智增质同时并进难度加大等。在舟山开始步入工业化后期阶段，经济发展正处于"量的扩张"向"质的提升"转型的关键期，面临产业着力点过度集中，支撑新区持续发展的动力还不够强劲，渔农民收入在高基数上前行，实现收入持续较快增长的压力日益增大，工资性收入增长后劲不足。随着经济发展进入新常态化，今后若干年内财政增收面临较大压力，政府财政收入高速增长难以持续，城乡发展一体化投入水平要保持高位，提升难度加大。

资源要素制约相对较大，城乡要素交流的体制障碍不利于城乡发展一体化的推进。受土地、

资本、人力资源三大资源要素的制约，舟山地区生产总值、规模以上工业总产值、外贸等指标与预期目标有一定差距。①在土地资源方面，舟山作为海岛城市，土地资源十分有限，全市陆域面积1 440平方公里，占区域面积的6.48%，人均耕地不足0.29亩，在这种低于浙江省平均水平的严峻形势下，不能靠扩大种植规模实现收入大幅度增长，城乡发展一体化建设项目所需的建设用地保障有较大难度。②在渔农村人力资源上，舟山渔农村劳动力素质总体上依然偏低，劳动力技能单一，制约了城乡劳动者就业的规模和速度，也制约了其就业层次的提高。③在资本要素方面，受现行法律法规的限制，舟山市在渔农村集体资产股份合作制改革、渔农村宅基地使用与退出机制创新、新型集聚小区建设、城中村综合改造、渔农村基层治理体制完善等方面，还存在产权制度不完善、宅基地用益物权不完整现象，土地承包经营权、宅基地使用权、集体资产收益分配权等三项主要权益保障机制仍不健全，土地流转难且无法形成规模效应，极大地阻碍了土地、资本、人力资源三大要素在城乡之间自由流动。上述渔农村关键领域的改革推进难度还很大，统筹推进力度还不够，改革开放仍需进一步先行突破。

渔农村经济发展基础薄弱，渔农民收入有待进一步提高。舟山农业生产设施较为落后，产业化程度低，土地产出率较低；农业生产资料价格高位运行，农业生产成本增大。近年来渔业资源衰退现象没有根本转变，渔农村居民的就业结构和收入结构仍需继续优化。与省内其他地市相比，舟山经济总量偏小，耕地、淡水、能源和重要生产性资源相对不足，生态环境仍比较脆弱，经济结构不尽合理，科技创新能力有待进一步提升。特别是渔农村经济发展总体上还较为粗放、资源利用率不高，舟山市远洋渔业产量近年来增长较快，虽然比重占全国20%，但渔业是资源型产业，继续保持较快增长有不确定性，这些都制约着渔农民收入增长幅度。

城乡基础设施存在差距，渔农村"半城市化"状况仍然存在。当前，舟山作为交通末梢的基础设施落后现状短期难以改变。一方面在软环境上与城市存在明显差距，另一方面在乡村道路、供水、供电、网络、通信、环卫等硬环境上，与城市差距也不小。部分渔农村内道路、路灯、绿化、垃圾污水处理设施等维护责任主体能力较弱，少数地方"建而不用"，个别地方甚至"用而不管""用而不修"的现象仍然存在。

四、以增强渔农村内生动力为核心开创舟山城乡发展一体化新格局

舟山群岛新区建设的要素很多在渔农村，为确保各种要素在城乡之间的流动，需要破除城乡二元结构，形成双轮驱动。

（一）立足缩小城乡居民收入差距，加快促进渔农民增收

①推进渔农业的高效化、产业化、组织化。渔农业始终是渔农民增收的基础，要大力发展现代渔农业，加快转变农业发展方式，全面提高农业综合效益。要积极发展品牌农业，发展特色精品渔农业，推进渔农业标准化示范建设，扩大标准化技术应用，鼓励支持渔农业经营主体申报绿色、无公害渔农产品认证，提升舟山海岛渔农产品品牌，增强市场竞争力，扩大海岛特色优势农产品的品牌知名度和影响力。要完善渔农业经营管理体系，大力培育新型渔农业经营主体，鼓励

引导种养专业大户，积极向家庭农场转化，积极引导同一区域内生产同类产品或有生产关联的合作社组建联合社，加快构建生产、供销、信用"三位一体"渔农民合作经济组织体系，全面提升其发展能力；稳步发展龙头企业，培育成长型市级农业龙头企业，积极推行"龙头企业+渔农民专业合作社+家庭农场"模式。②发展美丽经济，拉升渔农业产业链。立足农业"生产、生活、生态"功能定位，拓展与农业相关三次产业，积极发展渔农业服务产业，采取切实有效的措施，加快促进渔农民持续快速增收。要以渔农村资源环境、海岛田园景观、乡村风情风貌和特色渔农产品等为依托，引导渔农民大力发展生态、休闲、旅游观光产业和渔农家乐休闲旅游业。要将引领时尚消费、创造高端需求作为舟山市推进渔农业供给侧结构性改革的战略重点，以打造国际著名的海岛休闲旅游目的地为目标定位，推动渔农家乐发展从零星分散数量型向规范经营质量型转变，从无序发展向主题独特、优势互补的自成体系布局转变，实现青山绿水转化为金山银山。积极发展"互联网+农业"，启用金融、信息、物流等第三产业带动农业的功能，达到加固基础产业、优化产业结构的目的，发展渔农产品电子商务业。此外，要发展渔农村社区服务业。依托新型集聚小区建设，鼓励渔农民开展社会养老服务、家政服务和维修服务等；依托渔农家乐休闲旅游业发展，鼓励渔农民开展导游服务、交通服务、餐饮服务、清洁服务等配套服务。③完善就业创业扶贫体系，促进渔农民稳定增收。健全覆盖城乡的公共就业创业服务体系，提高服务均等化、标准化和专业化水平，有效提升渔农民就业层次。强化低收入渔农户扶贫，要确保扶贫精准。切实做好低收入渔农户认定工作，确保扶贫对象精准，根据经济社会发展水平，逐步提高扶贫标准保障能力，使贫困人口应保尽保、应扶尽扶。要帮助创业就业扶贫。对于没有自主创业能力的低收入渔农户，重点提升一批具有扶贫功能的新型渔农业经营主体，吸纳其就业，或引导其入股合作创业；优先提供低收入渔农户就业，帮助低收入渔农户脱贫增收。对于有自主创业能力的低收入渔农户，通过财政、金融等支持，扶持其自主创业。加强低收入渔农户家庭劳动力证书和实用技术技能培训，加强对低收入渔农户子女教育援助，阻止贫困代际传递。

（二）立足城乡要素市场一体化，深化渔农村"三权"改革

构建城乡一体化的要素市场，促进城乡劳动力、土地、资本、技术、信息等生产要素资源顺畅流动，优化组合，高效利用，是统筹城乡发展实现城乡一体化的关键。①要立足于为新区建设提供要素保障，以增强广大渔农民的获得感为落脚点，坚定不移地深化渔农村"三权"确权、赋权、活权改革，消除在全市城乡之间流动的政策性阻碍，依法保障渔农民所拥有的财产收益。①推进渔农村集体资产股权、确权、赋能活权。因地制宜推进村（社）的股改工作，加快已股改村的股权发证速度，不断完善股份经济合作社运行管理，全面完成渔农村集体资产股改工作任务，明晰渔农村产权归属，为城乡资源要素优化配置奠定基础，推进渔农民财产性收入快速增长。②开展土地承包经营权新一轮确权登记颁证工作。明确把握法律底线、民意底线和稳定底线，明确主体责任，健全工作机制，注重工作方法，落实工作经费，强化监督检查，稳步推进确权登记颁证工作落实。③创新渔农村宅基地使用管理机制。推进渔农村宅基地使用权、房屋所有权确权登

记颁证，创新渔农村宅基地使用管理机制。④健全渔农村产权流转交易服务和抵（质）押融资平台。健全渔农村产权流转交易制度体系，促进渔农村产权公开公正规范流转，推进渔农村产权交易平台实质性运行，将集体资产租赁、转让统一纳入平台进行统一交易，积极引导渔农户将拥有的渔农村股权、土地承包经营权的流转纳入平台进行统一交易。推进股权质押融资平台实质性运行，扩大信用贷款、政银保合作贷款和农房抵押贷款业务规模，探索土地承包经营权、宅基地使用权和村集体股权抵押质押贷款。

（三）立足城乡基础设施一体化，加快推进渔农村环境改造提升

城乡基础设施一体化，按照人口资源环境相均衡、经济社会生态效益相统一的原则，强调所有新上的基础设施建设项目都应城乡联动，进行"一盘棋"布局；另一方面要尽可能地填平补齐多年累积的渔农村基础设施的欠账，打通城市延伸到乡间的最后"一公里"，让渔农村居民同城市市民一样享受现代化的成果，创造城乡无差别的生产生活条件。加快城乡生活基础设施建设，加大对岛际交通、供水供电和社区服务设施的投入力度。加快渔农村管网、饮用水设施更新改造，推进城乡联网集中供水，提高渔农村饮用水安全覆盖率。加快城中村改造。有研究表明，在全国其他很多地方，通过整村改造、征地拆迁、撤村建居等方式推进城市化进程，往往是政府一厢情愿的"替民做主"，多数农民并不认同，他们不愿意改造村庄。因此，城中村改造应调动各方积极性，在充分尊重群众意愿的基础上，按照政府主导、村级基层组织为改造主体的原则，积极稳妥推进，综合考虑资金平衡、群众意愿和改造目标等各方面因素。加快推进集生产、生活、生态"三生"融合乐居、乐业、乐游"三乐"一体的新型集聚小区建设。按照程序规范、公平公正、就近就便、区域价格平衡原则，制定新型集聚小区公寓房申请置换办法，规范置换集聚方式，明确置换对象、条件、面积、价格、程序等要求，引导渔农户集聚到规划对应的新型集聚小区，鼓励拥有宅基地的渔农户成片整村退出宅基地置换新型集聚小区公寓房，有条件的也可置换城镇保障房或"房票"。通过建设新型集聚小区，大力促进土地资源集约节约利用，促进重大公共利益的保护，改善渔农民居住条件。

（四）立足城乡公共服务均等化，加快推进城乡二元体制改革

①加快推进户籍制度改革。取消有关农业户口、非农业户口的户口性质区分和由此衍生的蓝印户口等户口类型，统一登记为居民户口，体现户籍制度的人口登记管理功能，户籍登记不再标注户口性质，加快解决依附在二元户籍制度上的城乡差别和政策限制，基本消除因农业、非农业等户口性质原因产生的待遇差距，还原户籍本来的社会管理功能，全面建立以居住地登记户口为基本形式，以合法固定住所或稳定职业为基本落户条件，以法制化、证件化、信息化管理为主要手段，与市场经济体制相适应的新型户籍管理制度。完善居住证制度，建立推行居住证持有人积分管理制度，以居住证为载体，健全完善与居住年限等条件相挂钩的基本公共服务和便利提供机制。②完善城乡一体社保体系。遵循新征地农民"即征即保"和新型农村社会养老保障"应保尽保"原则，落实被征地农民基本生活保障资金投入增长机制。不断加大财政投入，实现城乡居民

基础养老金有序增长。巩固完善城乡居民基本医疗保险制度，建立筹资标准稳定增长机制。加强制度设计，畅通制度衔接转换渠道，以适应渔农民不同身份的社保转换。推进城乡社会福利事业稳步发展，不断完善适度普惠型福利制度。建立健全政府领导、民政牵头、部门配合的社会救助工作协调机制，努力构建分工负责、相互衔接、协调实施、政府救助和社会力量参与相结合的城乡社会救助制度体系。完善城乡低收入群体保障标准增长机制，提高农村优抚、五保对象供养标准，健全渔农村社会救助服务体系。③优化城乡教育资源均衡发展。探索形成以城带乡、城乡一体的区域教育发展新格局。实施城乡基础教育一体化建设工程，推进城乡义务教育学校办学条件、办学经费、教师队伍的均衡配置，加快推进渔农村标准化学校建设，建立健全区域内城乡校长教师交流轮岗机制，推动优质教育资源共享，争取到2020年全市义务教育资源配置基本均衡。④推进城乡医疗卫生资源均衡配置。建立健全城乡公共卫生和医疗服务体系，优化配置医疗卫生资源，推进城乡医疗机构纵向合作，鼓励城市优质卫生服务机构帮扶基层医疗机构，健全城市医院与基层医疗卫生机构的对口支援制度和双向交流机制，积极引导城市卫生人才向基层流动。建立稳定的渔农村医疗卫生投入保障机制，确保政府对渔农村医疗卫生投入的主导地位，逐步建立"大院带小院、县院带乡镇、乡镇带村级"的城乡医疗卫生统筹发展新机制，促进城乡医疗卫生事业的均衡发展。

（五）立足城乡基层治理一体化，加快完善渔农村社区体制机制

按照职能综合、半径合理、集约高效的原则，抓好社区便民服务站平台建设，有效整合政府公共服务、社会公益服务和群众自我服务资源，强化社区服务功能。逐步推进社区信息化建设，结合"智慧社区"建设、政务服务网向社区（村）延伸、新区社会公共服务与监督平台建设，为渔农民群众了解涉农政策法规、生产经营信息、生活服务信息以及村级"三务"等情况提供便捷的线上办事咨询窗口。

积极推进社区服务管理体制改革，积极推进"一站式"服务机制，强化社区便民服务站的服务功能，使其成为接受乡镇（街道）行政性服务管理事项委托、引导社会力量开展社区公益性服务、组织社区居民开展自我服务的社区服务平台。对于非基本公共服务，可以通过政府购买、项目扶持等方式，吸引一些社会组织或者个人参与进来，从供给侧改革的角度实现供给主体和供给方式的多样化。对于商业性的便民利民服务，可以引入市场化机制，鼓励社会资本以多种方式参与，以满足群众日益个性化、多样化的服务需求。通过直接办理、在线受理、委托代办、上门服务等方式，实现政府公共服务在社区的一站式全程办理。

第三节 新时期城乡融合促进乡村振兴发展的目标路径

作为改革开放的前沿阵地，温州的城乡融合状况在全国具有特殊性和典型性。本部分以温州为例，认为温州的城乡融合要面对相对发达的城市和相对落后的农村，打破城乡二元分割壁垒，

逐步实现生产要素的合理流动和优化组合，促使城乡经济社会生活协调发展，缩小城乡之间的基本差别，最终目标是以城乡融合促进乡村振兴。达成这一目标的难点在于消除城乡间制度性障碍，突破点是深入推进"三权分置"改革，宅基地制度改革等，打通温州城乡要素市场，使土地、资本、劳动力等要素形成对流，建立城乡融合发展体制机制和政策体系，着力促进乡村振兴战略实现。

一、以城乡融合促进乡村振兴战略的重要意义

（一）以城乡融合促进乡村振兴是解决农业农村发展不平衡、不充分问题的根本出路

城乡二元结构成为目前我国最大的结构性问题，城乡差距仍在逐渐加大。当前我国农业农村发展不平衡表现为以下几方面：①农村常住人口逐年减少。持续三十多年的农村人口外流使得我国农村大量房屋闲置，家庭空巢率持续上升，农村空心化引发的村落凋敝甚至走向消亡令人震惊，有民俗专家指出中国"每天有300个村落消失"，传统乡村衰落问题日趋严重；②农民老龄化问题严重。农村青壮年绝大多数都外出打工，许多农村地区支撑农业生产活动的主体全部由50岁以上的老年人和妇女组成，农村留守人员被形象地描绘为所谓的"386199"部队，将来农村"谁来种地"的矛盾发人深省；③农业副业化现象突出。从全国范围看，近年来除东南沿海及中部一些区位条件好、资源优势突出的局部空间及点位的现代农业发展较快，西部广大地区更多地存在着小规模面积、一家一户的传统农业区大量土地无人无力耕种而大面积抛荒现象，农业更多的变成老人农业和外出打工人员的兼业农业；④农村公共产品供给及公共服务提供程度普遍偏低。特别是落后山区农村的基础设施、教育、科技、文化、卫生等公共事业发展严重滞后，公共产品和公共服务短缺，再加上农民的法制意识比较薄弱，乡村治理滞后，导致落后地区农村现代文明程度普遍较低；⑤农村生态环境严重退化。不少地方的土壤退化、水土流失日益严重，森林、草地退化导致荒漠化加速发展；乡镇企业监管不严，工业固体废物和生活垃圾使农村水污染较为严重；农膜、农药、化肥超量使大量农田土壤结构破坏。总之，当前我国农业农村现代化已成为"四化"同步及全面建成小康社会最大的短板。

追溯当前农业农村发展不平衡不充分的原因，一方面受工业化、城镇化的快速推进过程中工农及城乡关系演变规律的影响，另一方面，长期以来城乡二元化格局、工农业产品剪刀差、城乡要素的单向流动和不平等交换机制，使农业和农村长期以来不间断地为城镇化和工业化提供了要素支撑；特别是在市场机制作用下，农村要素单向度地向城市流动，导致城乡之间的差距仍在拉大。因此，以城乡融合促进乡村振兴，是解决当前城乡差距大、农业农村发展不平衡、不充分问题的根本出路。

近年来部分地区农村的新型农业经营主体呈现出蓬勃发展的良好势头，一些农村经济发展较好的地区加快发展乡村旅游、休闲农业等农村服务业，一些地区开发出农村电子商务、农产品冷链物流业新产业新业态，在推进城乡一体化进程中全国大部分农村基础设施和公共服务得到明显改善，精准扶贫使得落后地区贫困农户增强脱贫致富能力，这表明新时代下乡村振兴战略在市场机制的作用下已经具备了良好基础和条件。但由于体制机制的不完善，当前我国乡村仍处于被动

地接受城市发展的带动和辐射的地位，缺乏从内在激发乡村积极性和主动性的动力。党的十九大首次提出乡村振兴战略，并提出建立健全城乡融合发展体制机制和政策体系，立足于乡村的产业、生态、文化等资源，强调坚持农业农村优先发展，资源要素配置要继续向"三农"倾斜，通过建立乡村可持续的内生增长机制来激发乡村发展活力。这就从城乡融合视角把城市、乡村视为一个有机整体，把乡村与城市都放在平等的发展地位上，着力于以城乡融合促进和带动乡村振兴，具有重大的战略意义。

（二）以城乡融合促进乡村振兴是决胜全面建成小康社会的关键之举

城乡融合、以城带乡，敢于打破一切阻碍城乡融合发展的体制机制和政策障碍，助力农村脱贫攻坚，优先发展农业、农村，赋予贫困农民及其从事的产业自主的"造血"功能，加快农业农村现代化，通过推动城乡融合来带动乡村振兴，确保全面建成小康社会得到人民认可、经得起历史检验。

（三）以城乡融合促进乡村振兴是克服乡村衰退衰落困局的有力举措

站在人类发展历程的高度，世界各国城市化进程的加快都伴随着农业人口的减少、农业在现代社会中比重逐步降低的过程，城市化进程加快伴随乡村凋敝是世界多数国家的普遍现象。但是，现代发达国家经济发展过程显示，乡村凋敝不尽然是现代化、城市化的必然代价，早期西方发达国家的城市化也曾引发大量人口从乡村的逃离，致使乡愁也曾经是一个时代的共同情感。西方发达国家的城市化达到一定阶段后，就出现了逆城市化的趋向，富人下乡、穷人进城成为时代潮流。我国如何能够打破迈向城市化过程必然导致乡村衰退这一"铁律"，考量着党和国家的领导能力以及领导智慧。改革开放以来，随着城镇化步伐的加快，我国传统村庄渐趋衰败，乡村环境破败、人口流出不流入，乡村一定程度上已被边缘化。城乡发展中涌现出"融不进城市，回不去的乡村"、无法安放的乡愁等心态和能力双重不平衡下的无奈与彷徨。当前不断扩大的城乡差距显示出再继续搞牺牲农村优先发展城市的战略已不可取。

乡村振兴战略是新时代"三农"工作的重心。实质上，"振兴"一词，是用历史的眼光看待乡村的地位与作用，说明我国乡村在历史上曾经存在的辉煌与成就。我国是一个农业大国，历史上乡村在国家中居于十分重要的地位，乡村的繁华与富庶是我国历史上盛世的典型标志，史书典籍中流传着描写乡村优美田园生活的浪漫诗篇。以城乡融合来促进乡村振兴，就是要寻找工业反哺农业、城市反哺乡村的现实路径，除继续深化农村改革、增强农业农村发展新动能、凝聚乡村重建的社会力量、破解乡村"空心化"的体制性障碍等自身造血功能外，同时要注重城乡要素在市场化条件下的自由流动和双向互动关系，建立健全城乡融合发展的体制机制和政策体系，进一步推进城乡在基础设施、公共服务方面的融合以及城乡在产业、要素和生态保护等方面融合发展，补短板、强弱项，鼓励更多资金、技术和人才向农村地区流动，最终通过城乡融合推动农业农村现代化。

二、以城乡融合带动乡村振兴的路径选择

城乡发展关系上强调城乡融合,是基于"城乡融合"发展更加强调城乡地位平等下的互惠共生关系,更加强调城乡空间上的共融关系,更加强调城乡要素在市场化条件下的自由流动和双向互动关系,比之前的"城乡统筹"发展层次更高,最终目标是要达到"产业兴旺、生态宜居、乡风文明、治理有效、生活富裕"。其中,产业兴旺是乡村振兴的强力支撑,生态宜居是乡村振兴的关键环节,乡风文明是乡村振兴的文化力量,治理有效是乡村振兴的基本保证,生活富裕是乡村振兴的根本目的。这二十字方针是相互联系、互相统一的有机整体,系统概括了新时代农业农村发展总要求,统一于乡村振兴的整个过程。目前温州在向城乡融合迈进过程中已经取得一定成效,但仍没打破长期存在的城乡二元结构格局,城乡居民在公共产品和公共服务层面依旧存在着明显的不平等,在社会地位、教育、医疗、社会保障等方面依旧存在着明显的不平等。以城乡融合带动乡村振兴战略实现的当务之急是要打破城乡户籍壁垒,深化城乡二元户籍制度改革,深入推进"三权分置"改革,推动制度改革以消除城乡间制度性障碍,促进城乡要素融合,从城乡两端全面激活资源,进一步释放出制度潜能。

(一)继续深入推进户籍制度改革,消除城乡二元体制障碍

当代中国的户籍制度源于计划经济时期,也是计划经济体制对我国社会格局打下的最深烙印,现已成为阻碍经济社会发展的重要因素,亟待进行改革。

(二)深化农村土地及要素市场改革,促进城乡要素的融合

通过深化承包地"三权分置"改革、承包地退出改革、宅基地退出改革和集体经营性建设用地入市改革等,以土地制度改革为重点的动力机制,为乡村区域从城市带来动力强劲的社会资本,激活农村要素与城市资本下乡间的高效对接,通过土地要素的进一步市场化,推动城乡融合发展。同时,全面深化农村集体资产股份合作制改革,健全农村产权流转交易服务和抵(质)押融资平台和交易品种,推进股权质押融资平台实质性运行,扩大信用贷款、政银保合作贷款和农房抵押贷款业务规模,探索土地承包经营权、宅基地使用权和村集体股权抵押质押贷款,有效解决农村资金总体短缺、金融抑制的矛盾,盘活农村集体资产,进一步扭转土地、劳动力、资金等基本生产要素持续大规模由乡到城单向流动趋势,促进城乡资源平等公平的自由交换。

(三)加快推进农业农村现代化步伐,探索农业产业化经营模式及新业态

农业是经济社会发展的基础,也是逐步实现农民就地城镇化、就近就业化的核心因素,乡村振兴必需依托于产业兴旺,这样乡村发展才能有动力、有载体。实现农业产业兴旺就要加快提升农业竞争力,不能让农业成为依靠高补贴存活的产业部门。要实现农业农村现代化的目标就需要加快乡村产业转型升级,立足乡村资源优势和区位环境等综合因素,以市场需求为导向,围绕"合作社+企业""公司+合作社""公司+农户"及"互联网+农业"等农业产业化经营模式及新业态:①大力发展大中型农业机械为主的劳动替代型农业技术以及水肥药节约型的转基因育种农业技术;②大力发展与当地资源相一致的特色种养业、农产品加工业、农村服务业及乡村旅游

业等；③大力发展以村域经济和乡域经济为基础的县域经济，扶持发展"一村一品"、"一乡一业"，集体经济、土地信托等，加强联合体建设，延长农产品为主的农业产业链、提高农业附加值，千方百计增加农民收入，真正使农村产业兴旺成为带动乡村振兴的重要引擎。有学者指出："推进乡村振兴过程中要有更好的产业发展基础，要有基于适度规模的新的产业构成和经营方式，要有效培育成长乡村旅游、康养农业、创意农业、农业电商等新的业态；要打造更优美的乡村空间形态和更高质量的社会公共服务，要创建更优质的生态环境和实现更好的文化传承"。只有充分利用农村各类资源，从供给侧结构性改革层面推动第一、第二、第三产业融合发展，进一步促进农业转型及乡村产业升级，使农民生活富裕，这是乡村振兴的关键。农民生活富裕的标志是货币收入增长带来的购买力强大，而其支撑力则是农业劳动生产率的极大提高，即更少的劳动力生产出更多的产品，归根结底还需要产业带动，才能最终促进乡村振兴。

（四）加强绿色生态环境保护，强化乡村人居环境综合整治

经济发展与环境保护本质上并不冲突，生态宜居是乡村振兴的关键环节。生态宜居包含环境、村容、设施建设等在内的乡村自然环境和社会环境均宜居的综合表现，农村生态宜居包括排放减量、景观怡人、密度适宜、交通便捷等要素，其衡量指标应该包括社会文明度、经济富裕度、公共安全度、资源承载度、环境优美度、生活便宜度等在内的理想模式。这就要求保护与合理利用乡村一切自然和技术资源，切实推进第一、第二、第三产业"三产融合"、生产生活生态"三生同步"、产业文化旅游"三位一体"，使人、自然、环境融为一体，最大限度地发挥和利用本地生产力，充分保护居民的身心健康和环境质量，最大化体现居民的幸福感，把乡村建设成人与自然和谐共处共生的宜居宜业田园综合体。因此，切实改变以牺牲生态环境为代价的短期化增长模式，着力解决经济发展与环境污染中的突出矛盾，切实开展乡村生态环境治理，建立健全环境管理的长效机制，实现发展方式的根本转变，构建绿色生态环境新的发展引擎，这是实施乡村振兴战略的关键环节。这就需要在保证农业农村优先发展的基础上，环保部门要高频率、不定时开展乡村生态环境监测工作，乡镇企业要优化产业结构，发展低污染、少能源消耗的产业，对排污净化设施建立有效的补偿机制；同时要发挥NGO组织致力于保护乡村环境的作用；乡村居民也应树立环境保护意识，重视生态环境保护。只有政府导向、自主参与和社会合作三位一体共同携手形成合力，推进生产、生活和生态"三生"融合发展，从而使乡村生态文明得到有效保护。从具体举措来看，要加大"五水共治"投入力度，针对温州水污染现状，要深入推进污水治理，重点整治黑臭河和垃圾河，深入推进大气防治，保护生态湿地，从而创建宜居的美丽浙南水乡。

乡村振兴战略离不开城镇化发展的助力推动，城镇化进程的加快也必须以乡村振兴为前提条件。基于当前我国城乡发展不平衡、乡村发展的不充分，除上述路径外，还需遵循乡村自身发展规律，进一步整合和合理优化村庄布局，以县为基本单元，根据产业和人口趋势变化，大力推进我国"空心村"、传统民居及老旧院落改造提升，加快乡村土地综合整治和空间重塑，合理配置村庄的道路、水、电等基础设施及公共服务设施。此外，秉持乡风文明是乡村振兴的文化因素，

乡风是维系和传承中华优秀文化基因的重要纽带和载体,要强调乡村的教化价值,保留乡土文化的根,构建乡村自治、法治和德治三位一体的乡村治理模式,最终促进乡村振兴战略的实现。

第九章 新时期乡村田园综合体的发展与创建

第一节 新时期乡村田园综合体的理论基础

一、从综合体到田园综合体的发展

综合体是指，将两种以上不同结构原则相互结合所构成的聚集体，其主要特点是具有极大的自由度。随着社会发展进程，综合体在不同业态中逐步衍生出各种独具特色的类型。

20世纪90年代初，随着我国社会经济发展水平的提升和城市化进程的加快，综合体首先被应用到城市建设发展中，出现了城市综合体的雏形，此后逐步演化，渐次出现了旅游综合体、商业综合体、新型农村综合体、农业综合体和农业休闲综合体等，在新时代下出现了田园综合体。

田园综合体是农业农村发展的必然产物，是综合体在乡村中发展的一种类型。随着城镇化水平的提升，农村土地集约化、规模化水平不断提高，农村第一、第二、第三产业融合、城乡融合快速发展，综合体模式形态不断创新发展，进而发展到田园综合体类型。

（一）城市综合体

1. 概念和内涵

在我国城市化的发展进程中，出现了一种为众多开发商所青睐的商业地产模式——城市综合体。它是以建筑群为基础，融合商业零售、商务办公、酒店餐饮、公寓住宅、综合娱乐五大核心功能于一体的"城中之城"，是多功能聚合、土地集约的城市经济聚集体。大型城市综合体适合经济发达的大都会和经济发达城市，建筑群在功能选择上要根据城市经济发展特点的不同有所侧重，一般来说，酒店功能或者写字楼跟购物中心功能是最基本的组合。

城市综合体的出现具有其必然性，因为城市作为一个庞大的聚集体，当人口会集、土地开发利用紧张到一定程度的时候，为实现有限空间范围内的经济价值最大化，在相应区域的核心部分就会出现这种兼容城市多种功能的综合物业。由于这种地产开发形式涵盖多元业态，商业竞争力尤为凸显，在很大程度上缓解了传统城市发展模式的局限性，万达广场就是城市综合体中的典型代表。

2. 发展历程

80多年前，由19栋建筑组成的洛克菲勒中心在纽约市落成，为世界各地的大都市展现出全新的发展理念，其对公共空间利用的创新和商业功能的融合，令其成为世界瞩目的财富象征。此后，城市综合体在全球大城市普遍发展，亚洲国家对其显示出极大的热情，将这一概念表现得淋漓尽致。

改革开放初期，我国城市建筑的购物、酒店和办公等功能尚处于独立分割状态，直到20世纪90年代初，才开始逐步出现城市综合体的雏形，至今仅有30多年的发展历史，可以将其分为雏形、早期开发、大规模孕育和快速扩张四个阶段。

3. 发展意义与作用

城市综合体可以起到提升城市形象和优化整体商业环境的作用，建设城市综合体，既有利于培育高品质的产业发展载体，又有利于打造高端城市功能平台，同时还能提升城市商业、旅游和服务等综合水平，增强对城市周边地区发展的辐射带动功能，为我国经济发展转型升级提供有力支撑。

城市综合体通常位于城市核心地段，随着其建设规模不断扩大，城市副中心区以及新城区将渐次催生城市综合体，相邻几个城市综合体以其各自不同的规模、功能及市场定位相互补充，进而形成联合型城市综合体结构，乃至形成新的城市中心区。

推进城市综合体建设有利于提高城市土地资源利用的集约化程度，改善城市交通拥堵状况，吸引国内外一流企业、一流人才，并聚集资金、技术和信息等资源，为城市现代化建设提供源源不断的动力。

（二）旅游综合体

1. 概念和内涵

旅游综合体是借鉴城市综合体的理念从旅游发展的角度提出的概念，也可称为休闲综合体或度假综合体，是指基于一定的旅游资源与土地基础，以旅游休闲为导向进行土地综合开发而形成的，以互动发展的度假酒店集群、综合休闲项目、休闲地产社区为核心功能构架，整体服务品质较高的旅游休闲聚集区。旅游综合体作为聚集综合旅游功能的特定空间，既是一个泛旅游产业聚集区，也是一个旅游经济系统，且有可能成为一个旅游休闲目的地。

继旅游综合体之后又发展出城市旅游综合体的概念，即在城市发展的过程中由各种产业要素在特定地理空间聚集所形成的一种组织模式，通过旅游、休闲、娱乐等产业形态的有机融合实现产业规模扩大和地域空间扩张，从而优化城市资源的利用和配置，使以旅游产业为核心的特定地域空间，在城市发展过程中达到内、外部的协调统一。

2. 发展历程

随着我国工业化和城镇化的快速发展，居民日益增长的大众化、多样化消费需求为旅游业发展提供了新的机遇。经过多年发展，我国旅游业已经从观光旅游到休闲旅游和体验旅游，从观光为主的"门票旅游时代"向深度休闲度假的"泛旅游时代"转变,旅游产品不断升级迭代。在泛旅游的大时代背景下,旅游市场份额的角逐在很大程度上取决于旅游目的地的整体设施配套、产业配套水平以及服务质量优劣。那些融合了观光、游乐、休闲、运动、会议、度假、体验、居住等多种旅游功能的旅游综合体,将最终成为能够满足人们多样化度假需求的必选旅游目的地。

旅游度假区成为旅游休闲功能最集中、发展最成熟、已形成相当规模的一类旅游综合体。目前,为满足国内外游客的旅游休闲需求,全国各地已经建成和在建的国家级、省级旅游度假区已有上千家,形成了滨海、山地、内湖、温泉、主题游乐、旅游小镇等系列,其中不少旅游度假区在设施和服务质量方面正朝着国际高端旅游度假产品的目标迈进。

随着大众旅游时代的到来和游客对旅游消费需求的不断升级,旅游综合体日益受到游客的青睐,成为旅游投资界的新宠。

3. 发展意义与作用

旅游综合体的出现标志着我国旅游产业从传统业态、单一功能向多种业态、综合开发的不断推进,是丰富旅游产品结构、促进旅游产业转型升级、塑造旅游品牌、加速旅游业与国际接轨的新地标。近年来,政府机构、旅游集团和地产企业,在区域土地综合开发项目上越来越多地指向旅游综合体这一全新模式。这一趋势在未来5年甚至更长一段时期内必将延续下去,这既是我国旅游产业转型和地产开发创新的方向,也是政府引导区域经济发展结构升级的举措。

旅游综合体在功能、业态以及项目类型上种类多样,通过提供具备吸引力的体验内容吸引游客聚集,从而产生极大的聚集效益和经济带动作用,旅游综合体的建设也将带动目的地的城市化进程,形成游憩区、度假区、会展区、娱乐区、步行街区、购物游憩区及旅游小城镇等,并进一步推动区域型旅游地产和商业地产发展。

(三)商业综合体

1. 概念和内涵

商业综合体的概念源自城市综合体,是将城市中商业、办公、交通、居住、酒店、展览、餐饮、会议、文娱等城市生活空间中三项以上的功能进行组合,并在各部分间建立一种相互依存、相互裨益的能动性关联,从而形成一个多功能、高效率、复杂且统一的聚集体。商业综合体是集消费、娱乐和休憩于一体的体验式消费商业模式,一般为单栋的商业综合体建筑和多栋的商业综合体建筑,我国以万达广场为代表。

2. 发展历程

商业综合体最早出现在第二次世界大战之后,随着参战各国经济复苏,居民消费观念逐渐由单一购物模式向集消费、娱乐和休憩于一体的体验式商业消费模式转化,传统零售业的主导地位和传统的百货商店类商业建筑逐渐被能够满足多种消费活动需求的新型商业建筑形式——城市商业综合体所取代,其发展主要经历了以下三个阶段。

①早期规模巨大的商业聚集体逐步通过建筑的组合,形成开放性的城市公共空间,但尚未形

成人性化的步行系统，如美国洛克菲勒中心。

②20世纪60年代初期，欧美国家城市郊区的综合体建筑开始与商业步行街结合，实现人车分流，出现了与外界环境隔离的室内步行街，如美国休斯敦长廊。

③20世纪60年代末至70年代初，出现了以中庭为标志的商业综合体建筑，商业空间的趣味性和功能整合力大大提升，如美国明尼阿波利斯中心。

近年来，我国城市经济发展迅速、人口聚集、土地资源稀缺，为了提高城市土地利用率、满足商业活动的多种需求和改善城市交通拥堵状况，商业综合体迅猛发展起来。

3. 发展意义与作用

随着城市经济发展，商业区在城市中的地位越来越高，商业综合体作为商业区的重要组成部分日趋增多。在形态上，商业综合体的规模越来越大，形态日趋多样化，其庞大的体量和形态对城市产生了巨大影响。在功能上，商业综合体融合多种功能，起着联结和聚合城市多种功能的作用。在建筑上，商业综合体的内部空间、交通、景观与城市空间、交通、景观融为一体，难分内外，其空间、流线、景观互相渗透，有机融合。这些使得商业综合体既成为城市的催发剂，以新的形象重塑当地景观和环境；又成为城市场所转换的中介，连接多种交通系统、提供多种活动空间。商业综合体在高效利用城市资源、优化城市空间环境、提高城市空间价值、满足城市生活方式的变化方面具有重大意义与作用。

（四）新型农村综合体

1. 概念和内涵

新型农村综合体是在政府大力推进城乡统筹、建设美丽乡村的大背景下提出的，可以使农民就地城镇化。我国商业综合体多年的发展经验，也为新型农村综合体的发展提供了借鉴。

新型农村综合体以创意现代农业为核心，通过发展乡村旅游，打造景观工业、服务业、旅游业、农村地产、商业、娱乐业，形成多个产业聚集区，完成农村经济区域聚集过程，实现农业人口就地城镇化，依靠市场机制，通过产业链整合和完善，形成有经济辐射力和带动力的创意农业聚集体。新型农村综合体真正做到了实现"四区"，即集中居住小区、农村服务社区、现代农业园区、乡村旅游景区，发挥"六大功能"，即产业规模形成、农民创收致富、传承城乡文明、优化人居条件、改变农民身份、缩小城乡差别。

新型农村综合体旨在深入解决"三农"问题，核心是建设集中居住点，纽带是农村产业发展和社会服务，路径是集农业生产与农民生活于一体，更加强调区域空间的聚合性与生产生活功能的配套性，突出多种生产生活要素的集约优化配置。

2. 发展历程

当代农业生产发展已由增加数量为主转向提高质量为主；农村土地承包制以户为单位的单家独户的"小打小闹"，即零星分散的经营，越来越难以适应当前更加激烈的市场竞争；农业增长方式越来越依赖于科技进步和物质投入。为应对和解决这些新情况、新问题、新矛盾，新型农村综合体应运而生。

3. 发展意义与作用

当前，我国农业发展总体上已进入加快改造传统农业、走中国特色农业现代化道路的关键时期。要实现传统农业向现代农业转化，科技示范引路势在必行，这无疑给现代高效农业示范园走新型农村综合体之路带来了机遇。

新型农村综合体下的农户居住规模较大，产业支撑发展有力，基础设施配套齐全，公共服务功能完善，组织建设和社会管理健全，是充分体现城乡一体化格局的农村新型社区。推进新型农村综合体建设，不仅可以更大范围、更加有力地引领农民在第一、第二、第三产业的就地交融中实现充分就业，保障农民增收致富，而且能够更大规模、更加有效地为农民提供优美的居住环境和为农业生产提供周到的技术服务。因此，推进新型农村综合体建设是统筹城乡发展在新阶段取得新突破的内在要求，是对新农村建设理论和实践的丰富和发展，符合农村实际，农民高度认同，有利于加快城乡经济社会一体化，有利于改善农村生产生活环境，有利于更好地聚集和整合各类要素，有利于提升新农村建设的整体水平，有利于加快农村全面建成小康社会目标的实现，意义重大。

4. 特征

新型农村综合体是一种规模大、功能多、效率高的农村新型社区，具有设施的配套化、要素的系统化、功能的复合化、产业的规模化、人口的聚居化、城乡的融合化和发展的现代化七大特征。

（五）农业综合体

1. 概念和内涵

农业综合体是我国农业园区发展到新阶段的产物。田园综合体发展与农业综合体关联最深。

农业综合体的概念由陈剑平院士借鉴城市综合体概念提出，它是发展现代农业的新型载体，是在区域经济社会发展到较为发达阶段时对长期以来农业园区实践的不断总结的基础上提出的一个现代农业发展新概念，既脱胎于农业园区又高于农业园区，可以说是现代农业园区的"升级版"。彰显鲜明的"五新"（新理念、新内涵、新模式、新机制、新使命）时代特征。农业综合体既解决产业问题，又解决一个村、一个园区的农业发展和就业问题，还解决农民的住房和生活问题。

章伟江指出，农业综合体是以发展现代农业为核心，以整合农业资源要素、农业产业链和城乡空间为目标，以创新培育现代农业产业综合经营体系和建设社会主义新农村为主要任务，是集农业产业新园区、农业科技新城区、农民生活新社区和农村休闲新景区为一体的区域农业农村经济、文化、科技服务聚集新平台和发展新载体。

2. 发展历程

规划所经过多年的探索和实践，依据经济发展水平、科技发展水平等主要社会发展要素，将农业园区发展与分化进行初步归纳。我国农业园区大致经历了4个发展阶段：①现代农业示范区阶段；②科技展示示范园区阶段；③多功能性农业园区阶段；④农业综合体阶段。目前已进入第四阶段——农业综合体阶段,且处于四个阶段类型并存的状态。

3. 发展意义与作用

农业综合体是农业产业化发展的延伸,是农业项目的"龙头抓手",其在经济发展新常态下的战略意义为:通过市场建设,完善经济结构和产业链的配置,形成具有产业互补、功能互动的农业综合开发项目,继而产生具有强聚集效益和强辐射功能的区域经济磁力,最终起到农业产业功能载体和农业区域经济中心的作用。通过现代农业综合体的建设,可以更好地解决农业生产、农产品质量安全、生态环境、农产品营销、农民收入、新农村建设以及农业科研、科技活力、农业科研机构改革及其科技运行模式创新等问题。

在现代农业领域,为了实现农业增效、农民增收、农村增绿的目标,农业综合体是一种比较理想的发展模式,是中国农业发展实现跃迁的新载体,是"六次产业"创新理念的一种新体现,是融合"生产、生活、生态"功能,集农业全产业链目标的整合、农业科技体系的支撑、现代农业经营体系的优化、多种类型农业园区的结合、第一、第二、第三产业各领域全面拓展的新型复合载体,是中国农业发展的大趋势。

4. 特征

农业综合体是农业产业在技术、创意、产业集成、产业融合、产业集群、产业链和价值链等方面的聚集体,具有创新性、复合性、协同性、融合性、增值性等特征。它是由设施农业不断融入观光农业、创意农业、科技农业、现代农业等要素所形成的新型农业园区,是经过持续发展形成的泛农业产业区。新一代农业产业发展是以农业综合体的发展思路,建设一个能够体现农业同多种产业复合功能的多种创新业态集群展示空间,并形成一定价值链的综合性、多元化、创新型新一代农业发展示范区,成为推动城乡统筹和生态文明建设,构建中国美丽乡村的重要组成部分。

(六)农业休闲综合体

1. 概念和内涵

农业休闲综合体是在休闲农业和旅游综合体概念基础上形成的,是都市周边乡村在城镇化发展进程中出现的一种新型发展模式。

在架构上,农业休闲综合体在旅游综合体和农业综合体构架下,基于一定的农业资源与土地基础,将农业和休闲游憩相结合,以农业为切入点,以景观打造为基础,引入泛旅游产业,形成以旅游休闲为导向的土地综合开发。

在功能上,农业休闲综合体以农业为基础延伸产业链条,增加服务功能,以农业为依托,集合观光、休闲、娱乐、文创、研发、地产、会展、博览等以上相关功能为一体,在进行农业生产以及产业经营的同时,展现农业文化和农村生活,从而形成一个多功能、复合型、创新性的产业综合体。

2. 分类

农业休闲综合体以农业庄园为主要开发模式,农庄作为一种农业产业化发展模式,能够将规模经营的理念引入农业生产经营当中，通过对资金、土地、劳动力及设备各生产要素的优化组合，加快推进农业的集约化，进而实现农业现代化。其典型的形式是：土地开发商通过购买土地使用权或租赁一定面积的土地，把土地相应地划分为若干等份，通过出售土地权益证或股份受益凭证面向社会招商融资，并实行统一规划、统一经营、统一管理。农业休闲综合体主要分为以下四种类型（详见表9-1）。

9-1 农业休闲综合体的类型

类型	常见形式	说明
农业观光采摘庄园	采果园	利用果蔬生产场地、产品、设备、作业及成果做观光对象，发展产地采果业型农业观光
	挖掘园	种植甘薯及马铃薯、芋头、萝卜、胡萝卜、花生、竹笋等，在收获期间供学生和市民挖掘
	观光花园	栽培花卉、树木等观赏类植物，营造优雅的环境，打造生产和观赏相结合的花卉园
	药材园	利用本地山区野生药材资源优势，栽培并建立贵重药材或市场紧缺并需求量大的药材生产基地，如甘木通、肉桂等，进行规模化生产
农业产业庄园	农业庄园	以主导产品、产业为重点，优化组合各种生产要素，实行区域化布局、专业化生产、规模化建设、系列化加工、社会化服务、企业化管理，形成种养加产供销，贸工农、农工商、农科教一体化的农业庄园
农业文化娱乐庄园	农事体验	映闲暇时光居住，进行种花、种菜，修剪果树，采摘水果、蔬菜等农事活动，体验亲近自然的乐趣
	饲养珍贵动物	饲养羊驼、长颈鹿等，并与其亲密接触，感受不同于家庭宠物的体验
	生态餐饮	庄园种植生态、绿色农产品，市民可以亲手采摘、烹调与品尝
农业养生度假庄园	养生度假	居地生态环境良好，设立会所提供康体休闲活动，如健身、SPA疗养、海浴、盐浴等；种植生态、绿色果蔬，市民可参与采摘、制作罐头等活动，从游程到建筑类型、从销售方式到服务模式，均体现庄园的独有特色

3. 特征

农业休闲综合体是产业模式升级：由单一的农业生产到泛休闲农业产业化、产品模式升级；从单一农产品到综合休闲度假产品和土地开发模式升级；从传统住宅地产到休闲综合地产升级。农业休闲综合体是三大升级共同作用的结果，其综合特征包括以下三个方面。

①以一定的田园景观环境与农业生产生活为基础的农业休闲综合体以农林牧渔生产与经营活动和农村文化与农家生活为基础，充分利用田园景观、自然生态及环境资源，具有引领区域资源共生、聚合增值之特质。它以休闲观光为营销点，试图将全资源旅游化，并聚集、发展其他服务业。

②以观光休闲功能为核心的农业休闲综合体与传统农业最大的不同是，具有服务业功能，且依托城市、服务于城市、受益于城市，强调城乡经济有机融合、人与自然和谐发展，这促使农业由第一产业向第三产业延伸。农业休闲综合体基于泛休闲农业产业综合发展的构架，融合观光、游乐、休闲、科普、会议、度假、居住等多种功能，且强调根据属地具体情况，侧重打造某一项或几项功能。

③以综合开发为主要手段（详见表9-2）。

表9-2 农业休闲综合体的综合开发手段

综合开发手段类型	说明
资源的综合开发	以农林牧渔生产与经营活动及农村文化与农家生活为基础，充分利用田园景观、自然生态及环境资源，合理组合生态农业与休闲旅游
产业的综合发展	由单一的农业生产到泛休闲农业产业化，包括旅游、休闲度假、地产、会展等
功能的综合配置	聚集多种旅游功能，既突出某项特色功能，又能一站式满足游客全方位的旅游体验需求
配套的综合建设	需要市政设施、基础配套、服务管理机构等各方面综合建设
目标的综合打造	以"城市特色功能区、新型城镇化典范、农业休闲示范区"为目标构架
效益的综合体现	是对农业产业化、农产品品牌、土地价值和区域经济效益的全面提升

二、田园综合体概念的形成

（一）发展背景

随着我国经济发展进入新常态，国家实施了新型城镇化、生态文明建设、供给侧结构性改革等一系列战略举措。农业的主要矛盾由总量不足转变为结构性矛盾，突出表现为阶段性供过于求和供给不足并存，矛盾的主要方面在供给侧。近几年，我国农业发展在转方式、调结构、促改革等方面进行积极探索，为进一步推进农业转型升级打下一定基础，但农产品供求结构失衡、要素配置不合理、资源环境压力大、农民收入持续增长乏力等问题仍显突出，增加产量与提升品质、成本攀升与价格低迷、库存高企与销售不畅、小生产与大市场、国内外价格倒挂等矛盾亟待破解。

当前发展必须顺应新形势下的新要求，坚持问题导向，调整工作重心，深入推进农业供给侧结构性改革，加快培育农业农村发展新动能，开创农业现代化建设新局面。我国在推进创建农业供给侧结构性改革的抓手、平台、载体方面，提出建设"三区""三园"。"一体"的方针，这"一体"指的就是田园综合体。"三区、三园和一体"建设将优化农村产业结构，促进三产的深度融合，并聚集农村各种资金、科技、人才、项目等要素，推动现代农业加快发展。

1. 积极探索农业转方式、调结构、促改革

农业发展要求承担更多功能。当前我国经济发展进入新常态，经济增长面临新的问题和困难，尤其是生态环境保护工作的逐步开展对第一、二产业发展方式提出更高的"质"的要求，农业在此大环境背景下既要承担生态保护的功能，又要承担农民增收、农村繁荣的功能。

农业发展模式需要创新我国农业发展进入新阶段，农村产业发展的内外部环境发生了深刻变化，传统农业园区的示范引领作用、科技带动能力以及发展模式与区域发展中的需求矛盾日益突出，在土地、科技、服务、管理等方面面临瓶颈，转型升级遇到较大阻力，迫切需要推进创造农业农村发展的新抓手、打造三产融合的新平台和启动新旧转换的新动能，以便充分释放生产力和生产关系的创新活力。

农业供给侧结构性改革要求。农业综合发展经过十余年的"中央一号文件"及各级政府政策的引导，我国现代农业迅速发展，基础设施得到改善、产业布局逐步优化、市场个性化需求逐渐分化、市场空间得到拓展，社会工商资本开始关注并进入农业农村领域，越来越多的人期望从事农业生产之外的二产加工业、三产服务业等与农业相关的产业，亟待第一、第二、第三产融合发展新模式的形成。

2. 激活农村发展潜力

我国城市化和工业化发展加速了农村空心化、老龄化，使得乡村社会功能退化、农村基本公共服务缺位、城乡差距不断拉大，农村成为城乡一体化和"新四化"发展中的突出短板。与此同时，城乡居民也已具备了对休闲观光、生态农产品的消费能力，对乡村生态旅游、领略乡村文化、体验农耕文化等需求与日俱增。因此，培育和开发农业多功能性的市场需求和意识不断强化，搭建新的业态平台以迎合消费者需求与释放农业农村潜在功能显得十分迫切。

3. 推进农村生产生活方式生态化、绿色化

过去发展农业以增产增收为主，现在则以环境保护优先和朝着可持续方向发展为主。乡村建设要注重保留其原始风貌和生态肌理；打造乡土的、健康的、休闲的、历史的乡村成为守望乡愁的重要依托；深入发掘乡村背后的故事和文化基因，运用现代手段重构城市和乡村的发展空间和维度，以促进生产、生活、生态融合发展。

建设田园综合体顺应农业农村发展趋势和产业结构调整的历史性变化，反映了农业农村发展内部和外部的客观需求，是对农业农村生产生活方式的全局性变革，是引领未来农业农村发展演变的重大政策创新。

（二）概念解读

纵观我国农业、休闲农业、乡村旅游、城乡一体化的发展进程，不难看出，田园综合体与农业综合体、农旅综合体等概念是一脉相承的，从其内涵和外延上来看，它是在原有的美丽乡村、生态农业和休闲农业概念基础之上的延展，是在新时代背景下、新的社会和经济发展阶段提出的适应乡村振兴发展的新模式、新平台、新业态。

在综合体发展的过程中，农业综合体与田园综合体的发展内涵最为相近，都是对"三农"发展有益的探索与实践，但两者又有某些区别。

田园综合体是基于乡村地域空间的概念；农业综合体是基于产业思维的概念。

农业综合体是在一定地域空间内，多产业、多功能、多业态并存，以产业融合发展为特征的现代农业；田园综合体是在农业综合体的层面上，随着产业融合的深入发展、对生态的重点关注、市场的多元变化，关系层面逐步加深，经济利益进一步交融，跟区域整体发展有密切的联动性。

从"三农"角度来说，农业、农村、农民三者密不可分，田园综合体更加关注农民的参与性和农民的收益。近两年比较受关注的农业特色小镇、农业公园等，都是伴随着现代农业发展、美丽乡村建设而发展起来的"三农"发展新模式、新探索。

总之，田园综合体是在农村第一、第二、第三产融合的基础上，聚焦凝练而出的乡村振兴发展新模式，是对产业、科技、业态乃至区域社会综合发展的升级，是乡村振兴战略的统筹考虑。田园综合体强调农民的参与、市场化运作和模式创新，关注项目的落地性和可持续运营，其发展的核心动力仍然是农业产业基于科技和模式创新的升级。在接下来的 3~5 年乃至更长时期，田园综合体将在全国各省会或大城市周边得到长足发展。

三、田园综合体的发展特征

各地在积极创建并发展田园综合体的同时，一定要把握以下几种特征，避免偏离本质。

（一）以农为本，姓农、务农、为农、兴农

第一，确保农民全面受益。田园综合体中的产业要与当地的资源禀赋条件相匹配，以农村现有的产业为基础进行优化升级，要给当地农民提供充分的就业和创业的机会和空间。

第二，保护农村产业发展收益权益。农村产业的发展往往受资金、技术、管理等方面的限制，在休闲农业、特色产业发展等方面难以与城市工商资本竞争，要建立有效的利益联结机制，防止本地居民在产业发展和利益分享中被"挤出"，防止集体资产被外来资本控制。

第三，保护农村生态环境权益。要把宜居宜业宜游作为田园综合体发展的鲜明特色，在追求"金山银山"的同时，留住"绿水青山"，确定合理的建设运营管理模式。政府重点负责政策引导和规划引领，营造有利于田园综合体发展的外部环境。

（二）以农民专业合作社为载体，多主体参与

1. 农民专业合作社是带动农户进入市场的基本主体，是创新农村社会管理的有效载体

近年来，农民专业合作社蓬勃发展，已成为现代农业建设的中坚力量，它可以将农民组织起来，利用其与农民天然的利益联结机制，使农民不仅参与田园综合体的建设过程，还能享受田园综合体带来的各种潜在效益。例如，农业产业化程度的提高、农产品品牌价值的提升和乡村土地价值的增长等。

2. 田园综合体建设参与主体多元化

因地制宜，通过创新机制激发田园综合体建设和运行内生动力，通过主体聚合"政府＋社会资本＋龙头企业＋农民专业合作社＋家庭农场＋普通农户"，实现共赢。

田园综合体开发建设的出发点是以一种可以让农民和企业参与、城市与乡村元素结合、多方共建的开发方式，更加强化企业、农民专业合作社和农民之间的利益联结机制。农民通过合作化、组织化等方式参与综合体建设，企业、村集体组织、农民合作组织及其他市场主体要充分发挥在产业发展和实体运营中的作用；同时，通过组建联合社，将不同类型的农民专业合作社关联，以增强市场竞争力，让农民获得多重收益。

（三）注重多元化开发、强调功能复合化

田园综合体作为原住民、新移民和游客的共同生活生产空间，在充分保障原住民的收入持续增加的同时，也要保证外来客群的不断输入，既要有相对完善的内外部交通条件，又要有充裕的开发空间和有吸引力的田园景观、民俗文化等。田园综合体资源的现状基础、选址地点、产业关联度、项目共存、运营模式、物质循环、产品关联度、品牌形象等都需要考虑周全。

田园综合体发展强调功能复合化，在生产功能基础上，增加创意农业、农事体验、循环农业等，并强调景观性。田园综合体的建设是在一定的地域空间内，将现代农业生产空间、居民生活空间、游客游憩空间、生态涵养发展空间等功能版块进行组合，并在各部分间建立一种相互依存、

相互裨益的能动关系，在产业经济结构的发展、单一产业向第一、第二、第三产业联动发展、单一产品向综合休闲度假产品升级开发、单一主体向多主体等方面更加注重多元化，从而形成一个多功能、高效率、复杂而统一的综合体。

（四）注重乡村传统文化传承，强调"农文旅"结合

田园综合体的开发将第一、第二、第三产业互融互动，通过各个产业的相互渗透融合，把休闲旅游、养生度假、文化艺术、农耕活动等有机地结合起来，从而延伸传统农业的研发、生产、加工、销售产业链，使传统的农产品成为具有独特文旅意义的现代休闲产品，发挥农业产业价值的乘数效应，共同助推田园综合体的发展。

1. 田园综合体的开发，注重农业生产与文化元素的相互融合

田园综合体是以传统的农业生产、农民生活大环境为基础，在特定的农业生产、乡村民俗、农家生活环境空间基础上，充分汇集独特的乡村民俗文化、地域传统文化，通过打造农田景观、建设休闲体验设施、开展休闲体验活动，将乡村文化元素等特色资源充分地渗透到农业生产开发过程中，从而促进农业和文化元素的相互融合。

2. 田园综合体的建设，注重农业生产与休闲旅游的综合性开发

运用农林牧渔资源结合自然生态资源，营造优美独特的田园、山水、农耕文化景观，将生态农业与休闲旅游进行合理结合，将结构单一的农业生产活动向泛休闲农业产业化方向转变，打造集生产、生态、休闲为一体的田园综合体，能够一站式满足游客全方位的旅游体验需求。但是不能脱离农业，而单纯发展旅游。

3. 田园综合体在满足三产融合、"三生"空间融合的同时，更加突出文化的传承

综合体注重对乡村文化、农耕文化资源的挖掘和宣传，更加有利于农业资源的多角度、全方位、多层次开发，有利于打造循环农业、创意农业，使城乡居民的休闲从单一体验向"农文旅"多功能全面融合方向拓展，并且突出文化体验，促进"村庄美、产业兴、农民富、环境优、文化强"。

四、田园综合体的意义与作用

目前，我国经济正处在供给侧结构性改革的关键时期，乡村振兴战略实施的起步期需要找到新的发展方向和经济增长点。伴随现代农业发展、农村现代化、新型城镇化、休闲旅游的发展而出现的田园综合体，是区域经济社会和农业农村发展到较为发达阶段的产物，是我国实现农业新跨越的创新型载体。其对于培育农业农村发展新动能、加快城乡一体化步伐、推动农业农村实现历史性变革的深刻历史意义和重要现实指导意义与作用如下。

（一）是农业农村发展形势的客观要求

当前，我国城乡一体化发展步伐加快，农村第一、第二、第三产业融合发展加速，社会资本向农业农村流动力度加大，新型农业经营主体实力不断加强，农村生产方式、经营方式、组织方式全面调整，农业生产体系、产业体系、经营体系优化完善，农业农村发展格局已到了转型升级、

全面创新的新阶段，建设田园综合体顺应了农业农村发展趋势，反映了农业农村内部和外部的客观要求。

（二）为推进农业供给侧结构性改革搭建了新平台

田园综合体是推进农业供给侧结构性改革、转化"三农"发展动能的核心和关键，是确立承载产业、集聚项目和融合要素的平台。田园综合体集循环农业、创意农业、农事体验于一体，以空间创新带动产业优化、链条延伸，有助于实现第一、第二、第三产业深度融合，实现现有产业和发展载体的升级换代。

（三）为农村生产、生活、生态统筹推进构建新模式

建设田园综合体在发展生产、壮大产业的同时，为农民探索多元化的聚居模式，既保持田园特色，又实现现代居住功能，为实现城乡基础设施和公共服务均等化提供了最佳空间。田园综合体的田园风光、乡野氛围、业态功能等，加之优良的生态环境和循环农业模式，能够更好地满足城市居民对生态旅游和乡村体验的消费需求，使生产、生活和生态融合，互动发展。

（四）为传承农村文明、实现农村历史性转变提供新动力

田园综合体有助于实现城市文明和乡村文明的融合发展，为传承和发展我国传统农耕文化提供了契机，使乡村治理获得更多的深层次文化支撑，进一步助力实现美丽田园、和谐乡村。田园综合体推动农业发展方式、农民增收方式、农村生活方式、乡村治理方式的深刻变化，全面提升农业综合效益和竞争力，真正让农业成为有奔头的朝阳产业，让农民成为体面的职业，让农村成为安居乐业的美丽家园，从而实现乡村发展的历史性转变。

（五）为农业综合开发打开新着力点

建设田园综合体包括生产、生活、生态、文化等多方面内容，本质在于"综合性"，农业综合开发的优势也在于"综合"，两者在内涵上是相互契合的。农业综合开发建设田园综合体，一方面能够发挥农业综合开发的综合平台作用，通过打基础、强产业、优生态、扶主体、引科技等综合举措，全面提升田园综合体试点水平；另一方面通过建设田园综合体，农业综合开发能够在更高的水平上发挥综合优势，从而继续保持自身的先进性和特色，为农业综合开发的转型升级和创新发展打开突破口。

第二节 新时期乡村田园综合体的发展路径

一、田园综合体的发展原则

田园综合体的建设是在我国农业供给侧结构性改革和实施乡村振兴战略的大背景下提出的，相对于农业开发而言，其本质在于综合性，融合了生产、生活、生态、文化等多方面业态，在功能、模式、产业、价值等方面都比传统农业开发具有更大的优越性和超前性。因此，田园综合体的发展定位应更突出"为农、融合、生态、创新、持续"的理念。

规划根据财政部文件，将田园综合体的发展原则进行摘录整理，希望参与建设和发展田园综合体的各界人士，可以在不违背发展原则的前提下，结合当地的现实条件进行综合考虑和实施。

（一）坚持以农为本

要以保护耕地为前提，提升农业综合生产能力，突出农业特色，发展现代农业，促进产业融合，提高农业综合效益和现代化水平；要保持农村田园风光，留住乡愁，保护好绿水青山；实现生态可持续发展，要确保农民参与和受益，着力构建企业、农民专业合作社和农民利益联结机制，带动农民持续稳定增收，让农民充分分享田园综合体发展成果。

（二）坚持共同发展

要充分发挥农村集体组织在乡村建设治理中的主体作用，通过农村集体组织、农民专业合作社等渠道让农民参与田园综合体建设，提高区域内公共服务的质量和水平，逐步实现农村社区化管理；要把探索发展集体经济作为产业发展的重要途径，积极盘活农村集体资产，发展多种形式的股份合作，增强和壮大集体经济发展的活力和实力，真正让农民分享集体经济发展和农村改革成果。

（三）坚持市场主导

按照政府引导、企业参与、市场化运作的要求，创新建设模式、管理方式和服务手段，全面激活市场、激活要素、激活主体，调动多元化主体共同推动田园综合体建设的积极性。政府重点做好顶层设计、提供公共服务等工作，防止大包大揽。政府投入要围绕改善农民生产生活条件，提高产业发展能力为主，重点补齐基础设施、公共服务、生态环境短板，提高区域内居民特别是农民的获得感和幸福感。

（四）坚持循序渐进

要依托现有农村资源，特别是要统筹运用好农业综合开发和美丽乡村建设成果，从各地实际出发，遵循客观规律，循序渐进，挖掘特色优势，体现区域差异性，提倡形态多元性，建设模式多样性；要创新发展理念，优化功能定位，探索一条特色鲜明、宜居宜业、惠及各方的田园综合体建设和发展道路，实现可持续、可复制、可推广的农村田园综合体发展之路。

二、田园综合体的功能定位

规划通过对我国田园综合体发展现状的梳理和分析，总结归纳了田园综合体发展的"三生"功能（主要分为农业生产、农业景观、休闲聚集、产业融合、主体培育、文化传承、生活居住和公共服务八大功能）。各地可根据实际情况，从中选择、确定自身需要承载的功能，明确自身发展的主要方向。

（一）农业生产功能

田园综合体具有提供从事农业种植、养殖等活动的生产功能，兼顾调节当地微型环境气候、增加休闲空间等功能。承载空间通常处在田间水利设施配套完善、田地平整肥沃、田间道路畅通的区域，结合我国特色农产品区域布局规划，遴选合适的种养品种，发展综合体自身的特色农业，生产特色农副产品。

（二）农业景观功能

田园综合体是以农村田园景观、农业生产活动和特色农产品为休闲吸引物，开发独具地方特色的主题观光活动以吸引游客。我国农业文明历史悠久，气候及地貌类型复杂多样，各地农业生产差异明显，农业景观资源极为丰富。田园综合体可以利用当地环境资源、现代农业设施、农业生产过程、优质农产品等有利条件，开发特色园圃等农事景观，让游客在观赏绿色景观的同时，亲近美好自然。

（三）休闲聚集功能

田园综合体为满足由农业景观区吸引游客的各种休闲需求而设置综合休闲产品体系，包括各种体验活动的聚集，利用农村优美的田园景观、奇异的山水、绿色的森林、静荡的湖水、生态的湿地，发展采摘、观山、赏景、登山、玩水等休闲体验活动以及其他休闲体验项目，使城镇居民能够深入农村特色生活空间，体验乡村风情，享受休闲体验带来的乐趣。

（四）产业融合功能

田园综合体以农业为基础，推动旅游与林业、农产品加工、特色产品开发、文化、体育、康养等产业进行融合，使第一、第二、第三产业在田园综合体架构中相互关联、形成链条、融合发展，构建起一个多业并举、有效增值的产业综合体，促进循环农业、创意农业、农事体验一体化发展，对周边地区产生有效的辐射带动作用。

（五）主体培育功能

在建设田园综合体的过程当中，可以发挥农村集体组织在开发集体资源、发展集体经济、服务集体成员等方面的作用，有助于创业创新，壮大新型农业经营主体实力，完善农业社会化服务体系，通过土地流转、股份合作、代耕代种、土地托管等方式促进农业适度规模经营，优化农业生产经营体系，积极培育农民专业合作社、联合社、职业农民等，逐步将小农户生产、生活引入现代农业农村发展轨道。

（六）文化传承功能

在田园综合体中可以体验乡情闲适、农事生活、自然风光、乡土人情，有助于实现城市文明和乡村文明的融合发展，为传承和发展我国传统农耕文化提供了契机，乡村治理也能获得更多的深层次文化支撑，助推实现美丽田园、和谐乡村。

（七）生活居住功能

田园综合体的生活居住功能是迈向新型城镇化构造的重要支撑。农民在田园综合体平台上参与农业生产劳动、休闲项目经营，既承担相应的分工，又生活于其中，不必搬迁异地。借助综合体各要素的延伸能够带动休闲产业发展，形成以农业为基础、休闲为支撑的综合产业平台。通过产业融合与产业聚集能够引导人员聚集，形成当地农民社区化居住生活、产业工人聚集居住生活、外来休闲旅游、居住、生活等三类人口相对集中的居住生活区域，从而形成了依托田园综合体的新人口聚集区，重构乡村人口结构。

（八）公共服务功能

田园综合体还具有为区域生活和生产提供服务的功能，既服务于农业、加工业、休闲产业的金融、技术、物流等需求，也服务于生活居住区居民的医疗、教育、商业等需要，这些功能不是机械地叠加，而是相互融合。伴随公众服务设施的逐步完善，城乡一体化发展背景下的新型城镇化公共村社服务区，需要为社区居民提供便捷高效的服务。同时，田园综合体通过完善区域内的生产性服务体系，发展适应市场需求的产业和公共服务平台，聚集市场、资本、信息、人才等现代生产要素，促进城乡产业链双向延伸对接，推动农村新产业、新业态蓬勃发展。

三、田园综合体构建的业态板块

田园综合体是集循环农业、创意农业、农事体验于一体而构建的一种综合发展新模式、新平台、新业态，也是"农业+文旅、农业加工、互联网+农村社区"的综合发展模式，旨在推动当地产业水平提升和城乡一体化发展。从应具备的功能组成看，田园综合体主要包含产业、生活、景观、休闲、服务等板块，每一区域承担各自的主要职能，各区域之间融合互动，形成紧密相连、相互配合的有机综合体。在实际的发展过程中，各板块在空间上不是孤立存在的，而是相互交叉、相互融合的。为便于读者理解，编者将田园综合体各板块拆分，单独加以说明。

（一）农业产业及衍生产业板块

突出特色，打造涉农产业体系发展平台。立足资源禀赋、区位环境、历史文化、产业集聚等优势，围绕田园资源和农业特色，做大做强传统特色优势主导产业，推动土地规模化利用和三产融合发展，大力打造农业产业集群；积极发展创意农业，利用"旅游+生态"等模式，开发农业多功能性，推进农业产业与旅游、教育、文化、康养等产业深度融合；强化品牌和原产地地理标志管理，推进农村电商、物流服务业发展，培育形成1~2个区域农业知名品牌，构建支撑田园综合体发展的产业体系。该板块属于生产性主要功能区部分，是确立综合体根本定位，为综合体发展和运行提供产业支撑和发展动力的核心区域。田园综合体的内部产业，以农业为基础，各地结合自己的实际情况，因地制宜选择主导产业，通过产业链延伸，发展种养业、农产品加工制造业、农产品流通业，并充分保护当地生态环境，发展绿色循环农业，最终形成可持续发展的产业集群；同时，在横向维度，通过运用科技、文化、艺术等创意手段，开发农业多功能性，推进农业产业与旅游、教育、文化、康养等产业深度融合，提升传统农业及其衍生农产品附加值，同时有利于新产业的培育，实现农村资源优化配置，增强农业市场竞争力。

从产业链延伸到功能拓展各个环节的产业都有其特定的功能，且互相支持、互融互动、相互渗透，即把农业生产、休闲娱乐、养生度假、文化艺术、农副产品加工和流通、农耕活动体验等有机结合起来，也就是在拓展原有的研发、生产、加工、销售等产业链基础之上，通过功能延伸、品牌化发展，使生产的农产品成为特色商品、体验品、艺术品，发挥产业价值的乘数效应。

（二）田园社区（生活居住）板块

夯实基础，完善生产体系发展条件。要按照适度超前、综合配套、集约利用的原则，集中连片开展高标准农田建设，加强田园综合体区域内"田园+农村"基础设施建设，整合资金完善供电、通信、污水垃圾处理、游客集散、公共服务等配套设施条件。

该板块属于城乡一体化主要功能部分，是在农村原有居住区基础之上，在产业、生态、休闲和旅游等要素带动引领下，搭建起的以农业为基础、以休闲为支撑的综合聚集平台，通过产业融合与产业聚集，形成当地农民社区化居住生活、产业工人聚集居住生活、外来休闲旅游、居住、生活三类人口相对集中的居住生活区域，以此建设居住社区，构建可提供住宅、社区金融、医疗、教育、商业等城乡一体化人居服务的多业态综合体。

（三）田园景观及休闲体验板块

该板块内容是强调农业农村生态文明建设，以田园风光和生态宜居增强田园综合体的强大吸引力。同时，为满足城乡居民的各种休闲需求，以农村田园景观、现代农业设施、农业生产活动和优质特色农产品为基础，打造特色综合休闲产品体系（农事体验、创意农业体验、农家风情民宿、特色商业街、地方文化主题演艺活动等），使游人能够深入农村特色的生活空间，体验乡村田园活动、风情活动，享受休闲农业带来的乐趣。同时，也是吸引人流、提升土地价值的关键所在。

（四）综合服务板块

要完善区域内的生产性服务体系，通过发展适应市场需求的产业和公共服务平台，聚集市场、资本、信息、人才等现代生产要素，推动城乡产业链双向延伸对接，推动农村新产业、新业态蓬勃发展。完善综合体社区公共服务设施和功能，为社区居民提供便捷高效的服务。

该板块属于为综合体各项功能和组织运行提供服务和保障的功能板块，包括服务农业生产领域的金融、技术、物流、电商等，服务农产品加工的二产需求和贸易、物流的三产要求，配套农业科技服务、农业商贸服务、品牌营销服务等，形成各个产业板块之间的有机融合，也包括服务居民生活领域的医疗、教育、商业、康养、培训等内容。各个参与主体通过相互合作，为田园综合体新型产业市场启动与拓展，提供有效的产品增值服务与市场服务。

四、田园综合体的组织运营模式

田园综合体以田园为载体，通过农民专业合作社等组织形式，充分实现农民利益，其发展需要开创一种新的组织运营模式。规划所在综合考虑各参与方需求的基础上，结合本所近几年在全国各地的实践经验，提出以下发展建议。

（一）组织管理模式

规划基于对参与田园综合体建设的各主体诉求与可发挥作用的分析，初步提出适用于田园综合体的组织架构：由政府、农民专业合作社及开发企业等主体共同参与，形成一个具有政策、资金、技术优势，农民可充分参与并受益的合作组织，在此基础上开展田园综合体的建设与运营。多个主体在开发运营过程中分别起到不同的作用、获取不同的收益，最终达成多方合作、互利共赢的目标，以期实现田园综合体科学、健康、可持续发展。

1. 参与主体

（1）政府

政府主要进行宏观方向的引导与掌控，完善各类公共服务设施与基础设施建设，落实各项政策，为田园综合体发展搭建平台，使田园综合体在区域内具备发展基础与扶持政策上的双重优势。

（2）农民专业合作社

各类农民专业合作社作为田园综合体的重要参与主体，是农民参与田园综合体经营管理和收益分配的载体。通过农民专业合作社集合土地和其他农村、农业资源要素，推动田园综合体健康发展。农民一方面通过农民专业合作社的资产入股田园综合体，参与田园综合体的经营管理与收益分配；另一方面参与生产，在农业、手工业、旅游业、农村社会化服务等方面创造财富，自觉维护田园综合体的健康发展。田园综合体的建设与发展可以促进农民专业合作社水平的提升，形成多样化的联合与合作，提升小农户组织化程度，扶持小农户发展生态农业、设施农业、体验农业、定制农业，改善小农户生产设施条件，提升小农户抗风险能力。

（3）开发企业

开发企业为田园综合体建设运营提供资金支持、技术指导和运营管理服务。开发企业出资入股田园综合体开发运营公司，为项目区各类产业的发展与设施的建设提供资金支持；同时，通过专业化的管理与科学的市场分析指导田园综合体的经营发展方向，引导产业健康发展。

2. 组织架构模式

田园综合体依赖于多方主体的共同参与，只有深入了解每个团体的利益诉求及其可以发挥的作用，才能构建一个合理的组织架构。规划所根据多年参与多地农业园区的规划和设计经验，以及园区发展和运营状况，总结出两种组织构架模式，供读者参考。

（1）混合所有制模式

管委会的组织管理模式通常适用于经济较为发达、土地集中连片的平原地区，农民对土地的依赖性不强，土地流转难度相对较小。建设期由政府推动、企业主导、多主体共同开发，以科技参与、项目带动、多方受益为发展目标，确保综合体顺利建设和实施；运营期将以政府支持、企业运营、科技支撑、产业延伸、品牌创新、产品开发、持续发展为发展目标。

运营管理采用混合所有制形式，田园综合体管委会由相关政府部门、地方龙头企业的代表共同组成。组建的管理运营公司由相关政府部门（监管、协调）、园区入驻企业、合作经营主体（其他企业、农民专业合作社、村集体等）的代表组成。公司设立田园综合体运营管理部、产业招商引资部、入驻企业管理部、合作组织协调部、宣传营销管理部、人力资源部、财务部和物资后勤部8个科室，具体负责田园综合体的组织协调、监督管理、指导服务等日常工作。

专家委员会是园区实现可持续发展的智力保障，主要负责为管委会提供规划与发展理念、技术集成创新、科研成果转化等方面的咨询服务，其成员面向全国聘任，由战略、管理、农业、生态、农产品加工与流通、金融、旅游、建筑、水利等多领域专家组成。

（2）合作联合社模式

合作联合社的运营管理模式通常适用于村集体经济合作社发展较好、土地相对分散的地区（如山区等），农民对土地的依赖性较强，土地流转难度相对较大。

为了对接田园综合体土地经营的需要，建议由农户以土地入股的形式成立种养合作社，进行统一经营。为了更好地对接市场、整合资源，建议成立农业服务合作社。通过与种养合作社签订服务合同的方式，为种养合作社提供农资供应、农业生产、产品销售等服务。为了对接田园综合体休闲旅游建设运营的需求，建议农户以宅基地使用权入股，通过农民专业合作社与其他经营主体联合成立旅游服务合作社。

为了更好地整合资源，适应发展趋势，平衡各种专业合作社间收益不均衡的局面，建议由前面所提到的各专业合作社联合成立农民专业合作社联合社，对项目进行统一管理。

（二）运营模式

1. 发展模式

田园综合体应尽早明确创建主体单位、建设运营管理单位，选择有发展基础的农民专业合作社和村镇为载体，建立切实可行的建设管理机制，可实行"管运分离、运营前置、品鉴评级"的发展模式。

（1）管运分离

明确政府、企业、农民专业合作社分工和参与方式。按照管理与运营分离的原则，以项目区为主、市场化运营，开展由政府负责统一规划建设、政策支持、协调建设管理运营中遇到的重大问题，负责管理上级财政拨付的项目区发展专项资金，并协助有关部门监督专项资金的使用，组建市场化建设运营主体。

（2）运营前置

采取运营前置思维，联合选址、先招后建、共同设计。用后期运营思维去做顶层设计，提前招商，联合潜在建设运营主体进行合作，共同参与前期选址、规划设计、定制开发，不仅能够解决部分资金问题，更能降低产业运营风险。

（3）品鉴评级

将已建成或者有潜力的田园综合体项目统一进行平台化管理，评选委员（国家省市各级专家、同行业、政府、客户消费者等）针对项目区（已经被认定为田园综合体试点）给予评级，反映该项目区发展运营水平、服务质量等特质，作为未来继续保持或改进的参考。根据评级结果，给予项目区不同支持力度，另外，各界评选委员对园区发展可给予综合建议做参考，协助项目区及时改进及提升。

2. 职能分配

田园综合体有赖于多方主体的共同参与，是农民致富的发展平台，农民专业合作社是以农民为主体的合作组织，是田园综合体建设的载体。因此，需要通过明确企业、农民专业合作社和农民及其他各方在田园综合体管理中的职能，建立以运营公司为主、多方合作的管理模式体系，增强农民在田园综合体管理运营当中的参与性，促进田园综合体更好地体现农民的发展意愿与利益诉求。农民参与管理的途径可以是成立农民专业合作社入股田园综合体运营管理公司，与此同时政府又需要对田园综合体管理进行指导，由此形成以运营为主、多方合作的管理模式。

（1）运营公司为主进行管理

企业（包括政府投资和社会资本投资）和农民专业合作社共同成立田园综合体运营公司，通常企业是田园综合体建设的主要参与者与主要管理者；农民是农民专业合作社的主体，通过参与管理田园综合体，激发其积极性与责任感。

（2）多方合作共同参与

政府在田园综合体运营管理中起到政策指导和管理监督的作用，从行政、法律、政策建议等多方面进行指导，保证田园综合体的管理处于法律与政策保障之内；农民专业合作社是村民参与田园综合体管理的工具和桥梁。村民在参与田园综合体管理过程中大量决策需要通过农民专业合作社进行商议决定，同时农民专业合作社又起到和政府与开发企业沟通协调的作用；开发企业通过持股参与田园综合体的管理，企业有其自身的管理经验与管理优势，可以通过科学指导为村民提供良好的管理方法，促进运营公司管理科学化发展。

（三）共建共享机制

田园综合体以市场为导向、以资源为基础、以环境保护为前提、以农户参与为重点，推动建立乡村内部的造血机制，以农民增收为主要目标，通过产业经营、新增就业和盘活资产等多种路径，千方百计为村民探索增收路径；可通过构建PPP模式和"四位一体"的运行模式，将田园综合体建设的效益与农民的利益深度耦合。

1.利益联结模式

（1）"村集体+农户"模式

组建村集体经济股份合作社，按股分红，鼓励农村集体经济组织充分利用现有资源，从事多行业、多形式经营，多渠道增加集体收入，创新农村集体资产经营机制。鼓励和支持新型集体经济组织利用资金、资产和资源，以入股、合作、租赁、专业承包等形式，壮大乡村集体经济。探索引进职业经理人、产权交易经营等新机制，提升集体资产运营管理水平，实现农村集体"三资"的专业化经营和市场化运作。鼓励农业主导型村庄村集体创办农民专业合作社或农业集团，自身或者与企业、院校合作，发展现代农业产业，加强"产加销服"一体化发展，相近产业成立村集体经济联盟，建设资源互补、平台共建、产业联盟、共同推广的农村产业新模式。

（2）"合作社+农户"模式

开展土地托管服务和土地股份合作，提升农业规模化经营水平，重点扶持土地经营规模。推动农民专业合作社组织创建，对规模化合作社进行重点扶持，建成一批"产前提供优质良种、产中指导标准化生产、产后组织统一营销、产品统一品牌运营"的带动性强的农民专业合作社。

（3）"企业+合作社+农户"模式

前期组织农户成立农民专业合作社，进行规范化管理。后期引入企业对相关资源进行进一步开发。农民可以通过入股及入企就职等方式获得稳定分红及工资收入。

（4）"科研+企业+基地+农户"模式

科研院所积极提供技术支撑，企业积极发展基地专业村和种养大户进行经营，企业订单收购，统一销售。以合同或订单为纽带，形成了"科研+企业+基地+农户"的产业模式，基本实现"统一规划、订单生产、服务有偿、优质优价、利益共享"的优质农产品营销物流体系。

（5）"村集体+合作社+企业+农户"模式

采取"村社一体、合股联营"的发展模式，鼓励村民以土地、资金与农民专业合作社联营，按照合理的收益分配模式进行利润分成，促进村集体与村民的"联产联业""联股联心"。引入公司进行规模经营，让农民专业合作社突破专门从事农业生产的常规模式，设立劳务输出公司、建筑公司、运输公司等，整合优化村民劳动力资源。

2. 农户共建共享机制

（1）租赁合作式共享机制

企业或农民专业合作社从农民手中租用土地、房屋等生产资料，采取实物计租货币结算、租金动态调整等计价方式，兑现农民土地、房屋租金收入。

（2）股份合作式共享机制

农民以土地经营权、房屋使用权等入股给企业或者农民专业合作社，由企业或农民专业合作社将土地、房屋等进行统一规划建设运营，利益分配采取"保底收益+按股分红"方式，使农民获取土地和房屋股份收益。针对有土地、无资金、无技术的贫困户，积极动员他们把闲置、撂荒土地以入股方式加入企业或农民专业合作社，获取相应的分红。

（3）生产合作式共享机制

企业以统一技术、统一标准、统一管理、统一订制的方式，将农民自有分散的土地，组织加入田园综合体项目建设。农民按保底价（市场价高于保底价的按市场价算）获取收益。企业或农民专业合作社获取营销差价、管理服务等方面的收益。

（4）劳务承包或参与打工式共享机制

农民承包的生产管理和其他订制服务完成任务后，获取相应的劳务承包报酬，超额完成的享受额外的分成收益。农民还可以通过打工，获取田园综合体项目提供的工资报酬。

（四）融资模式

田园综合体拥有多元的建设主体，可通过财政撬动、贴息贷款等模式引入多种金融和社会资本，满足不同主体的利益诉求。积极创新财政投入使用方式，探索推广政府和社会资本合作，综合考虑运用先建后补、贴息贷款、以奖代补、担保补贴、风险补偿金等方式，撬动金融和社会资

第九章 新时期乡村田园综合体的发展与创建

本投向田园综合体建设。鼓励各类金融机构加大支持田园综合体建设力度，积极统筹各渠道支农资金投入田园综合体建设。严控政府债务风险和村级组织债务风险，不新增债务负担。

1. 资金来源四大板块

①中央财政从农村综合改革转移支付资金、现代农业生产发展资金、农业综合开发补助资金中统筹安排。要求经财政部年度考核评价合格后，试点项目可继续安排中央财政资金，对试点效果不理想的项目将不再安排资金支持。

②各试点省（自治区、直辖市）、县级财政部门统筹使用现有各项涉农财政支持政策，创新财政资金使用方式，采取资金整合、先建后补、以奖代补、政府与社会资本合作、政府引导基金等方式支持开展试点项目建设。

③农民通过组建农民专业合作社，或者村集体通过入股、固定资产量化折股的方式，参与田园综合体建设。

④撬动金融社会资本（包括企业自筹、银行贷款、众筹等），这部分是建设田园综合体的主要资金来源，要求已自筹资金投入较大且有持续投入能力，在后期建设规划中能够保证持续的社会资本注入，避免资金链断裂造成项目流产。

2. 其他融资方法

①股权融资参与建设田园综合体项目的农业企业或农民专业合作社的股东愿意让出部分企业所有权，通过企业增资引进新股东，同时增加总股本。

②借贷融资参与建设田园综合体项目的农业企业或农民专业合作社以信用贷款、抵押贷款和担保贷款等方式进行债权融资。对重点项目，政府给予贷款贴息，针对中小企业，提供担保基金。对于资信良好的企业或农民专业合作社可以发行企业债券。

③众筹、预售等创新融资参与建设田园综合体项目的农业企业或农民专业合作社可采取农产品众筹、房屋建设众筹、农产品预售等创新融资模式。以众筹的方式让消费者以"私人订制"的身份直接参与到田园综合体项目建设中来，既解决项目建设的资金问题，又能让消费者得到更好的建设体验。

④产业基金由政府、企业、投资机构共同发起设立项目产业投资基金，参与田园综合体项目投资建设。基金由专业投资机构负责资金募集和投资管理。

参考文献

[1] 中国政策研究网编辑组编. 乡村振兴 [M]. 北京：中国言实出版社，2019.

[2] 赵艳丽. 乡村振兴看凤池 [M]. 广州：暨南大学出版社，2019.

[3] 孙景淼等. 乡村振兴的浙江实践 [M]. 杭州：浙江人民出版社，2019.

[4] 代改珍. 乡村振兴的文旅密码 [M]. 北京：中国旅游出版社，2019.

[5] 黄郁成. 城市化与乡村振兴 [M]. 上海：上海人民出版社，2019.

[6] 郭艳华. 乡村振兴的广州实践 [M]. 广州：广州出版社，2019.

[7] 蒋高明. 乡村振兴选择与实践 [M]. 北京：中国科学技术出版社，2019.

[8] 陈国胜. 乡村振兴温州样本 [M]. 北京：中国农业大学出版社，2019.

[9] 沈欣. 乡村振兴 农道方案 [M]. 合肥：中国科学技术大学出版社，2019.

[10] 杨照东著，立足"三农"，推动乡村振兴 [M]. 北京：中国商务出版社，2019.

[11] 印子. 乡村治理能力建设研究 [M]. 西安：陕西人民出版社，2021.

[12] 李建伟. 我国乡村治理创新发展研究 [M]. 北京：人民出版社，2021.

[13] 赵一夫，高道明，周向阳. 中国乡村治理发展评价报告 [M]. 北京：中国农业出版社，2021.

[14] 王少伯，新时代乡村治理现代化研究 [M]. 北京：知识产权出版社，2021.

[15] 章浩，李国梁，刘莹. 新时期乡村治理的路径研究 [M]. 北京：首都经济贸易大学出版社，2021.

[16] 农业农村部农村合作经济指导司，全国乡村治理典型案例（三）[M]. 北京：中国农业出版社，2021.

[17] 郝兴娥. 乡村振兴战略引领下的乡村治理之路 [M]. 北京：九州出版社，2021.

[18] 李歆，杨兴龙，薛俨，杨开元，赵匀滔. 乡村治理框架下农村审计创新研究 [M]. 北京：经济科学出版社，2021.

[19] 袁方成，靳永广. 田野中国：新时代乡村治理现代化的地方探索 [M]. 武汉：华中师范大学出版社，2021.

[20] 王滢涛. 中国特色乡村治理体系现代化研究 [M]. 上海：上海社会科学院出版社，2021.

[21] 刘汉成，夏亚华．乡村振兴战略的理论与实践[M].北京：中国经济出版社，2019.

[22] 单强主编，普惠金融与乡村振兴[M].北京：中国金融出版社，2019.

[23] 黄志友，崔国辉．乡村振兴探索丛书 有机乡村[M].石家庄：河北人民出版社，2019.

[24] 刘奇．乡村振兴，三农走进新时代[M].北京：中国发展出版社，2019.

[25] 苟文峰等．乡村振兴的理论、政策与实践研究[M].北京：中国经济出版社，2019.0

[26] 彭震伟．乡村振兴战略下的小城镇[M].上海：同济大学出版社，2019.

[27] 刘新卫，赵崔莉．乡村振兴视域中的农村土地整治[M].北京：知识产权出版社，2019.

[28] 贺祖斌，林春逸，肖富群，汤志华，张海丰．广西乡村振兴战略与实践·文化卷[M].桂林：广西师范大学出版社，2019.